D1725418

Michael Brückner

Uhren als Kapitalanlage

Michael Brückner

Uhren als

Status, Luxus, lukrative Investition

Kapitalanlage

FBV

Bibliografische Information der Deutschen Nationalbibliothek:
Die Deutsche Nationalbibliothek verzeichnet diese Publikation in der Deutschen National-
bibliografie. Detaillierte bibliografische Daten sind im Internet über http://d-nb.de abrufbar.

Für Fragen und Anregungen:
brueckner@finanzbuchverlag.de

2., überarbeitete Auflage 2012

© 2012 by FinanzBuch Verlag, ein Imprint der
Münchner Verlagsgruppe GmbH
Nymphenburger Straße 86
D-80636 München
Tel.: 089 651285-0
Fax: 089 652096

Lektorat: Katrin Horvat M.A., München
Umschlaggestaltung: Judith Wittmann
Satz: Daniel Förster
Druck: Graspo CZ, Zlín
Printed in the EU

ISBN Print: 978-3-89879-693-4
ISBN E-Book (PDF): 978-3-86248-234-4

Weitere Infos zum Thema

www.finanzbuchverlag.de
Gerne übersenden wir Ihnen unser aktuelles Verlagsprogramm.

Inhalt

Vorwort

Die Zahl klingt im ersten Moment ausgesprochen ernüchternd und bremst unrealistischen Enthusiasmus: Nach Meinung von Experten eignen sich rund 80 Prozent aller Nobel-Armbanduhren nicht als Kapitalanlage. Die Gründe sind schnell aufgeführt. Viele der teuren Zeitmesser unterliegen zu sehr den modischen Trends. Was heute absolut trendy anmutet, wird möglicherweise morgen schon als Ausdruck zeitgeistiger Geschmacksverwirrung interpretiert – vielleicht gehören Armbanduhren mit orangefarbenen Lünetten früher oder später einmal in diese Kategorie. Darüber hinaus haben die teils exorbitanten Preiserhöhungen für Nobelticker deren Wertsteigerungspotenzial stark limitiert. Denken Sie also über die Anschaffung eines edlen Zeitmessers nach, ist es so, als würden Sie in einen überhitzten Aktienmarkt einsteigen: Die Kurse befinden sich auf einem hohen Niveau und versprechen zumindest kurz- bis mittelfristig keine Gewinnchancen mehr. Wer dennoch investiert, muss sich seine Titel sehr genau aussuchen und einen langen Atem haben. Gleiches gilt für den Kauf einer edlen Armbanduhr, falls dieser Erwerb auch unter dem Gesichtspunkt der Kapitalanlage erfolgt. Im Zeichen der Finanzmarkt- und der internationalen Schuldenkrise haben viele Anleger edle Armbanduhren als werthaltiges Investment entdeckt.

Allerdings gibt es bei Uhren (leider) einen wesentlichen Unterschied gegenüber den Börsen: Kurskorrekturen mit günstigen Einstiegspreisen, wie es charakteristisch für Kapitalmärkte ist, sind bei wertvollen Zeitmessern nicht zu erwarten. Eher dürften die Preise in den nächsten Jahren weiter steigen. Gerade deshalb sollten Sie keineswegs voreilig den Listenpreis akzeptieren, den Ihnen die führenden Juweliere Ihrer Stadt nennen. Durch gezielte Preisvergleiche – und die Zeit dazu sollten Sie sich bei einer vier- oder gar fünfstelligen Investition nehmen – lässt sich bares Geld sparen. So habe ich in den vergangenen Jahren etwa vier Dutzend Nobelticker gekauft und bei allen Marken und Modellen Preisnachlässe von mindestens zehn bis 15 Prozent, in der Regel sogar 20 Prozent und – je nach Marke – noch mehr erzielt.

Eines jedoch sei vorab festgestellt: Wer in Uhren investiert, sollte eine Affinität zum Thema haben und sich selbst für diese filigranen Meisterwerke begeistern können, die in den edlen Gehäusen ticken. Die Kapitalanlage in Uhren gehört im weitesten Sinne zum Bereich des Kunstinvestments. Und deshalb gelten die gleichen Spielregeln: Der Käufer muss sich auskennen, muss wissen, wie die Sammlergemeinde im wahrsten Sinne des Wortes „tickt". Außerdem braucht er ein Gefühl dafür, welche Modelle das Zeug zu begehrten Klassikern haben. Der Aktieninvestor kann sich umfassend informieren und die Meinung unabhängiger Analysten einholen. Er kann sich die Charts ansehen und die aktuellen Kennzahlen unter die Lupe nehmen. Dem Uhreninvestor bleiben als Maßstab im Wesentlichen nur die Versteigerungserlöse der führenden Auktionshäuser beziehungsweise die Schätzungen von Sachverständigen.

Treffen bei Ihnen die Leidenschaft für außergewöhnliche mechanische Armbanduhren und der Wunsch, in ein langlebiges und werthaltiges Luxusgut zu investieren, zusammen, sollten Sie nicht zögern und die Objekte Ihrer Begierde erwerben. Denn mit einem Preisrückgang ist nicht zu rechnen. Dafür sorgt schon die anhaltend starke Nachfrage aus dem Mittleren und Fernen Osten. Gerade erst entdeckt die chinesische Aufsteigerschicht den Reiz edler Armbanduhren, die für den Status, den Geschmack und den wirtschaftlichen Erfolg ihrer Träger stehen.

Wenn nun aber 80 Prozent der feinen Armbanduhren unter dem Aspekt der langfristigen Kapitalanlage ungeeignet erscheinen, dann bleibt zwangsläufig die Frage bestehen: Was ist mit den übrigen 20 Prozent? Um welche Marken handelt es sich? Welche Komplikationen und Finessen steigern die Werthaltigkeit einer Uhr und eröffnen darüber hinaus die Chance auf Wertsteigerungen, von der dann vielleicht erst die Kinder oder Enkel profitieren können? Wo sollten Sie Ihre Uhren kaufen und wie schützen Sie sich vor Hehlerware und Plagiaten? Antworten auf all diese Fragen erhalten Sie auf den nachfolgenden Seiten. Das Buch wird Ihnen dabei helfen, erfolgreich und ohne Risiko in Uhren als Kapitalanlage zu investieren.

In diesem Sinne wünsche ich Ihnen gleichermaßen viel Spaß und spekulativen Erfolg mit Ihren Top-Uhren. Denn: Was ist schon ein schnöder Depotauszug verglichen mit dem Anblick einer edlen mechanischen Armbanduhr?

Ihr Michael Brückner

Welche Uhr tickt richtig?

Die Starter-Checkliste

Was macht eine Uhr wertvoll? Darauf wird jeder Freund edler Zeitmesser seine ganz individuelle Antwort geben, schließlich ist viel Emotion mit im Spiel. Im Mittelpunkt des vorliegenden Buches steht jedoch die Frage, welche Merkmale und Qualitätskriterien eine Uhr werthaltig machen und was darüber hinaus langfristig noch Chancen auf Wertsteigerungen erwarten lässt. Die wichtigsten Aspekte habe ich in der nachfolgenden Checkliste zusammengestellt. Auf den folgenden Seiten werden Sie zu den genannten Punkten Näheres erfahren. Die Checkliste dient daher nur einer ersten, groben Orientierung (Seite 14).

Je mehr Punkte auf Ihr Objekt der Begierde zutreffen, desto eher können Sie ein großes Wertsteigerungspotenzial erwarten.

Was macht eine Uhr werthaltig und was lässt Wertsteigerungspotenzial erwarten?

1. Die Marke der Uhr wird stark international nachgefragt.
2. Es handelt sich um eine mechanische, nicht um eine Quarzuhr.
3. Der Boden ist verschraubt statt gedrückt.
4. Über dem Zifferblatt und gegebenenfalls im Gehäuseboden befindet sich Saphirglas.
5. Die Uhr enthält ein Manufakturkaliber statt eines standardisierten Werkes.
6. Die Auflage der Uhr ist limitiert.
7. Die Uhr verfügt über eine große Zahl und unterschiedliche Arten von Komplikationen.
8. Die Uhr zeichnet sich durch eine besondere Dekoration des Werkes aus.
9. Das Zifferblatt ist besonders dekoriert, womöglich mit einer Guillochierung.
10. Das Gehäuse und das Armband sind aus hochwertigem Material gefertigt.
11. Der Erhaltungszustand ist gut, es sind keine oder nur geringe Tragespuren sichtbar.
12. Die Wartung wurde regelmäßig durchgeführt und mit Nachweis belegt.
13. Papiere und Original-Box sind vorhanden.
14. Bei einer alten Uhr: Die Uhr hat eine interessante Provenienz, zum Beispiel aufgrund prominenter Vorbesitzer.

Nobel-
Armbanduhren

Nur Liebhaberei
oder schon Kapitalanlage?

Die nähere Umgebung des Badischen Bahnhofs in Basel zählt sicherlich nicht zu den städtebaulichen Highlights des eidgenössischen Städtchens im Dreiländereck. Der einzige Standortvorteil
besteht in der Nähe zu den Baseler Messehallen, die mindestens
ein Mal im Jahr im Zeichen von Luxus und Savoir-vivre auf hohem
Niveau stehen. Für alle, die sich entweder beruflich oder aus privater Passion mit teuren Uhren oder edlem Schmuck befassen, ist
der Besuch in Basel in jedem Frühjahr ein absolutes Muss. Denn
die Baseler Uhren- und Schmuckmesse – besser bekannt unter der
Kurzform BASELWORLD – ist ein viel beachtetes Schaufenster für
all die Dinge, auf die Puristen vielleicht verzichten können, die
aber die Herzen von Freunden glänzender und tickender Luxus-
produkte höher schlagen lassen. Vor allem die Liebhaber edler
mechanischer Armbanduhren kommen in Basel Jahr für Jahr auf
ihre Kosten.

In den Hallen präsentieren sich die namhaftesten Manufakturen, die jeden Uhren-Gourmet mit der Zunge schnalzen lassen. In aufwendigen „Messehäusern" – von „Messeständen" kann längst keine Rede mehr sein – empfangen elegante Damen Uhrenliebhaber aus der ganzen Welt in einem Ambiente, das an Spitzen-Juweliere gemahnt. Profis und Sammler nehmen die in Vitrinen und in kleinen Schaufenstern hinter dicken Glasscheiben ausgestellten neuesten Objekte ihrer Begierde ausgiebig unter die Lupe. Manches davon kostet so viel wie ein schmuckes Eigenheim in bester Lage. Im Schnitt kommen Jahr für Jahr 80.000 Besucher nach Basel. Allerdings wirken sich Konjunktureinbrüche signifikant auf das Messegeschäft aus. So war es, als die Lungenkrankheit SARS für Schlagzeilen sorgte und deutlich weniger Gäste aus dem Fernen Osten zur BASEL-WORLD kamen. Vor allem verhagelte aber die weltweite Finanzkrise in den Jahren 2008/2009 das Geschäft der Aussteller. Gunter Schäuble, Chef des gleichnamigen deutschen Uhrenherstellers in Karlsruhe, brachte es anlässlich der BASELWORLD 2009 auf den Punkt: „Wenn man in der Nähe der Messehallen einen Parkplatz bekommt, dann sieht es finster aus für die Zukunft der Branche".

Dabei ist die BASELWORLD nicht die einzige Uhrenmesse von internationaler Bedeutung. Die Konkurrenzveranstaltung findet ganz in der Nähe statt: Der Internationale Salon der hohen Uhrmacherkunst (Salon International de la Haute Horlogerie – SIHH) in Genf zählt ebenso zu den Pflichtterminen der Branche. Doch im Gegensatz zur BASELWORLD, wo auch private Besucher willkommen sind – Karten gibt es jeweils im Vorverkauf und an den Tageskassen –, bleiben auf der SIHH die Fachbesucher unter sich.

Die meisten privaten Uhrenfreunde, die nach Basel kommen, nennen bereits einige mechanische Luxusticker ihr Eigen. Und viele sparen bereits, um sich in naher Zukunft eines der neuen Modelle leisten zu können. Was macht die Faszination dieser luxuriösen Zeitmesser aus, die – ganz prosaisch betrachtet – auch nicht mehr können, als die 24 Stunden eines Tages in kleinste Teile zu zerlegen? Ist es die uhrmacherische Kunst, die im Inneren dieser Uhren steckt? Ist es das perfekte Zusammenspiel von kleinsten Zahnrädchen, Federn und unzähligen filigranen Bestandteilen – in manchen Top-Modellen bis zu 800 Klein- und Kleinstteilchen? Ganz ohne Frage üben diese Meisterleistungen der Mikromechanik ein hohes Maß an Faszinationskraft aus. Oder ist es die Strahlkraft einer großen Edelmarke, die Wohlstand und Geschmack symbolisiert? Auch dies ist ein wichtiger Faktor.

In der Rangliste der 50 wertvollsten Marken der Schweiz befinden sich immerhin acht Uhrenmarken. Manche von ihnen sind selbst solchen Zeitgenossen bekannt, die sich ansonsten für Uhren nicht sonderlich interessieren und daher die Leidenschaft anderer Menschen für edle Zeitmesser nicht nachvollziehen können. Rolex zum Beispiel ist rund um die Welt der Inbegriff für teure Schweizer Luxusuhren schlechthin. Und das, obwohl die meisten Produkte der Branchenkönigin Rolex nicht einmal zu den teuersten Uhren zählen. Für eines der „Einsteigermodelle" von Patek Philippe zum Beispiel muss man schon das Dreifache des Preises einer Rolex-Sportarmbanduhr aus Stahl investieren.

Doch zurück zur wesentlichen Frage: Was macht die Faszinationskraft wertvoller Zeitmesser aus? Es ist sicher eine betörende Mixtur aus Emotionen, Mythen und eben auch Werten. Wer sich eine teure Armbanduhr leistet, gibt nicht nur Geld aus. Er investiert. Denn die Nobelticker mit den großen Namen können sich als hoch lukrative Geldanlage erweisen. Das klingt zunächst einmal überraschend, denn jeder, der sich mit der Materie näher beschäftigt hat, weiß, dass eine neue Uhr – einmal getragen – gleich 40 bis 50 Prozent an Wert einbüßt. Zumindest dann, wenn der Kunde den empfohlenen Verkaufspreis gezahlt hat. Daher gilt für ein Uhreninvestment derselbe Rat wie für Aktienanleger: Hektisches Kaufen und Verkaufen erhöht die Verlustgefahr. Buy-and-hold sollte die Devise lauten. Uhrenliebhaber, die auf eine Wertsteigerung spekulieren, sollten langfristig denken. Denn dies kann sich – wie die nachfolgenden Beispiele eindrucksvoll belegen – im wahrsten Sinne des Wortes auszahlen.

Armbanduhren, die glücklich machen

Ob sich Uhren als Geldanlage eignen? Für Osvaldo Patrizzi, Chef des führenden Uhren-Auktionshauses Antiquorum in Genf, ist das keine Frage: „Zum einen ist eine Uhr ein praktisches Instrument für jeden Tag, was man von einem Aktienpaket oder einer fremdvermieteten Eigentumswohnung nicht behaupten kann. Außerdem kann man mit einer Armbanduhr am Handgelenk leichter unbehelligt eine Grenzkontrolle passieren als mit einem Ölgemälde im Handgepäck. Und wenn es sein muss, ist eine schöne Uhr im Nu auch wieder problemlos zu Geld gemacht." Ergo: Uhren sind sehr interessante Anlageobjekte, findet Osvaldo Patrizzi.

Lassen wir an dieser Stelle noch weitere Experten zu Wort kommen. „Der Markenname ist wichtig", weiß Günter Fröhlich, Uhrenexperte im Wiener Auktionshaus Dorotheum. „Wenn dann noch technische Raffinessen hinzukommen – umso besser." Auch Stefan Muser vom deutschen Auktionshaus Dr. Crott setzt auf die ersten Adressen: „Am wertstabilsten sind Uhren der Marken Rolex und Patek Philippe." Nicht zuletzt im Umfeld des 250. Jubiläums des Unternehmens im Jahr 2005 verzeichneten auch die komplizierten Armbanduhren der ältesten Schweizer Manufaktur Vacheron Constantin zum Teil atemberaubende Top-Preise. Antiquorum lockte Freunde dieser traditionsreichen Luxusuhrenmarke gleich mit einer exklusiven Auktion.

Aber mit den Uhren ist das eben wie mit der Kunst: Es sind enorme Wertsteigerungen möglich, nur weiß der Anleger nicht im Voraus, welche Marken und Modelle in ein paar Jahren auf Auktionen Höchstpreise erzielen werden. An Beispielen, die eindrucksvoll belegen, wie sehr eine Uhr sogar Top-Aktien outperformen kann, mangelt es keineswegs. Wer etwa in den Siebziger Jahren den nach dem US-Schauspieler Paul Newman benannten Daytona-Chronographen von Rolex kaufte, musste für diese Stahluhr kaum mehr als umgerechnet 2.000 Euro bezahlen. Heute erzielen diese weltweit äußerst begehrten Uhren auf Auktionen zwischen 15.000 und 20.000 Euro; teilweise wurde auch schon mal das Dreifache geboten.

Zweites Beispiel: Wer in den 1980er-Jahren bei der Schweizer Edelmanufaktur Patek Philippe eine bestimmte Platinuhr mit Ewigem Kalender und Minutenrepetition erwarb, legte sein Geld ebenfalls äußerst lukrativ an. Kostete das feinmechanische Meisterwerk damals rund 185.000 Schweizer Franken, so wurde es 15 Jahre später von Antiquorum für sage und schreibe zwei Millionen Franken versteigert. Das entspricht einer jährlichen Rendite von über 17 Prozent. Und das garantiert steuerfrei! Doch diese beiden Beispiele nehmen sich noch bescheiden aus im Vergleich mit einer Patek Philippe World Time aus dem Jahr 1939. Dieser historische Zeitmesser war einem Sammler nicht weniger als 4,3 Millionen Euro wert. Im Jahr 2004 wurde eine Patek Philippe (Referenz 530) aus schlichtem Stahl versteigert. Der Hammer für diese 1939 gefertigte Uhr fiel erst bei 2,2 Millionen Franken, also mehr als 1,4 Millionen Euro.

Wer's eine Nummer kleiner mag – bitte sehr: Ende 2003 brachte Rolex seinen Klassiker Submariner mit grüner Lünette, also einem Ring um das Zifferblatt der Uhr, auf den Markt. Anlass für die Lancierung dieses Sondermodells war das 50-jährige Jubiläum der Taucheruhr. Laut Liste kostete die Submariner mit der grünen Lünette 4.200 Euro. Wahrlich kein Schnäppchen für eine Stahluhr ohne teure Zusatzfunktionen. Doch selbst wer bereit war, diesen Preis zu investieren, ging in den meisten Fällen leer aus. Die Auflage war gering – und entsprechend lang die Lieferzeit. Wer nicht so lange warten wollte, musste auf dem grauen Markt oder bei eBay zeitweise 5.000 Euro und mehr ausgeben, um in den Besitz dieser Uhr zu kommen. Mittlerweile ist der Hype vorüber. Die „grüne Lünette" von Rolex ist jetzt etwas günstiger zu haben.

Gleiches gilt für die Milgauss und das Sea-Dweller-Nachfolge-Modell „Deepsea", die anfangs ebenfalls schwer erhältlich waren.

Ein weiteres Beispiel: Die vor wenigen Jahren in limitierter Auflage auf den Markt gekommene „Breitling for Bentley" – eine Hommage der Schweizer Traditionsuhrenmarke an das britische Nobelgefährt – wechselte auf einer Auktion für atemberaubende 12.500 US-Dollar den Besitzer. Mit etwas Glück und Geduld hätte man diese begehrte Uhr durchaus auch im Handel bekommen – für weniger als die Hälfte des Auktionspreises. Das zeigt sehr deutlich, dass es mindestens zur Hälfte Emotionen sind, die über den Wert und die Werthaltigkeit einer Nobeluhr bestimmen. Dass sogar in Zeiten der Krise spektakuläre Preise zu erzielen sind, beweisen zwei Beispiele aus dem Jahr 2009. Für nicht weniger als 122.000 Euro versteigerte das Mannheimer Auktionshaus Dr. Crott eine Taschenuhr von Lange & Söhne mit Minutenrepetition, Chronograph und Minutenzähler. Eine Radomir Panerai, hergestellt im Jahr 1945 von der Rolex Oyster Watch, wechselte für 41.500 Euro den Besitzer. Es handelte sich um eine sehr seltene Kampfschwimmeruhr der deutschen Kriegsmarine „Einsatzgruppe Heyden".

Freilich entscheidet nicht allein der Markenname über den Wert eines Zeitmessers. Wichtig sind die „inneren Werte", sprich: die Komplikationen einer Uhr. Mit diesen Leckerbissen für jeden Uhren-Gourmet werden wir uns später noch ausführlicher beschäftigen. Ferner achtet der Kenner auf ein hohes Qualitätsniveau. Dazu gehören eine saubere Verarbeitung des Gehäuses, streifenfreie

Polituren, exakt eingepasste Gläser und Böden, anspruchsvolle Zifferblattdetails sowie ein entsprechendes Zeiger-Finish.

Derlei wertsteigernde Qualitätsmerkmale weisen indessen nicht nur die Uhren aus den großen Manufakturen mit den klingenden Namen auf. Mitunter sind es recht kleine Hersteller oder sogar noch handwerklich tätige Uhrmachermeister, die in limitierter Auflage kleine Meisterstücke der Mikromechanik auf den Markt bringen. Solche Anbieter erleben ihre Erfolge oder Misserfolge sehr direkt. Da sie bei weitem nicht über die Marketing-Etats der überwiegend im Besitz internationaler Luxuskonzerne befindlichen großen Manufakturen verfügen, bleibt ihnen nur, auf die Mundpropaganda zu setzen. Und da Uhrenfreunde und -sammler in aller Regel sehr intensiv miteinander kommunizieren, spricht sich Qualität schnell herum – und die Uhr avanciert unversehens zum Geheimtipp. Mancher kleinere und mittelständische Hersteller erlangte auf diese Weise nachgerade Kultstatus. Ein Beispiel hierfür ist die italienische Marke Panerai, mit der wir uns später noch intensiver beschäftigen werden. Mittlerweile gehört dieser früher eher mittelständische Hersteller zum weltweit agierenden Luxuskonzern Richemont. Andererseits fehlt vielen der kleinen Hersteller oft die Geschichte, die imagebildende, jahrhundertealte Tradition. Insofern sind Uhren kleinerer Hersteller für den Sammler meist nur dann interessant, wenn er die guten Stücke nicht unter dem Aspekt der Vermögensanlage ersteht.

Vom Sammeln zur Kapitalanlage

Viele engagierte Sammler schauen nicht so sehr auf den Preis, wenn sie das Objekt ihrer Begierde erstehen wollen. Sie sind einzig und allein von dem Wunsch getrieben, einen bestimmten Gegenstand zu besitzen. Emotionen spielen eine starke Rolle und treten nicht selten an die Stelle rationaler Überlegungen. Vor allem auf Auktionen haben viele Sammler im Bietergefecht mit anderen Interessenten schon die eigenen Budgetgrenzen weit überschritten und sich dadurch in finanzielle Probleme gestürzt. Mancher musste im wahrsten Sinne des Wortes Haus und Hof verpfänden. In solchen Fällen ist die Sammlerleidenschaft längst in eine gefährliche Sucht umgeschlagen, die einen Menschen auf Dauer wirtschaftlich ruiniert.

Doch selbst wenn der Sammler über ausreichende Reserven verfügt, um sich seine Wünsche sogar zu überhöhten Preisen zu erfüllen, führt dieses ausgeprägte Sammelverhalten letztlich zur Überbewertung der betreffenden Ware. Der Verlust ist programmiert. Solche „Blasen" bilden sich eben nicht nur an der Börse und am Immobilienmarkt, sondern gleichermaßen im Bereich der Kunst, wozu im weiteren Sinne auch Armbanduhren zählen. Was am Aktienmarkt die Gier, ist auf dem Kunstmarkt der absolute Wille von Marktteilnehmern, ein ganz bestimmtes Objekt besitzen zu wollen.

Viele Sammler, die sehr tief in die Tasche gegriffen haben, um sich einen Wunsch zu erfüllen, trösten ihr mitunter schlechtes Gewissen damit, dass es sich schließlich „auch um eine Kapitalanlage" handle. Streng genommen trifft dies in den wenigsten Fällen zu. Denn natürlich lässt sich ein wertvolles Gemälde, ein antikes Möbelstück oder eine kostbare Armbanduhr auch wieder verkaufen. Doch nur ausnahmsweise gelingt es, den Einstandspreis zu erzielen oder sogar noch etwas zu verdienen. Je größer der Wille war, ein bestimmtes Objekt um nahezu jeden Preis besitzen zu wollen, desto größer ist die Verlustgefahr bei einer späteren Veräußerung.

Schauen wir uns etwas genauer an, was einen Sammler von einem Kapitalanleger unterscheidet, dann wird die häufig fließende Grenze zwischen der einen und der anderen Gruppe deutlicher. Der Sammler folgt letztlich einem menschlichen Urinstinkt. Er möchte bestimmte Dinge erwerben, um Tauschmaterial zu besitzen und Werte zu schaffen. Der Begriff Sammeln steht für die systematische Suche, Beschaffung und Aufbewahrung einer abgegrenzten Art oder einer Kategorie von Dingen. Der systematische Sammler konzentriert sich auf bestimmte Gebiete, Epochen, Gattungen oder Hersteller. Er strebt immer danach, eine möglichst vollständige Sammlung sein Eigen zu nennen. Der unsystematische Sammler hingegen ersteht, was ihm gefällt. Die Vollständigkeit der Sammlung steht für ihn nicht im Vordergrund, deshalb trennt er sich von dem einen oder anderen Objekt gelegentlich, um sich mit den Verkaufserlösen ganz oder teilweise einen neuen Wunsch zu erfüllen.

Der Kapitalanleger freilich folgt einem anderen Motiv. Er möchte für sein investiertes Kapital eine möglichst hohe Rendite erwirtschaften – und das bei geringer steuerlicher Belastung. Je nach seiner persönlichen Anlegermentalität geht er dafür ein mehr oder minder großes Risiko ein. Renditen lassen sich bekanntlich auf zweierlei Weise erreichen:

1. durch ständige Zahlungen (Zinsen, Miete/Pacht, Dividenden usw.) oder

2. durch Wert- beziehungsweise Kurssteigerung und daraus resultierende Veräußerungsgewinne.

Neben der Rendite achtet der Anleger – wie bereits erwähnt – auf weitere wichtige Kriterien. Der eine achtet auf ein hohes Maß an Fungibilität seiner Anlage, das heißt, er möchte im Fall der Fälle möglichst rasch wieder über sein Geld verfügen können. Der andere möchte keine oder nur sehr überschaubare Risiken eingehen. Einkommensstarke Anleger wiederum legen in der Regel Wert auf eine steueroptimierte Investmentform.

Welche dieser Kriterien treffen auf Armbanduhren als Kapitalanlage zu? Um die Antwort gleich vorwegzunehmen: nur wenige. Wer sich eine edle Uhr anschafft, bindet damit Kapital, ohne laufende Einnahmen zu erhalten. Schließlich kann man eine Nobeluhr nicht vermieten – obwohl manche bereits versucht haben, besonders geltungssüchtigen Zeitgenossen gegen Entgelt für bestimmte Zeit zum Beispiel eine goldene Rolex zu überlassen. Das spricht nicht unbedingt gegen das Investment, schließlich bringt auch der physische Besitz von Gold oder anderen Edelmetallen keine laufenden Erträge. Darauf kommt es dem Uhrenliebhaber auch gar nicht an.

Für ihn stellen Besitzerstolz, die Freude, edelste Produkte am Handgelenk zu tragen oder im Tresor zu lagern, eine Art „Ersatzrendite" dar. Puristen mögen es als bloße Angeberei oder gar als „Protzerei" abtun, aber ein edler Zeitmesser steigert das Sozialprestige seines Eigentümers ebenso wie ein teurer Sportwagen oder eine luxuriöse Wohnung. Vielen ist das Bewusstsein, sich von der Masse durch edle Accessoires abzuheben, wichtiger als ein paar hundert Euro Zinsen für eine Sparanlage.

Bei passionierten Sammlern kommt zudem die Faszination der filigranen Mechanik hinzu, die eine Armbanduhr zur künstlerischen Kostbarkeit werden lässt. Halten wir also fest: Wer eine Uhr auch unter dem Aspekt der Kapitalanlage ersteht, für den sollte sie mehr sein als ein Zeitmesser oder ein wertvolles Schmuckstück. Es sollten ein hohes Maß an Leidenschaft und Besitzerstolz hinzukommen, um den Verzicht auf eine laufende Verzinsung des eingesetzten Kapitals auszugleichen. Wer trotzdem nicht auf laufende Erträge verzichten möchte, sollte nicht in Uhren, sondern in die Aktien der großen Uhrenhersteller investieren, zum Beispiel in die Papiere der Swatch Group (Omega, Tissot, Glashütte Original, Breguet usw.) oder der Compagnie Financière Richemont (Cartier, A. Lange & Söhne, IWC, Vacheron Constantin, Jaeger-LeCoultre usw.).

Kommen wir zum zweiten Kriterium einer erfolgreichen Kapitalanlage: der Aussicht auf eine ansehnliche Wertsteigerung. In dieser Hinsicht erscheint ein Uhreninvestment schon lukrativer, auch wenn die erwähnten Preissprünge in dieser Größenordnung natürlich die Ausnahme bleiben. Andererseits haben die Schweizer

Luxusmanufakturen in den vergangenen Jahren regelmäßig und zum Teil recht kräftig an der Preisschraube gedreht. Doch abgesehen von Krisenjahren, wie zum Beispiel 2003, hat dies die Nachfrage nach Luxusarmbanduhren nicht gedämpft. Die eidgenössischen Manufakturen sind letztlich Profiteure der Globalisierung: Die Nachfrageschwäche in vielen Staaten Europas wurde durch den Erfolg auf den Märkten in Fernost kompensiert. Und die Perspektiven nehmen sich recht vielversprechend aus. Gerade erst hat der chinesische Mittelstand seine Liebe zu exklusiven Zeitmessern entdeckt.

Bemerkenswert erscheint in diesem Zusammenhang die Weitsicht von Hans Wilsdorf. Der aus dem fränkischen Kulmbach stammende Rolex-Gründer machte es sich nicht leicht, als er nach einem Namen für seine Produkte suchte. So legte er etwa großen Wert darauf, dass sein Markenname in aller Welt gleich ausgesprochen wurde: Mit „Rolex" wurde dieses Ziel erreicht. Ob in Brasilien oder Alaska, in Deutschland oder Russland, in Australien oder China, in Südafrika oder auf den Fidschi-Inseln: Rolex klingt überall gleich und steht längst synonym für edle Armbanduhren. Lange bevor die Globalisierung und ihre Folgen ein viel diskutiertes Thema wurden, hatte der Rolex-Gründer die Spielregeln des internationalen Marketings erkannt und auf eine weltweit starke Marke gesetzt. Davon profitieren heute die Rolex-Besitzer rund um den Globus: Sie können – um es salopp zu formulieren – ihren Zeitmesser überall wieder zu Geld machen. Und das nicht selten sogar mit Gewinn.

Damit wären wir bereits beim Kriterium der Fungibilität, also der Frage, wie der Uhrenbesitzer seine guten Stücke wieder in Bares

27

verwandeln kann. Generell besteht für Nobel-Armbanduhren ein vergleichsweise breiter Sekundärmarkt. Auktionshäuser, Internet-Plattformen wie eBay, Juweliere sowie auf den An- und Verkauf gebrauchter Uhren spezialisierte Händler stehen zur Verfügung. Allerdings: Wer schnell verkaufen will, muss in der Regel hohe Abschläge hinnehmen. „Gebrauchtuhrenhändler" locken zwar mit schnellem Bargeld, doch die Einkaufspreise – also das, was der Verkäufer vereinnahmt – liegen zum Teil erheblich über dem eigentlichen Marktwert der Uhr. Fazit: Für die meisten gebrauchten Luxusarmbanduhren in gutem Erhaltungszustand finden sich zwar Käufer, wer jedoch einen einigermaßen fairen Preis erreichen möchte, muss ausreichend Zeit investieren. Insofern gleicht der Kauf eines Top-Zeitmessers einem mittel- bis langfristigen Investment.

Nobelticker als Depotbeimischung

„Eine gepflegte Rolex ist wertstabiler als jede Aktie", schwärmte einmal ein Bankvorstand aus Österreich. Da aber ein Banker unter anderem vom Wertpapiergeschäft, und nicht vom Uhrenhandel lebt, gab er dieses Urteil nur im engsten Freundeskreis ab. Der Bankvorstand hat sich in den vergangenen Jahren an seine Empfehlung gehalten und Schritt für Schritt eine ansehnliche Sammlung von mehr als 30 Rolex-Uhren aufgebaut – darunter aktuelle Modelle ebenso wie Raritäten aus den Sechziger und Siebziger Jahren. In gewisser Weise ist dem Banker auch zuzustimmen: Wer zur Jahrtausendwende in edle Armbanduhren statt in Aktien am sogenannten Neuen Markt investierte, durfte sich später die Hände reiben. Denn während die Aktien kräftige Einbußen bis hin zum Totalverlust verzeichnen mussten, behielten die Nobelticker größtenteils ihren Wert und bereiteten ihren Besitzern obendrein erheblich mehr Freude als der Blick ins magersüchtige Aktiendepot.

Die meisten Zeitgenossen freilich wählten einen anderen Weg: Auf dem Höhepunkt der Börseneuphorie investierten sie einen Teil ihrer Gewinne nicht nur in Automobile der oberen Luxusklasse, sondern eben auch in teure Armbanduhren. Das Teuerste war gerade gut genug. Auf uhrmacherische Finessen wurde kaum geschaut, Hauptsache, der „Protzfaktor" stimmte. Meist mussten es goldene Zeitmesser sein, obgleich der Wiederverkauf solcher Uhren erheblich schwieriger und in der Regel sogar verlustreicher ist als die Veräußerung von Stahl-Modellen. Dann kam es an den internationalen Finanzmärkten zum Crash – und viele Glücksritter von ehedem hatten unversehens ein erhebliches Liquiditätsproblem. Was lag da näher, als die sündhaft teure Uhr zu verkaufen, die man eben noch so stolz unter dem Kurzarmhemd getragen hatte? Auf diese Weise kam es gleich zum nächsten Verlustgeschäft: Der Markt für goldene und womöglich noch mit Diamanten besetzte Herrenarmbanduhren ist relativ eng. Bei einem steigenden Angebot führt dies zwangsläufig zum Preisverfall.

Doch zurück zur Kernfrage: Macht es tatsächlich Sinn, einen Teil seines Vermögens in Armbanduhren zu investieren? „Es kommt darauf an" ist nicht nur bei Volkswirten eine beliebte Einleitung zu einer Antwort, sie trifft auch in diesem Fall zu. Wer eine Affinität zu luxuriösen Uhren verspürt und sich für die feine Mechanik der tickenden Meisterwerke fasziniert, kann den Kauf solcher Uhren durchaus als alternatives Investment ansehen. Doch seien „Einsteiger" schon an dieser Stelle gewarnt: Nicht wenige Sammler – ganz gleich, ob ihr Interesse nun Uhren, Gemälden, Münzen oder anderen Objekten gilt – prägen im Laufe der Zeit eine Art Suchtverhalten aus. So groß ist ihr Verlangen, ihre Sammlung ständig um weitere seltene und kostbare Stücke auszubauen, dass sie bald den finanziellen Boden unter den Füßen verlieren. Es sind Fälle bekannt, in denen Menschen ihre Lebensversicherung versilberten, nur um eine hoch komplizierte Uhr für einen sechsstelligen Preis zu erstehen. Spätestens dann aber wird die Sammelleidenschaft wirtschaftlich gefährlich. Wer einen Teil seines Vermögens in Edeluhren investieren möchte, sollte dem Rat folgen, der auch für Goldbarren und -münzen gilt: Maximal fünf bis zehn Prozent des Vermögens sollten in solche Investments fließen. Und das auch nur dann, wenn für Alter, Krankheit, Arbeitslosigkeit und andere Lebensrisiken bereits ausreichend vorgesorgt wurde.

Die Traumuhr finanzieren

Manche Juweliere und Händler machen es ihren Kunden leicht: Fehlt im Augenblick das nötige Kleingeld, um sich die Traumuhr leisten zu können, bieten die Verkäufer die angeblich unkomplizierte Vermittlung eines Kleinkredits an. Der Händler vermittelt die Anfrage an eine der Teilzahlungsbanken, die dann nach dem üblichen Risiko-Check entscheidet, ob sie den Kredit gewährt oder nicht.

Ich rate vom Uhrenkauf „auf Pump" ab, selbst dann, wenn die Konditionen noch so günstig sein sollten. Generell gilt: Der beste Kredit ist der, den man nicht braucht. Schulden machen für Dinge, die man im täglichen Leben nicht unbedingt benötigt – das sollte sich jeder Verbraucher sehr genau überlegen. Ich empfehle lieber das bewährte Motto: Die Vorfreude ist die schönste Freude. Wer für seine Traumuhr regelmäßig spart, kommt seinem Ziel Schritt für Schritt näher, spart Zinsen und kann als Barzahler später beim Juwelier vermutlich noch einen mehr oder minder großen Rabatt herausschlagen, wie Sie später noch erfahren werden.

Dauert die Ansparphase aufgrund des hohen Preises der ausgewählten Traumuhr etwas länger, zum Beispiel zwei Jahre, dann empfiehlt es sich, einen kostenlosen Sparplan einzurichten, wie ihn fast alle Banken und Sparkassen anbieten. Besonders günstige Konditionen bieten meist die filiallosen Direktbanken. Während der Laufzeit des Sparvertrags wird monatlich ein fester Betrag vom Girokonto des Kunden abgebucht und dem Sparkonto gutgeschrieben. Auf die jeweils aufgelaufene Summe erhält der Sparer Zinsen. Am Ende der Laufzeit wird der Gesamtbetrag ausgezahlt – und der Kunde kann zum Juwelier gehen und guten Gewissens seine Traumuhr erstehen.

In der Praxis kommt es häufig vor, dass sich ein Sammler von einer Uhr aus seiner Sammlung trennt, bevor er einen neuen Zeitmesser kauft. Im strengen Sinne mag dies kein lupenreines Sammlerverhalten sein, denn schließlich strebt der Sammler – wie erwähnt – immer nach Vollständigkeit. Doch angesichts der deutlich gestiegenen Preise für Nobeluhren ist diese Form der teilweisen „Refinanzierung" der Neuinvestition gang und gäbe. So teilt sich denn auch der Uhrenbestand eines Sammlers in der Regel in zwei große Bereiche ein: auf der einen Seite jene wertvollen Stücke, die ihrem Eigentümer geradezu ans Herz gewachsen sind und von denen er sich auf keinen Fall trennen wird; in der zweiten Kategorie jene Uhren, die der Sammler meist spontan kaufte, weil er etwa vom Design des Zeitmessers angetan war oder aber glaubte, sich ein Schnäppchen zu sichern. Doch nach einer Weile schwindet das Interesse an dieser zweiten Art von Modellen – und es ist nur noch eine Frage der Zeit, bis sie der Eigentümer wieder verkauft, um mit den Erlösen eine andere Uhr zu finanzieren. Wie gesagt: Das ist typisches Sammlerleben.

Vor allem Selbstständige sollten jedoch auf der Hut vor dem Fiskus sein. Denn kauft und verkauft jemand pro Jahr mehrfach Uhren, unterstellen die Finanzämter mitunter allzu eilfertig steuerpflichtige Einnahmen. Dies vor allem dann, wenn die Beträge über sogenannte Mischkonten laufen, auf denen sowohl private als auch betriebliche Umsätze gebucht werden. Dass sich ein Sammler ab und zu von einem oder mehreren seiner Stücke trennt und Verluste gegenüber dem seinerzeitigen Einstandspreis in Kauf nimmt, können manche Finanzbeamte nur schwerlich nachvollziehen. Mein Rat daher: Die Einstands- und Verkaufspreise genau dokumentieren und die betreffenden Unterlagen, also Rechnungen, Quittungen oder Kaufverträge, sorgfältig aufbewahren.

Laufende Kosten eines Uhreninvestments

Wie lukrativ eine Kapitalanlage unter dem Strich ausfällt, hängt nicht zuletzt von den laufenden Kosten ab. Hohe Bank- und Verwaltungsgebühren zum Beispiel oder steigender finanzieller Aufwand beim Erhalt einer Immobilie lässt manche Rendite, die sich im ersten Moment recht attraktiv ausnimmt, schnell schrumpfen. Auch eine veritable Uhrensammlung verursacht Kosten. Mit dem Kauf der Zeitmesser ist es allein nicht getan. Die Werthaltigkeit einer Uhr hängt in starkem Maße von ihrem Erhaltungszustand ab. Dies betrifft nicht nur das Gehäuse und das Band, sondern natürlich in erster Linie das Werk. Mechanische Uhren bedürfen der ständigen Wartung, um eine Verharzung des Werks durch altes Öl zu verhindern, die Dichtigkeit zu prüfen und defekte Teile auszutauschen. Bei der Revision oder Inspektion einer Uhr wird das Werk komplett demontiert, die Einzelteile geprüft, wieder zusammengebaut und geölt. Die Uhr befindet sich danach in einem absolut neuwertigen Zustand. Die führenden Uhrenhersteller geben auf revisionierte Uhren ein Jahr Garantie – in manchen Fällen sind auch zwei Jahre möglich.

Wie oft eine Uhr revisioniert werden sollte, hängt natürlich von der Art der Nutzung ab. Insofern lässt sich keine allgemeingültige Empfehlung geben. Die meisten Hersteller raten, die Uhr schon nach fünf Jahren zur Inspektion zu geben. Das kann nicht verwundern, schließlich handelt es sich um ein recht lukratives Folgegeschäft. Wird eine Uhr häufig getragen und stark beansprucht, kann eine Revision schon nach drei oder vier Jahren erforderlich sein.

Umfang der Grundüberholung
für mechanische Uhren

1. Ausbau des Werks
2. Überholen der Aufzugspartie
3. Prüfen der Hemmungsfunktion
4. Kontrolle des Zeigerwerks und der Rädereingriffe
5. Zerlegen des Werks in seine Einzelteile
6. Nacharbeiten und Polieren der eingelaufenen Zapfen und Lager
7. Reinigen aller Uhrwerksteile
8. Überprüfen bzw. Ersetzen der Steinlager
9. Auswuchten der Unruh
10. Zusammenbau des Werks
11. Einrichten und Justieren der Hemmung
12. Fetten des Aufzugs, Ölen des Räderwerks
13. Kontrolle auf sichere Funktionstüchtigkeit
14. Montage des Zifferblatts und der Zeiger
15. Überprüfen und Reinigen des Uhrengehäuses und -bands
16. Erneuern sämtlicher Dichtungen
17. Erneuern der Krone, soweit erforderlich
18. bestmögliche Aufarbeitung des Gehäuses und Metallarmbands (sofern vorhanden)
19. Einbau des Werks in das Gehäuse
20. Kontrolle der Uhr auf Ganggenauigkeit
21. Prüfen der Wasserdichtigkeit
22. Endkontrolle

(Quelle: Wempe)

Lagert der Zeitmesser hingegen überwiegend im Safe auf einem Uhrenbeweger, der dafür sorgt, dass sich Automatikuhren auch dann selbst aufziehen, wenn sie nicht getragen werden, so kann das gute Stück schon mal acht bis zehn Jahre treue Dienste verrichten, bevor eine Inspektion empfehlenswert erscheint. Nachlassende Ganggenauigkeit ist ein deutlicher Hinweis, dass die Uhr der Revision bedarf. Spätestens dann muss der Besitzer handeln und seinen Zeitmesser zum Uhrmacher bringen.

Für die Inspektion einer Armbanduhr mit wenigen Komplikationen muss der Besitzer zwischen 300 und 400 Euro einkalkulieren, bei Ersatzteilbedarf noch mehr. Naturgemäß wird die Revision umso teurer, je mehr Komplikationen die Uhr aufweist, denn damit steigt die Zahl der ein- und auszubauenden Einzelteile. Solange im Schnitt nur eine Uhr pro Jahr zur Inspektion gegebenen werden muss, bleibt dieser Erhaltungsaufwand überschaubar. Sind aber gleich mehrere Zeitmesser betroffen, kann der finanzielle Aufwand schon erheblich sein. Schließlich ist es mit der Wartung und gelegentlichen Reparaturen nicht getan. Selbst vermeintliche Kleinigkeiten verursachen bisweilen hohe Kosten. Allein die Erneuerung des Lederarmbands kann bei manchen Uhrenmarken, wenn Original-Ersatzteile verwendet werden – und das ist im Interesse einer hohen Werthaltigkeit der Uhr dringend zu empfehlen –, mit 200 Euro und mehr zu Buche schlagen.

Uhrenschätze sicher aufbewahren

Nobeluhren sind außerordentlich begehrt – auch bei Zeitgenossen mit wenig redlichen Absichten. Die Zahl der Einbrüche bei Juwelieren ist in den vergangenen Jahren deutlich gestiegen. Vor allem in den Wochen vor Weihnachten machen häufig spektakuläre Einbrüche und Überfälle Schlagzeilen. Und immer gehören Armbanduhren der Luxusklasse zur Beute.

Uhrensammler stehen daher vor demselben Problem wie die Käufer von Goldbarren und Münzen: Wo lassen sich die Schätze am sichersten aufbewahren? Die meisten Besitzer wertvoller Uhren gehen ein hohes Risiko ein und lagern ihre kostbaren Stücke zu Hause in vermeintlich „sicheren" Verstecken. Andere schaffen sich zumindest einen Tresor an, doch auch dies ist keine wirklich sichere Methode zur Aufbewahrung wertvoller Uhren. Brutale Einbrecher werden keine Skrupel haben, die Öffnung des Tresors zu erzwingen. Eine relativ hohe Sicherheit bietet ein Banksafe, sofern die dort deponierten Inhalte angemessen versichert sind. Viele Bankkunden neigen zur Unterversicherung, um die Miete für den Safe möglichst gering zu halten. Wer so handelt, spart freilich am falschen Ende.

Der Nachteil einer Safe-Verwahrung liegt auf der Hand: Der Uhrensammler bekommt seine kostbaren Stücke nur selten zu sehen. Er kann zum Beispiel nicht spontan entscheiden, sich vor dem Abendtermin diese oder jene Uhr anzulegen. In den meisten Fällen ziehen es Uhrensammler daher vor, ihre Sammlung aufzuteilen und die Risiken auf diese Weise zu minimieren: Der größte Teil wird in einem Banksafe aufbewahrt, ein weiterer Teil zu Hause im Tresor und der Rest vielleicht an einem anderen geheimen Ort.

Das größte Sicherheitsrisiko sind indes die Uhrensammler selbst. Sie sprechen gern über ihre Leidenschaft, zeigen stolz ihre teuren Zeitmesser. Und selbst, wenn die Uhr nicht demonstrativ zur Schau getragen wird, reicht ein geschulter Kennerblick aufs Handgelenk aus, um eine Nobeluhr auszumachen. Im Zug, im Restaurant, auf Veranstaltungen – überall lauern Gefahren, können potenzielle Diebe und Einbrecher ihre Chance wittern und das Opfer verfolgen.

Besonders hohe Risiken gehen Sammler ein, die sich von der einen oder anderen Uhr trennen möchten und diese in Internetauktionen, zum Beispiel bei eBay, anbieten. Leider weckt dies oft die Begehrlichkeit wenig vertrauenswürdiger Zeitgenossen. Besonders riskant wird die Abwicklung des Kaufs, wenn sich beide Seiten auf eine persönliche Abholung und Barzahlung verständigen. Sicher: Die Erfahrung zeigt, dass es sich in der großen Mehrheit um seriöse Käufer und Verkäufer handelt. Doch wer weiß letztlich schon, wem er die Tür öffnet? Es ist daher allemal ratsam, einen neutralen Übergabeort zu wählen, zum Beispiel in einem Restaurant, Café oder – am besten – bei einem Juwelier, der gegen ein meist überschaubares Entgelt die Uhr dann auch gleich auf Echtheit prüfen kann.

Sieben Sicherheitstipps für Uhrensammler

1. Auch wenn es Sammlern meistens schwerfällt: Am besten, man spricht so wenig wie möglich über seine Leidenschaft. Selbst absolut vertrauenswürdige Kollegen und Freunde können zum Sicherheitsrisiko werden, wenn sie unbedarft Informationen weitergeben.

2. Der Uhrenfreund sollte stets darauf achten, zu welchen Anlässen er welche Uhr trägt. Dort, wo er mit vielen Menschen in Kontakt kommt, die er womöglich größtenteils nicht einmal kennt, sollte er eher unauffällige Zeitmesser tragen.

3. Kein Versteck in der eigenen Wohnung oder im eigenen Haus ist sicher.

4. Tresore erhöhen die Sicherheit nur dann, wenn sie eine entsprechende Stabilität und ein hohes Gewicht aufweisen.

5. Aus Gründen der Risikostreuung empfiehlt es sich, die Uhren auf mehrere Standorte zu verteilen.

6. Die wertvollsten Stücke gehören in einen ausreichend versicherten Banksafe.

7. Vorsicht bei Verkaufsaktivitäten per Internet oder Anzeige in Fachzeitschriften. Niemals die Adresse oder die Festnetznummer angeben. Die Handynummer oder die E-Mail-Adresse reichen für den Erstkontakt aus.

Versicherung von Nobeluhren

Es ist der Albtraum eines jeden Uhrenfreundes – und manche haben ihn bereits in der Realität erlebt: Diebe dringen in die Wohnung ein und stehlen Markenuhren im Wert von mehreren tausend Euro. Oder der Uhrenträger wird unterwegs Opfer eines Raubüberfalls. Auch ein Wohnungsbrand oder ein größerer Wasserschaden im Haus können Uhren erheblich beschädigen und kostenaufwendige Reparaturen notwendig machen. Besondere Gefahren drohen unterwegs. Der Kofferraum des Autos ist kein sicherer Platz für teure Uhren. Das sollte an und für sich selbstverständlich sein, doch in der Praxis kommt es trotzdem immer wieder vor, dass Sammler, die zum Beispiel Auktionen oder Uhrenbörsen besuchen, ihre guten Stücke im Auto zurücklassen, weil sie sich „nur für ein paar Minuten" von ihrem Fahrzeug entfernen. Ein Leichtsinn, der vielen Uhrenfreunden schon herbe Verluste eingebracht hat.

Doch selbst wer große Vorsicht walten lässt, ist gegen Diebstahl, Verlust oder Beschädigung seiner Nobeluhren natürlich nicht gefeit. Ab einem bestimmten Wert der Sammlung erscheint eine ausreichende Versicherung daher unabdingbar. Grundsätzlich haben Sie die Möglichkeit, zwischen einer Hausratversicherung und einer Privaten Valorenpolice zu wählen.

Hausratversicherung oder Private Valorenpolice?

Die Hausratversicherung allein reicht selten aus, denn sie deckt Wertsachen in der Regel nur mit maximal 20 Prozent der vereinbarten Versicherungssumme ab. Für Schmucksachen, Edelsteine, Perlen, Briefmarken, Münzen, Sachen aus Gold und Platin sowie für Uhren gilt üblicherweise eine Höchstgrenze von insgesamt 20.000 Euro. Diese Entschädigungsgrenze ist schnell erreicht. Ein paar wertvolle Schmuckstücke, ein Goldbarren und einige Münzen – und schon ist man am Limit angelangt. Da bleibt nicht mehr viel Raum für die Uhrensammlung. Daher deckt die übliche Hausratversicherung nur dann alles ab, wenn der Betreffende noch am Anfang seiner „Sammlerkarriere" steht und erst zwei oder drei Armbanduhren aus der mittleren Preiskategorie sein Eigen nennt.

Umfasst der Wert der Sammlung aber eine fünfstellige Summe – und dieser Betrag ist angesichts der Preise edler Markenuhren schnell erreicht –, empfiehlt es sich dringend, eine sogenannte Private Valorenversicherung abzuschließen. Dabei handelt es sich um einen Sonderzweig der Transportversicherung. Diese Police umfasst die Versicherung von Juwelen, Uhren sowie Schmuck- und Pelzsachen, die sich im Privatbesitz befinden. Im Versicherungsjargon wird die Valorenpolice als Allgefahrenversicherung bezeichnet. Das heißt, sie deckt das Abhandenkommen, die Zerstörung oder die Beschädigung der versicherten Sachen als Folge einer versicherten Gefahr ab. Der Versicherungsschutz gilt weltweit, jedoch muss der Versicherungskunde seinen Hauptwohnsitz in Deutschland unterhalten.

Wie bei jedem Versicherungsvertrag sollte man auch hier auf das Kleingedruckte achten. Denn wenn sich der Versicherungskunde nicht an die Spielregeln, also die „Obliegenheiten" hält, geht er im Schadensfall leer aus. Die Private Valorenversicherung springt ein, wenn Uhren gestohlen oder beschädigt werden oder wenn die guten Stücke auf Reisen abhanden kommen. Der Versicherungsschutz gilt in der Wohnung ebenso wie auf Reisen.

Bevor man seine Unterschrift unter den Versicherungsvertrag setzt, sollte man gezielt auf die Versicherungsbedingungen und Ausschlüsse achten. Zum Beispiel ist der Kunde verpflichtet

- die Wertgegenstände in einem festen Gebäude und
- sachgemäß, also in einem geeigneten Tresor, aufzubewahren.

Für Wertgegenstände, die nicht in einem Tresor lagern, gelten in der Regel Entschädigungsgrenzen, die jedoch von Versicherung zu Versicherung variieren.

Nimmt man die Uhren mit auf eine Reise, so sind sie nur dann versichert, wenn sie in der Zeit zwischen 6 und 22 Uhr maximal zwei Stunden während einer Fahrtunterbrechung im verschlossenen Fahrzeug zurückgelassen werden. Weitere Voraussetzung: Der Kofferraum darf vom Innenraum nicht zugänglich sein. Tritt der Versicherungsfall bei einer Reise ein, gilt meist ebenfalls eine Entschädigungsgrenze.

Mein Tipp: Lassen Sie sich rechtzeitig von einem versierten Versicherungsfachmann beraten, um im Fall der Fälle wirklich auf der sicheren Seite zu sein. Denn gerade im Bereich der Valorenversicherungen gibt es zahlreiche Fallstricke zu beachten. So gelten zum Beispiel viele Ausschlüsse. Nicht versichert sind unter anderem Uhren,

- falls sie im Ausland bei bürgerkriegsähnlichen Verhältnissen geraubt oder beschädigt werden,
- die in Folge innerer Unruhen abhanden kommen,
- von Behörden beschlagnahmt werden oder
- wenn der Eigentümer die Uhr selbst beschädigt, zum Beispiel durch Überdrehen oder Ausbrechen von Zähnchen.

Das Problem dabei: Die Versicherung muss dem Kunden nicht einmal nachweisen, dass eine dieser Ursachen vorliegt. Es genügt bereits eine „hinreichende Wahrscheinlichkeit", um die Zahlung der Entschädigung zu verweigern. Es empfiehlt sich daher, den Versicherungsfall minutiös zu dokumentieren, indem Sie etwa Fotos der beschädigten Uhr oder ein Gedächtnisprotokoll anfertigen und Zeugen nennen. Wurde die Uhr gestohlen oder geraubt, muss schnellstmöglich die Polizei informiert und Anzeige erstattet werden.

Angenommen, Sie haben Ihre Obliegenheiten erfüllt und es liegt kein anderer Grund für die Verweigerung der Versicherungsleistung vor: Mit welcher Entschädigung können Sie in diesem Fall rechnen? Grundsätzlich gilt: Je sicherer die Gegenstände aufbewahrt werden, desto höher fällt die Entschädigung des Versicherers aus. Geht die Uhr verloren, muss der Versicherungsnehmer üblicherweise 20 Prozent der Entschädigungssumme selbst tragen.

Vorsicht bei Unterversicherung!

Eine Unterversicherung kann dazu führen, dass die Leistung entsprechend dem Verhältnis zwischen Versicherungswert und Versicherungssumme gekürzt wird.

Ein Praxisbeispiel: Ein Uhrensammler versichert seine Kollektion mit einer Versicherungssumme von 60.000 Euro, um Prämien zu sparen. Die Sammlung wird gestohlen, und nun zeigt sich, dass die Uhren insgesamt rund 100.000 Euro wert waren. Die Unterversicherung macht in diesem Fall 40 Prozent aus. Um diesen Prozentsatz wird die Leistung des Versicherers gekürzt.

Der Versicherungswert entspricht im Normalfall dem Wiederbeschaffungspreis. Wird einem Uhrenfreund also zum Beispiel die wertvolle IWC Da Vinci gestohlen, muss die Versicherung den Preis zahlen, der für die Wiederbeschaffung anfällt. In der Regel ist dies der Neupreis. Ist die gestohlene oder anderweitig abhanden gekommene Uhr jedoch so alt oder abgenutzt, dass ihr Wert unter 50 Prozent des Wiederbeschaffungspreises liegt, so gilt als Versicherungswert nur der Zeitwert. Bei besonders kostbaren Exemplaren empfiehlt es sich daher, in regelmäßigen Abständen Wertgutachten von unabhängigen Sachverständigen oder renommierten Juwelieren erstellen zu lassen und Detailfotos von den Uhren anzufertigen. Denn ist die Uhr erst einmal ein paar Jahre alt, ist es für die Versicherung meist recht einfach, den Wert des Zeitmessers mit weniger als 50 Prozent des Wiederbeschaffungs-

Das Wichtigste auf einen Blick

1. Uhreninvestment ist eine Kapitalanlage in mechanische Kunstwerke: Der Anleger weiß im Voraus nicht, welche Marken und Modelle in einigen Jahren auf Auktionen Höchstpreise erzielen werden.

2. Neben dem Markennamen entscheiden vor allem die „inneren Werte", also die Komplikationen, über den Wert einer Uhr.

3. Edle Zeitmesser steigern das Sozialprestige und bieten als Kapitalanlage auf diese Weise eine Art „Ersatzrendite".

4. Hochwertige Uhren aus weltweit gefragten Manufakturen können sich als „Depotbeimischung" eignen.

5. Für die Investition in Uhren sollte kein Kredit aufgenommen werden, selbst wenn Juweliere die günstige Finanzierung von teuren Nobeltickern anbieten.

6. Eine Uhrensammlung verursacht laufende Kosten (Wartung, Reparatur, Versicherung).

7. Zu bedenken ist darüber hinaus das Aufbewahrungsrisiko der Sammlung.

8. Die Hausratversicherung reicht für eine Uhrensammlung in der Regel nicht aus. Empfehlenswert ist der Abschluss einer Privaten Valorenversicherung. Aber auch bei diesen Policen sollte man die Versicherungsbedingungen und die möglichen Ausschlüsse genau unter die Lupe nehmen.

preises anzusetzen. Wurde die Uhr beschädigt, übernimmt die Versicherung die Kosten für eine fachmännische Reparatur und ersetzt die mögliche Wertminderung.

Riskant ist schließlich auch der Versand von teuren Armbanduhren. Da mittlerweile viele edle Zeitmesser über das Internet gekauft werden, zum Beispiel über das Online-Auktionshaus eBay, stellt sich immer häufiger die Frage nach einem wirklich sicheren Versand. Pakete kann der Absender bei der Deutschen Post zwar bis maximal 25.000 Euro versichern, doch schützt diese Versicherung keine sogenannten Valoren, worunter Schmuck, aber auch Uhren fallen. Als Alternative bieten sich Logistikunternehmen, die sich auf solche Werttransporte spezialisiert haben. Es ist aber in jedem Fall ratsam, sich auch bei diesen Unternehmen zuvor über den Umfang und die Höhe des Versicherungsschutzes zu informieren und sich diese Angaben gegebenenfalls schriftlich bestätigen zu lassen. Am sichersten ist es aber nach wie vor, die Uhr diskret beim Verkäufer seines Vertrauens abzuholen.

Vacheron Constantin „Overseas"

Starke Marken

und coole Klassiker

Eine Marke entsteht bekanntermaßen in den Köpfen der Verbraucher. Das ist bei Hautcreme (Nivea) nicht anders als bei Uhren (Rolex). Der potenzielle Kunde verbindet mit einem bestimmten Produkt gleich eine bestimmte Marke, der er besondere Merkmale zuweist. Nivea steht synonym für jahrzehntelang bewährte Qualität zu günstigen Preisen. Und der Markenname Rolex steht im Verständnis der Menschen rund um den Globus für teure Armbanduhren. Wer einen solchen Zeitmesser trägt, demonstriert Wohlstand und Erfolg. Aber er weckt mitunter auch den Neid seiner Mitmenschen, die kein Verständnis dafür aufbringen wollen, dass jemand mehrere tausend Euro in eine Armbanduhr investiert.

Welche bizarren Blüten diese Einstellung bisweilen treiben kann, zeigt die Anekdote um den Vorstandsvorsitzenden eines großen deutschen Technologiekonzerns, der gleich nach seiner Amtsübernahme auf dem Titelbild eines Wirtschaftsmagazins erschien. Er posierte mit verschränkten Armen vor der Kamera, wodurch der Blick auf seine Uhr freigegeben wurde. Er trug eine Stahl-Rolex im Wert von unter 5.000 Euro. Kein Problem für den Vorstandsvorsitzenden eines großen DAX-Unternehmens, der Millionen verdient, sollte man meinen. Trotzdem hielten es seine PR-Berater für angebracht, die womöglich Missgunst erregende Rolex wegzuretuschieren. Erstaunlich daran ist nicht zuletzt die Tatsache, dass Uhren der Marke Rolex zweifellos zur internationalen Top-Klasse zählen, preislich aber von den Produkten aus anderen Manufakturen zum Teil deutlich übertroffen werden. Hätte der Vorstandschef zum Beispiel eine vermeintlich schlichte Calatrava der Genfer Nobelmarke Patek Philippe getragen, hätte er seine Imageberater wohl kaum aufgescheucht – obwohl diese Uhr mehr als das Doppelte kostet als besagte Stahl-Rolex.

Diese Geschichte zeigt, wie sehr die Macht und Magie einer Marke das Denken und die Gefühle der Menschen bestimmen. Wie kaum eine andere Marke polarisieren Rolex-Uhren: hier eine engagierte internationale Fangemeinde, deren Mitglieder zum Teil sehr viel Geld ausgeben, um sich nicht zuletzt die begehrten älteren Referenzen zu sichern; dort die eingefleischten Gegner, die auf das „Protz-Image" der Marke und die vergleichsweise nur einfachen Komplikationen dieser Uhren verweisen. Doch unabhängig davon, wie der Sammler persönlich zur Marke Rolex steht, lässt sich eines nicht von der Hand weisen: Diese Zeitmesser erzielen auf Auktionen immer wieder sehr gute Preise.

Deshalb will ich die nachfolgende Markenpräsentation auch mit der faszinierenden Unternehmensgeschichte von Rolex beginnen. In diesem Kapitel werden die wichtigsten Marken und die bekanntesten Produkte vorgestellt. Der ein oder andere Leser mag die von ihm favorisierte Marke vielleicht vermissen – vor allem dann, wenn es sich um kleinere Hersteller handelt. Viele dieser Uhren werden zweifellos mit sehr viel Liebe in überschaubaren Familienunternehmen in Deutschland oder der Schweiz gefertigt, außerdem weisen sie oft ein sehr günstiges Preis-Leistungs-Verhältnis auf. Wer indessen eine Armbanduhr nicht zuletzt in der Hoffnung auf eine langfristige Wertsteigerung erwirbt, sollte immer auf die starken und traditionsreichen Marken setzen.

Rolex

Mit der Auster zum Welterfolg

Die Schweizer Marke mit der goldenen fünfzackigen Krone auf grünem Grund kommt sicher aus der wohl bekanntesten und erfolgreichsten Nobeluhren-Manufaktur der Welt. Nur darüber reden möchte man am Unternehmenssitz in der Genfer Rue François-Dussaud nicht. Alle Anforderungen an eine moderne Unternehmenskommunikation scheinen für Rolex nicht zu gelten. Über Umsatz und Gewinn gibt es nur Schätzungen, über den ansehnlichen Immobilienbesitz wird Stillschweigen bewahrt und über Personalien oder Strategien möchten sich die Verantwortlichen schon gar nicht äußern. Insider gehen von einem Umsatz von jährlich rund 2,5 Milliarden Euro und einer beträchtlichen Rendite von etwa 25 Prozent aus. Rolex muss nicht kommunizieren – Rolex ist Kult und Mythos. Die Marke spricht für sich. Sogar über die Frage, für was der Name Rolex eigentlich steht, gibt es nur Mutmaßungen. Es könnte ein Kürzel für „horlogerie exquise" sein, aber sicher ist auch diese Interpretation nicht.

Die heute allenthalben an den Tag gelegte Verschwiegenheit der im Eigentum einer Stiftung befindlichen Manufaktur steht im Kontrast zum offenkundigen Werbetalent des Firmengründers Hans Wilsdorf. Die Wurzeln von Rolex reichen zurück ins bayerische Kulmbach. Dort wurde Hans Wilsdorf am 22. März 1881 geboren. Bereits in jungen Jahren verlor er seine Eltern und wurde von seinen

GMT-Master II (Quelle: Brückner, Archiv)

beiden Brüdern und einem Onkel aufgenommen. Nach seinem Schulabschluss hätte er gute Chancen gehabt, eine Ausbildung bei einer der ortsansässigen Brauereien zu absolvieren, doch Wilsdorf, der schon im jugendlichen Alter über hervorragende Englischkenntnisse verfügte, zog es ins Ausland. Im Schweizer Uhren-Dorado La Chaux-de-Fonds fand der damals 19-Jährige einen Job als Büroangestellter und Fremdsprachenkorrespondent bei Cuno

Kourten, einem führenden Import- und Exportunternehmen, das auch mit Uhren handelte.

Vom „Uhren-Virus" infiziert, machte sich Wilsdorf selbstständig und gründete in London ein Vertriebsunternehmen für Schweizer Uhren. Der Firmenchef setzte von Anfang an auf Präzision und hohe Ganggenauigkeit. Im Juli 1908 ließ Wilsdorf den Markennamen „Rolex" in La Chaux-de-Fonds registrieren – und schon zwei Jahre später sollte eine Rolex im schweizerischen Biel die erste offizielle Auszeichnung erhalten.

Im Gegensatz zu vielen seiner Mitbewerber glaubte Wilsdorf an den Erfolg der Armbanduhren, die – so seine feste Überzeugung – in kurzer Zeit an die Stelle der Anfang des 20. Jahrhunderts noch dominierenden Taschenuhren treten würden. Zunächst mochten die Kunden dem Trendsetter aus Deutschland nicht folgen. Eine Uhr für das Handgelenk sei zu klein, zu zerbrechlich und obendrein zu empfindlich gegen Staub und Feuchtigkeit. Wilsdorf entkräftete diese Bedenken, indem er zum einen die Ganggenauigkeit seiner Armbanduhren von unabhängigen Instituten zertifizieren ließ. Zum anderen arbeiteten er und seine Mitarbeiter zielstrebig an einem absolut wasserdichten und äußerst widerstandsfähigen Uhrengehäuse.

Wilsdorf, der angesichts hoher Importsteuern England den Rücken gekehrt hatte und 1919 in Genf die „Montres Rolex SA" gründete, präsentierte schließlich im September 1926 das wasserdichte Oyster-Gehäuse (engl. Oyster = Auster), das Firmengeschichte schreiben sollte. Es war die Schwimmerin Mercedes Gleitze, die ein Jahr später einen nachhaltigen und viel beachteten Beweis für die Zuverlässigkeit und Dichtheit der Oyster lieferte. Die junge Frau durchquerte in 15 Stunden und 15 Minuten den Ärmelkanal. An ihrem Handgelenk: eine Rolex Oyster. Am Ziel angekommen, funktionierte die Uhr nach wie vor perfekt. Verständlich, dass Wilsdorf diesen Erfolg werblich geradezu zelebrierte, hatte er doch endgültig die Zuverlässigkeit von Armbanduhren nachgewiesen und damit vermutlich einen wichtigen Beitrag zum anschließenden Siegeszug dieser Zeitmesser geleistet.

Wilsdorf blieb der kreative Kopf in seiner Manufaktur. Im Jahr 1931 ließ er den von ihm persönlich entwickelten 360-Grad-Zentralrotor, den Perpetual, patentieren. Was reichlich technisch klingt, stellte einen weiteren wichtigen Durchbruch dar: Die Rolex Oyster Perpetual gilt als die erste funktionsfähige Automatik-Armbanduhr mit Rotor.

Wie der Rotor die Uhr in Schwung hält

Der Rotor (Schwungmasse) im Uhrwerk zieht die Feder des Zeitmessers bei Armbewegungen des Trägers in kleinen Schritten auf.
Er ist meist halbkreisförmig ausgebildet. Der von Rolex entwickelte 360-Grad-Zentralrotor dreht sich unbegrenzt um seine Achse.
Das Prinzip funktioniert aber natürlich nur, wenn die Uhr getragen, sprich der Rotor in Bewegung gehalten wird.

Das robuste Oyster-Gehäuse und die charakteristische Datumslupe machen Rolex-Uhren unverwechselbar. Zu den bekanntesten
Modellen gehört ohne Zweifel die im Jahr 1953 lancierte Submariner – bis heute eine der führenden Taucheruhren der Welt,
selbst wenn sie in der Praxis vor allem wegen ihres sportlichen
Aussehens, und nicht unbedingt mit der Absicht gekauft wird, mit
diesem robusten Zeitmesser unterzutauchen. Während die Submariner heute bis 300 Meter wasserdicht ist, können dem Schwestermodell Sea-Dweller sogar Tiefen bis 1.220 Meter nichts anha-
ben. Die erste Sea-Dweller, deren auffälligstes Merkmal die
fehlende Datumslupe ist, kam 1971 auf den Markt. Im Jahr 2008
folgte mit dem Modell Deepsea dann eine wahre Megauhr. Sie ist
wasserdicht bis fast 4.000 Meter Tauchtiefe und überzeugte nicht
nur Rolex-Fans mit ihren Raffinessen. Dazu gehören eine neu-
artige, aus drei verschiedenen Elementen bestehende Gehäuse-

kombination (Ring Lock System) und eine „Glidelock"-Schließe zur schnellen Verlängerung oder Verkürzung des Armbandes. Dies geschieht mithilfe einer zehnstufigen „Mini-Ratsche". Im Inneren der 220 Gramm schweren Uhr tickt das Automatikkaliber 3135, das mit einer blauen Parachrome-Spirale mit Brequet-Kurve veredelt wurde und auch gegen starke Magnetfelder unempfindlich ist.

Zum 50. Geburtstag der Submariner gelang Rolex ein weiterer, viel beachteter Marketing-Schachzug: Mit der Referenz 16610 LV brachte die Genfer Manufaktur in kleiner Stückzahl ein Jubiläumsmodell mit grüner Lünette auf den Markt. Die geringen Produktionszahlen sorgten dafür, dass Interessenten oft Monate auf die Auslieferung dieses Modells warten mussten. Auf dem grauen Markt war diese Uhr zeitweise mit Aufschlägen von bis zu 30 Prozent gegenüber dem Neupreis zu haben.

1954, ein Jahr nach der Submariner, lancierte Rolex mit der GMT-Master das Schwestermodell. Beim flüchtigen Hinsehen werden diese beiden Klassiker oft verwechselt, obgleich die GMT-Master eine ganz andere Funktion erfüllt: Das Chronometer mit Datum wurde als Pilotenuhr konzipiert. Der Träger dieser Uhr kann die Zeit in zwei beliebigen Zeitzonen zugleich ablesen.

Bereits in den 1940er- und 1950er-Jahren hatte Rolex mit der Datejust und der Explorer I nicht nur bei Uhrenfreunden für Aufsehen gesorgt. Die Rolex Datejust war das erste Chronometer der Welt mit einer automatisch wechselnden Datumsanzeige. Und der Explorer I hat der Bergsteiger Sir Edmund Hillary ein bleibendes

Denkmal gesetzt: Er trug diesen Zeitmesser während seiner legendären Mount-Everest-Expedition.

Im Jahr 1956 folgte die Rolex Oyster Perpetual Day-Date. Es war wiederum eine Premiere, handelte es sich doch um das erste automatische Armband-Chronometer, das sowohl das Datum als auch den voll ausgeschriebenen Wochentag anzeigte. Für Zeitgenossen, die der Marke Rolex eher zurückhaltend bis ablehnend gegenüberstehen, ist die goldene Day-Date, ebenfalls mit Diamantenbesatz erhältlich, die Uhr mit dem potenziell höchsten „Protz-Image". Da sie oft in Kreisen getragen wird, die eher an der Peripherie der Legalität angesiedelt sind, bekam dieser Zeitmesser bald ein Image-Problem.

Das Gegenteil gilt für ein anderes Modell: Ein prominenter Mime verhalf dem Chronographen Daytona zum Durchbruch – und zu teilweise astronomisch hohen Preisen: In einem Autorennen-Film aus dem Jahre 1969 trug der US-Schauspieler Paul Newman eine solche Rolex und begeisterte das Publikum. Für die „Paul-Newman-Rolex" zahlen Sammler heute weltweit fünfstellige Beträge. Bis zum Jahr 2000 tickte in den Daytona-Uhren übrigens ein modifiziertes El-Primero-Werk der Manufaktur Zenith. Seither aber verfügt auch diese Rolex-Reihe über eigene Kaliber.

Noch eine vergleichsweise junge Geschichte weist die Modellreihe Yachtmaster auf, die – ebenso wie die Sea-Dweller – zur Submariner-Familie gehört. Die ersten Yachtmaster-Chronometer kamen im Jahr 1992 ausschließlich in Gold auf den Markt, später folgten Stahl/Gold- und Stahl/Platin-Modelle.

Im Frühjahr 2004 überraschte Rolex weniger mit neuen Modellen als mit einer unternehmensstrategisch bedeutenden Entscheidung: Die Rolex SA in Genf, wo Gehäuse, Zifferblätter und Armbänder produziert werden und das Marketing sowie der Vertrieb ihren Sitz haben, fusionierte mit der Manufacture des Montres Rolex SA, wo die mechanischen Uhrwerke entstehen. Bis zu diesem Zeitpunkt waren beide Unternehmen juristisch absolut eigenständig.

Kurzbewertung

Aufgrund der starken Marke und ihres hohen Wiedererkennungs-werts erweisen sich Rolex-Uhren als äußerst werthaltig. Bei einigen gefragten Modellen, wie etwa den älteren Chronographen Daytona aus Stahl, lassen sich unter Umständen sogar Verkaufsgewinne erzielen. Der Nachteil: Rolex-Uhren weisen keinen hohen Komplikationsgrad auf. Das heißt, die mechanischen Finessen, von Liebhabern besonders geschätzt, halten sich in Grenzen.

Unser Rating:
● ● ● ● ● ● ● ● ● ● ● ● ● ● ● ● ● ● ○ ○ ○

Deepsea

Master Compressor Memove

Jaeger-LeCoultre

Der König der Kaliber

Es gibt große Namen in der Geschichte der edelsten Schweizer Uhrenmanufakturen, die sogar vielen Liebhabern extravaganter Zeitmesser nicht geläufig sind. Der Name des Ingenieurs René-Alfred Chauvot gehört ohne Frage dazu. Dabei schuf der kreative Tüftler einen der bekanntesten Design-Klassiker unter allen Armbanduhren. Er fügte mehrere Führungsnuten und -zapfen zu einem raffinierten Drehmechanismus zusammen und präsentierte ein solides Wendegehäuse für Armbanduhren. Die Manufaktur Jaeger-LeCoultre brachte diese Innovation im Jahr 1930 auf den Markt – und lancierte einen Longseller, der bis heute eng mit dem Namen des Uhrenherstellers im schweizerischen Vallée de Joux verbunden ist.

Die wandlungsfähige Reverso im Art-déco-Design eroberte gleichermaßen die Herzen von männlichen und weiblichen Uhrenfreunden, obwohl sie doch eigentlich vorrangig die Bedürfnisse britischer Offiziere befriedigen sollte. Die Herren der Kriegskunst wünschten sich nämlich Armbanduhren, deren Kristallgläser selbst bei robusteren Sportarten nicht zu Bruch gehen. Der Hintergrund: Die Offiziere vertrieben sich ihre Zeit in der damaligen britischen Kolonie Indien vornehmlich hoch zu Ross beim Polo-Sport. Kaum ein Polo-Match verging, ohne dass nicht mindestens eine der feinen Uhren der Herren Schäden davon getragen hätte.

Der Ingenieur René-Alfred Chauvot löste dieses Problem auf genial einfache oder einfach geniale Weise: Vor dem Spiel drehten die stolzen Besitzer einer Reverso dank des flexiblen Wendegehäuses das Zifferblatt mit dem empfindlichen Glas einfach nach unten und präsentierten die stählerne Rückseite, die erstens weitgehend unempfindlich war und zum anderen Platz für individuelle Gravuren bot.

Bis heute verbindet sich der Name Jaeger-LeCoultre fast automatisch mit der Reverso, die in der Vergangenheit freilich nicht nur wegen des Wendegehäuses immer wieder für Aufsehen sorgte. So baute Jaeger-LeCoultre für dieses Modell mit dem Kaliber 101 das bis heute kleinste Uhrwerk der Welt, das gerade mal ein Gramm (!) auf die Waage bringt. Und da die Reverso immer weniger von britischen Polo-Spielern nachgefragt wurde und zunehmend an den Handgelenken von Damen und Herren aus den Chefetagen zu finden war, ließ sich der Wendemechanismus noch kreativer nutzen: Die Reverso Duoface bestand nicht mehr aus einer stählernen Rückseite, sondern präsentierte an dieser Stelle ein zweites Zifferblatt. Der stolze Uhrenträger braucht das Gehäuse also nur zu wenden – und schon zeigt ihm die Rückseite der Reverso an, was die Stunde

Reverso

in einer anderen Zeitzone geschlagen hat. Zudem wurden die Reverso-Modelle mit immer ausgefalleneren uhrmacherischen Raffinessen ausgestattet. Zu den Highlights gehören zum Beispiel die Reverso Tourbillon oder das zum 60-jährigen Jubiläum dieser Uhr auf den Markt gekommene, limitierte Sondermodell 60ème, für das im Jahr 1993 schon die stolze Summe von 50.000 DM gezahlt werden musste. Das Top-Modell in der Reverso-Reihe dürfte indessen die Platinum Number One sein – eine skelettierte Uhr, die den Blick freigibt auf das von Hand gravierte und im griechischen Stil dekorierte Werk (Jaeger-LeCoultre Kaliber 849R-SQ).

Die Reverso mag in der Tat die bekannteste Uhr der Nobelmanufaktur Jaeger-LeCoultre sein. Tatsächlich aber kann das von Charles-Antoine LeCoultre im Jahr 1833 gegründete und im schweizerischen Le Sentier ansässige Unternehmen eine Reihe beeindruckender Innovationen und Patente aufweisen. So erfand LeCoultre, der erst viele Jahre später mit Edmond Jaeger, einem Pariser Hersteller von Chronometern und Instrumenten, fusionieren sollte, den Kronenaufzug mit Wippe. Fortan war der Schlüssel zum Aufzug der Uhr überflüssig.

*Master
Geographics*

61

Ende der 1920er-Jahre präsentierte Jaeger-LeCoultre ein weiteres mechanisches Meisterstück, das mittlerweile Kultstatus genießt: die von Jean-Léon Reutter entwickelte Tischuhr Atmos – eine Uhr, die gleichsam „von der Luft" lebt. Vergleichbar mit einem Perpetuum mobile spannt diese Uhr ihre Zugfeder selbstständig. Sie muss also weder aufgezogen noch mit einer Batterie versorgt werden. Das Geheimnis ist eine mit Lachgas gefüllte Metalldose, die auf unterschiedliche Raumtemperaturen reagiert. Schon ein Temperaturunterschied von nur wenigen Grad Celsius reicht aus, um eine Gangreserve von 48 Stunden herzustellen. Dabei ist die Atmos ausgesprochen pflegeleicht. Sie bedarf erst nach mehreren Jahrzehnten einer Wartung.

Schließlich haben auch die Weckerarmbanduhren Tradition bei Jaeger-LeCoultre. Die Memovox dürfte die bekannteste in dieser Kategorie sein. Dabei handelt es sich um eine sehr praktische Komplikation: Ein mehr oder weniger lautes Schnarren erinnert den Träger der Uhr an einen wichtigen Termin oder reißt ihn sanft aus seinen Träumen. Diese Funktion geriet lange Jahre ins Hintertreffen, bis Jaeger-LeCoultre den Weckerarmbanduhren mit der Master Compressor Memovox ein fulminantes Comeback bescherte. Auch hier gilt: Der Ton macht die Musik. Bei den älteren Memovox-Modellen klang der Wecker noch wenig ohrenschmeichelnd. Kein Wunder, schlug doch ein kleines Hämmerchen gegen den stählernen Gehäuseboden der Uhr. In die neuen Modelle wurde jedoch eine Tonfeder integriert, die für sympathischen Wohlklang sorgt.

Wem diese Komplikation noch nicht genügt, sollte sich eines der Flaggschiffe der Manufaktur anschauen: Die Master Grande Memovox vereinigt neben dem Wecker eine Mondphase und einen Ewigen Kalender in ihrem rot- oder weißgoldenen Gehäuse. Dafür muss der Uhrenliebhaber freilich schon etwas tiefer in die Tasche greifen: Die Master Grande Memovox kostet rund 29.000 Euro.

Mancher trägt übrigens ein kleines Meisterwerk von Jaeger-LeCoultre am Handgelenk, ohne es zu wissen, denn die Manufaktur in Le Sentier belieferte schon in der Vergangenheit andere große Marken mit ihren Kalibern. So tickt zum Beispiel in den früheren IWC-Fliegeruhren (Mark XII) ein Jaeger-LeCoultre-Werk, ebenso in manchen Uhren der Marke Panerai.

Kurzbewertung

Uhren von Jaeger-LeCoultre lassen die Herzen von Mechanik-Freaks höher schlagen. Es handelt sich um Zeitmesser mit eigenen Manufaktur-Kalibern und großer Fertigungstiefe. Mit der Art-déco-Uhr Reverso hat Jaeger-LeCoultre einen z eitlosen Design-Klassiker auf den Markt gebracht. Die Uhren dieser Manufaktur eignen sich für Freunde anspruchsvoller Mechanik, die bereit sind, dafür etwas mehr zu zahlen.

Unser Rating:

● ● ● ● ● ● ● ● ● ● ● ● ● ● ● ● ○ ○

Portugieser Perpetual Calendar

IWC

„High Mech" aus Schaffhausen

Begnadete Schöpfer hochwertiger Uhren waren in der Schaffhauser Manufaktur IWC schon immer zugange. Nur mit dem kaufmännischen Geschick haperte es lange Jahre. Und so stand das im Jahr 1868 gegründete Unternehmen mehr als ein Mal in seiner wechselvollen Geschichte vor dem wirtschaftlichen Zusammenbruch. Oft genug hing die Zukunft des Uhrenherstellers am seidenen Faden, doch mit ebenso schöner Regelmäßigkeit fanden sich Retter in höchster Not. Seit den 1990er-Jahren gehört die IWC zum internationalen Luxuskonzern Richemont (siehe Kasten) und

Richemont – der Luxusgigant

Die börsennotierte Compagnie Financière Richemont ist nach LVMH (Moët Hennessy Louis Vuitton) der zweitgrößte Luxusgüterkonzern der Welt. In den vergangenen Jahren sicherte sich der Konzern für teilweise sehr hohe Kaufpreise einige der ersten Adressen auf dem Uhrenmarkt. So gehören zum Beispiel Cartier, die IWC, Jaeger-LeCoultre, Vacheron Constantin, Baume & Mercier, A. Lange & Söhne sowie der italienische Uhrenhersteller Panerai zum Marken-Portfolio von Richemont. Edle Schreibgeräte (Montblanc), der Top-Juwelier Van Cleef & Arpels, der seinerzeit die Krone für die Kaiserin Farah Dibah fertigte, sowie Luxusmarken wie dunhill sind ebenfalls unter dem Dach von Richemont vereint. Wer lieber in Luxusaktien statt in Luxus direkt investieren möchte, findet hier die Wertpapierdaten von Richemont:

ISIN CH0012731458, WKN 875863.

steht somit auf soliden Fundamenten. Liebhaber rund um die Welt können beruhigt aufatmen.

Während Rolex seine Existenz letztlich einem cleveren deutschen Geschäftsmann aus Kulmbach verdankt, wurde der Grundstein für die Manufaktur IWC von einem US-Amerikaner gelegt. So steht denn auch das Kürzel IWC für International Watch Company. Mitte des 19. Jahrhunderts kaufte sich der amerikanische Ingenieur und Uhrmacher Florentine Ariosto Jones ein Ticket für eine mehrtägige Atlantikpassage nach Europa. Der damalige Direktor der Uhrenfabrik F. Howard & Cie. kam nach einer stürmischen Überfahrt auf dem „alten Kontinent" an und machte sich umgehend auf den Weg in die Schweiz. Tatsächlich tat Jones seinerzeit genau das, was man heutzutage als Folge der Globalisierung bezeichnet: Er suchte eine preiswerte Produktionsstätte für Uhren, die er in den USA verkaufen wollte. Dass er ausgerechnet in der Schweiz nach einem passenden Produktionsstandort suchte, kam nicht von ungefähr. Die Eidgenossenschaft galt zu dieser Zeit – heute kaum vorstellbar – als „Billiglohnland".

In der Region Genf und in den abgelegenen Jura-Tälern der West-Schweiz stieß der forsche Unternehmer aus den USA auf breite Ablehnung. Doch Jones gab nicht auf und lernte wenig später den Schaffhauser Uhrmacher und Fabrikanten Heinrich Moser kennen, der kurz zuvor in seiner Heimatstadt eine vom Rhein angetriebene Wasserkraftanlage hatte fertigstellen lassen. Auf diese Weise fand Florentine Ariosto Jones nicht nur einen geeigneten Standort, vielmehr sicherte er sich billige Energie. So gründete er im Jahr 1868 die Uhrenfabrik IWC gleich vis-à-vis von Deutschland.

Doch so verheißungsvoll die Unternehmensstory begonnen hatte, so schnell fand sie ein wenig rühmliches Ende. Jones war ganz und gar vom US-Markt abhängig, auf dem sich die Nachfrage nach Schweizer Zeitmessern in Grenzen hielt. Hinzu kamen die hohen

Einfuhrzölle, die sage und schreibe 25 Prozent der Exporterlöse aufzehrten. Der Kostenvorteil, den das damalige Billiglohnland Schweiz bot, konnte diese Belastung nicht ausgleichen. Ende Dezember meldete die IWC Konkurs an und Jones kehrte resignierend in die USA zurück, wo er bis zu seinem Tod im Jahr 1916 Zählwerke und Registrierkassen baute. Die Uhrenfabrik unweit des weltberühmten Rheinfalls ging zu einem Schnäppchenpreis an die Schaffhauser Handelsbank. Es folgten bewegte Zeiten, in denen immer wieder uhrmacherische Höhenflüge mit wirtschaftlichen Abstürzen wechselten. Mehr als ein Mal war die IWC in ihrer Existenz bedroht.

Bis heute erinnert das Kaliber „Jones" an den Gründer des Unternehmens. Diese mechanischen Werke wurden zunächst in Taschenuhren eingebaut, was die Unempfindlichkeit der Zeitmesser gegenüber Temperaturschwankungen ebenso erhöhte wie die Ganggenauigkeit. Charakteristisch für das Kaliber „Jones" ist der außergewöhnlich lange Rückerzeiger, mit dem der Gang einer Uhr feinreguliert wird. Eine viel beachtete Renaissance erfuhr das Kaliber „Jones" in den vergangenen Jahren, als es in einer limitierten Auflage der Portugieser – einem der vielen IWC-Armbanduhrklassiker – tickte.

Dass eine der weltweit bekanntesten und begehrtesten Uhren aus der Manufaktur in Schaffhausen die Bezeichnung „Ingenieur" trägt, kommt nicht von ungefähr. Tatsächlich schaffen es nur wenige schweizerische Manufakturen, so viele uhrmacherische Finessen auf kleinstem Raum unterzubringen wie die IWC. Ein wahres und aufgrund der limitierten Auflage auch rares Wunderwerk der Feinmechanik ist dabei die Il Destriero Scafusia, von der zum 125-jährigen Jubiläum von der IWC 125 Exemplare auf den Markt kamen. Diese Uhr vereint fast alle komplizierten Finessen der Uhrmacherkunst: ein fliegendes Minuten-Tourbillon, ein von der IWC konstruierter Rattrapante-Mechanismus und eine Mondphase. Nicht weniger als 750 zum Teil winzige Werkteile müssen zu diesem mechanischen Organismus zusammengefügt werden. Der Preis ist entsprechend. Er lag im Jahr 2006 bei bis zu 180.000 Euro – sofern das Prachtstück am Markt überhaupt erhältlich war.

Nicht weniger aufwendig stellt sich das Innenleben der Grande Complication dar. Rund 50.000 Entwicklungsstunden vergingen, bis diese komplizierte, aus 659 mechanischen Einzelteilen bestehende Armbanduhr Ende 1988 präsentiert werden konnte. In einem massiven Platingehäuse wurden ein Ewiger Kalender, eine Mondphase, die Minutenrepetition sowie ein Chronograph untergebracht. Für ältere Modelle der Grande Complication werden derzeit – je nach Erhaltungszustand – zwischen 150.000 und 170.000 Euro gezahlt.

Die Dritte im Bunde der hochkomplizierten IWC-Uhren ist das Modell Da Vinci, deren Neupreis derzeit bei rund 19.000 Euro (mit Goldgehäuse) liegt. Dieser von vielen IWC-Fans geschätzte Design-Klassiker aus Schaffhausen umfasst einen Ewigen Kalender mit Jahrhundertschieber, der mit den Ziffern 19, 20 und 21 versehen ist. Stolze Eigentümer der Da Vinci müssen daher spätestens am 1. Januar 2200 zum Uhrmacher, um den Jahrhundertschieber mit den Ziffern 22, 23 und 24 einbauen zu lassen. Dann ist der Ewige Kalender wieder bis zum 31. Dezember 2499 fit. Daneben weist die Da Vinci ein mechanisches Chronographen-Werk und eine Mondphasenanzeige auf.

Kommen wir nun zu erschwinglicheren Preiskategorien: Teilweise schon Kultstatus genießen die Fliegeruhren aus Schaffhausen. Die Mark XI – heute ein gefragter Klassiker – wurde in den Jahren nach dem Zweiten Weltkrieg zur Dienstuhr aller britischen Royal-Air-Force-Piloten: Neben ihrem schlichten schwarzen Zifferblatt war sie die erste Uhr mit der für Flieger wichtigen Magnetfeldabschirmung. Dieser Schutz kam später auch der bereits erwähnten Ingenieur zugute und gehört heute zum Standard vieler IWC-Uhren. Mit der

Da Vinci Redgold

Big Pilot

Großen Fliegeruhr (IWC-Kaliber 5011) glückte der Manufaktur vor einiger Zeit ein Comeback der ersten, im Jahr 1940 auf den Markt gebrachten Uhr gleichen Namens. Mit einem Durchmesser von 46,2 Millimetern kam der neue Zeitmesser der gestiegenen Nachfrage nach größeren Uhren entgegen.

Im Gegensatz zum IWC-Einsteigermodell Portofino, das lange Zeit eher dezente Dimensionen aufwies, überzeugen die Uhren der Modellreihe Portugieser durch Größe. Und das hat immerhin eine historische Bewandtnis. In den 1930er-Jahren brachten zwei portugiesische Uhrenhändler, die offenkundig von einer tiefen Reminiszenz an die glorreiche Vergangenheit ihres Landes als Seefahrernation geprägt waren, ein besonderes Anliegen bei der IWC vor. Sie wünschten eine Armbanduhr im Stahlgehäuse mit den Qualitäten einer auf Schiffen üblichen Beobachtungsuhr. Diese gleichen übergroßen Taschenuhren. Die Schaffhauser Experten standen vor einer Herausforderung der besonderen Art. Noch nie waren so große Zeitmesser in Gehäusen für Armbanduhren eingeschalt worden. Die IWC setzte diesen anspruchsvollen Wunsch dennoch um und baute das damals flachste Uhrwerk – das Kaliber 75 in der Bauweise einer Savonette, also einer offenen Taschenuhr – in ein Armbanduhrgehäuse ein. Zur Zufriedenheit der Kunden von der iberischen Halbinsel. Die Uhr erwies sich als hochpräzise, auch wenn sie dem damals vorherrschenden Trend hin zu Zeitmessern im Art-déco-Stil nicht unbedingt entsprach. Immerhin entstand auf diese Weise ein zeitloser Klassiker im Produkt-Portfolio der IWC.

Kurzbewertung

IWC-Uhren lassen in erster Linie die Herzen von Technikfreaks höher schlagen. Die Fliegeruhren sind Legende, die hochkomplizierten Uhren gehören mit zum Besten, was die Schweiz zu bieten hat. Rund um die Welt besteht eine rege Nachfrage nach diesen Nobeltickern. Dennoch ist aufgrund der deutlichen Preissteigerungen in den vergangenen Jahren nur langfristig von Wertsteigerungschancen auszugehen.

Unser Rating:

● ● ● ● ● ● ● ● ● ● ● ● ● ● ● ● ● ● ● ○ ○

Ingenieur

Patek Philippe

Sternstunde der Uhrmacherkunst

Anfang der Dreißiger Jahre standen die Unternehmer Charles und Jean Stern vor einer weitreichenden Entscheidung: Sollten die Brüder die Aktienmehrheit an der in wirtschaftliche Bedrängnis geratenen Ancienne Manufacture d'Horlogerie Patek Philippe & Cie S.A. übernehmen? Die beiden Schweizer griffen zu – und ihre Nachkommen dürften es ihnen bis heute danken. Seither gehört Patek Philippe als eine der traditionsreichsten und renommiertesten Uhrenmanufakturen der Welt der Familie Stern. Es gibt nicht wenige Sammler und Freunde der hohen Schweizer Uhrmacherkunst, die in den edlen Produkten dieses Unternehmens die Krönung der Branche sehen.

Charles und Jean Stern dürften übrigens gewusst haben, welches Juwel sie sich da an Land zogen. Schließlich waren die Brüder Inhaber einer Fabrik zur Herstellung von Zifferblättern und damit langjährige Zulieferer für Patek Philippe. Für die Sterns hat sich die Investition allemal gelohnt. Das können auch viele stolze Besitzer von Patek-Philippe-Uhren behaupten, denn der Großteil der Meisterwerke aus dieser Genfer Manufaktur lässt sich zu guten Preisen verkaufen. Zumindest theoretisch, denn in der Praxis trennen sich nur wenige Patek-Fans von ihren guten Stücken. In der Regel handelt es sich um eine Investition für Generationen. Sprich: Eine Patek wird vererbt, aber nur selten verkauft. Kommt dann doch einmal eine der

◄ *„Jahreskalender" mit Mondphase*

73

besonders seltenen Uhren auf den Markt, stehen die Chancen gut, damit Höchstpreise zu erzielen. Tatsächlich sind es fast immer Patek-Philippe-Uhren, die auf Auktionen geradezu astronomische Summen erreichen. Die World-Time-Uhr mit der Referenz 1415 – ein Unikat aus Platin – wechselte vor einigen Jahren beim Genfer Auktionshaus Antiquorum für über 6,6 Millionen Franken den Besitzer. Für eine astronomische Armbanduhr in Rotgold mit Chronographen-Funktion, Ewigem Kalender und Pulsometer-Anzeige mussten knapp 3,2 Millionen Franken bezahlt werden.

Obwohl viele Uhrenfreunde bisweilen sehr viel Geld in ihr Hobby investieren – diese Kostbarkeiten sind für die meisten dann doch unerschwinglich. Aber sie sagen einiges aus über die Werthaltigkeit der Uhren aus dieser Manufaktur. Mit Ausnahme von Rolex ist kaum eine andere Marke auch unter dem Aspekt der Werthaltigkeit so interessant wie Patek Philippe. Selbst die in größeren Stückzahlen hergestellten Armbanduhren mit wenigen Komplikationen sind auf dem seriösen Gebrauchtmarkt kaum unter 5.000 Euro zu bekommen, sofern sie einen guten Erhaltungszustand aufweisen und die dazugehörenden Papiere vorliegen.

Was begründet nun den legendären Ruf der edlen Präzisionsprodukte aus der weltbekannten Genfer Manufaktur? Die technischen Finessen und die Innovationskraft, die in jeder dieser Uhren stecken? Die fast schon fanatische Liebe zum Detail? Die hochwertige Verarbeitung jeder Patek? Sicher spielen diese Aspekte eine wichtige Rolle. In dieser Hinsicht freilich könnten andere Hersteller durchaus mithalten, etwa A. Lange & Söhne, Audemars Piguet,

Jaeger-LeCoultre oder die IWC, um nur einige Beispiele zu nennen. Dennoch gilt Patek Philippe nach wie vor als die beste unter den ersten Adressen. Macht und Magie der Marke? Freunde der Genfer Traditionsmarke könnten vermutlich wortreich erklären, was die besondere Faszination dieser Uhren ausmacht. Sie würden viele Argumente dafür finden, weshalb mancher lange spart, um sich eine Patek leisten zu können.

Wie bei allen großen Luxusmarken, die rund um die Welt die Menschen in ihren Bann ziehen, die Sehnsüchte und Besitzerstolz wecken, ist es auch bei Patek Philippe ein Mythos, der diesen Namen umgibt. Jeder Versuch einer rationalen Erklärung gleitet daher schnell ab ins Banausenhafte – wie immer, wenn ein hohes Maß an Emotionalität im Spiel ist. Uhren von Patek Philippe sprechen die Sinne an. Sie machen einen an sich trivialen Vorgang wie die Zeitmessung zu einem faszinierenden Ereignis.

Zum Mythos dieser Uhren gehört ihre Individualität. Während der gesamten Firmengeschichte gilt: Kein Kundenwunsch ist so ausgefallen, als dass er nicht in den Genfer Ateliers von Patek Philippe umgesetzt werden könnte. Auf diese Weise entstanden neben den klassischen Produktlinien zahlreiche sehr komplizierte Taschen- und Armbanduhren, die einzigartig und deshalb höchst begehrt sind. Der Individualität der Kunden entspricht die Individualität ihrer Uhren. Edle Zeitmesser für ausgesuchte Kenner, die das Besondere und Beständige zu schätzen wissen. Nichts für die kurzlebigen Launen der Spaßgesellschaft, sondern reiner Ausdruck von langfristiger Wertorientierung.

Nautilus

Patek-Philippe-Uhren galten als konservativ, als Zeitmesser für Menschen, die Wert legen auf Understatement. Im Inneren dieser Meisterstücke freilich tickt die geballte Innovationskraft einer ehrgeizigen Manufaktur mit jahrhundertealter Erfahrung, die mit dem einmal Erreichten nicht zufrieden ist, sondern stets einen Schritt weiter geht.

Das Streben nach außergewöhnlichen Leistungen, viel bestaunten Innovationen und Weltrekorden zieht sich wie ein roter Faden durch die Firmengeschichte von Patek Philippe. Die beiden polnischen Emigranten Graf Antoine Norbert de Patek und François Czapek, die am 1. Mai 1839 in Genf die Firma Patek, Czapek & Co. aus der Taufe gehoben hatten, stellten schon bald fest, dass es – abgesehen von dem gemeinsamen Heimatland – wenig gab, was sie verband. Sechs Jahre nach Gründung des Unternehmens wurde der Gesellschaftervertrag nicht mehr verlängert. In dieser Situation glückte Norbert de Patek ein geschickter Schachzug. Ihm gelang es, mit dem Franzosen Jean Adrien Philippe eines der damals größten Talente der Uhrmacherei zu gewinnen. Philippe war der Erfinder des schlüssellosen Aufzugs- und Zeigerstellmechanismus über die Krone. Er trat im Mai 1845 als technischer Direktor in die Genfer Firma ein, die fortan Patek Philippe & Cie. hieß. Während sich der geniale französische Uhrmacher um die Produkte der Manufaktur kümmerte, sorgte Norbert de Patek mit zahlreichen Reisen rund um die Welt dafür, den Namen des Genfer Unternehmens international bekanntzumachen. Offenkundig war er als „Botschafter" seiner Marke sehr erfolgreich, jedenfalls konnte er für Patek Philippe schon damals viele bekannte Persönlichkeiten als Kunden gewinnen.

Darüber hinaus arbeitete das Genfer Unternehmen eng mit ausländischen Partnern zusammen. Dazu gehörte die Firma Gondolo & Labouriau in Rio de Janeiro, die von Patek Philippe hochwertige silberne Taschenuhren für den südamerikanischen Markt bezog. Im Jahr 1902 bestellte der Partner aus Rio exklusive Chronometer mit goldenem Räderwerk. Unter dem Namen „Chronometro Gondolo" machte diese Taschenuhr schnell Furore. Um einen solchen außergewöhnlichen Zeitmesser zu besitzen, musste man schon damals tief in die Tasche greifen: Umgerechnet rund 500 Euro kostete seinerzeit eine echte Gondolo. Wer allerdings dem von Patek Philippe gegründeten Gondolo-Club beitrat, konnte sich an einer Lotterie beteiligen, deren Hauptpreis jeweils eine dieser begehrten Uhren war. Die Tradition der Gondolo lebt in den gleichnamigen Armbanduhren fort. Noch heute sind diese meist rechteckigen Zeitmesser begehrt und entsprechend teuer.

Anfang des 20. Jahrhunderts wurde Patek Philippe in eine Aktiengesellschaft umgewandelt. Fortan firmierte sie unter „Ancienne Manufacture d'Horlogerie Patek Philippe & Cie. S.A.". Trotz allenthalben anerkannter Spitzenprodukte geriet das Unternehmen in den nachfolgenden Jahrzehnten in wirtschaftlich unruhiges Fahrwasser. Der entscheidende Befreiungsschlag gelang erst 1931 mit der eingangs erwähnten Übernahme der Aktienmehrheit durch die Gebrüder Stern.

Ein Jahr später brachte Patek Philippe mit der Calatrava eine Uhr auf den Markt, die bis heute zu den Klassikern und den „Einstiegsmodellen" der Genfer Manufaktur zählt. Sie ist in mindestens zwei Dutzend unterschiedlichen Varianten zu haben und dürfte wohl nach wie vor die bekannteste Uhr von Patek Philippe sein.

Mitte der Achtziger Jahre folgte mit dem Modell Ellipse ein weiteres Highlight. Charakteristisch für diese Uhr, die von Jean Daniel Rubeli entworfen wurde, ist das geheimnisvoll schimmernde Blau des Zifferblatts. Zehn Jahre später folgte mit der Nautilus die bislang einzige sportliche Patek-Philippe-Uhr mit Stahl-, Stahl/Gold- oder Goldarmband. Das Design dieser Uhr, deren Gehäuse an ein Bullauge erinnern soll, stammt von Gerald Genta, der übrigens mit der Royal Oak von Audemars Piguet einen weiteren Klassiker entworfen hat.

Zum 150-jährigen Firmenjubiläum präsentierte Patek Philippe 1989 mit dem legendären Kaliber 89 das bislang komplizierteste Taschenuhrwerk der Welt. Es besteht aus 1728 Einzelteilen und weist 33 (!) Komplikationen auf, darunter ein Tourbillon, ein Schleppzeiger-Chronographen-Werk, ein Ewiger Kalender und eine Minutenrepetition. Neun Jahre dauerte es, bis dieses technische Meisterwerk konstruiert, produziert und zusammengesetzt war. Am 6. April 1989 wurde diese Uhr für 3,2 Millionen US-Dollar ersteigert. Doch schon ein Jahr später wurde ein neuer Weltrekord für Uhren eingestellt: Für elf Millionen US-Dollar wechselte eine superkomplizierte Taschenuhr mit 24 Komplikationen aus dem Jahr 1925 den Besitzer.

Im Jahr 1999 schließlich gelang Patek Philippe endgültig der Beweis, dass uhrmacherische Meisterwerke nicht nur Gegenstand zahlloser Männerträume sind. Mit der Twenty-4 brachte die Manufaktur eine erfolgreiche Damenarmbanduhr auf den Markt. Ihr Wertsteigerungspotenzial dürfte sich allerdings in Grenzen halten.

Damit sind noch längst nicht alle Referenzen aus dem Hause Patek Philippe erwähnt. Aber ganz gleich, um welche Modelle es sich handelt: Patek-Philippe-Uhren sprechen mitunter sogar Menschen an, die eigentlich doch eher als nüchterne Zeitgenossen gelten – Albert Einstein oder Marie Curie zum Beispiel. Und dies ist sicher Teil des Mythos: Das Bewusstsein der Patek-Philippe-Freunde, einem vergleichsweise kleinen, aber exklusiven Zirkel von Uhren-Connaisseurs anzugehören.

Kurzbewertung

Nicht nur nach Ansicht des Autors ist Patek Philippe die unter dem Aspekt der Anlage betrachtet interessanteste Schweizer Spitzenmarke – trotz der hohen Einstiegspreise. Patek-Uhren erzielten durchweg auf den internationalen Auktionen sehr gute, mitunter astronomische Preise. Feinste Komplikationen und eine Spitzenverarbeitung machen diese Uhren zu einer interessanten Investition mit der Aussicht auf ansehnliche Wertsteigerungen.

Unser Rating:

● ● ● ● ● ● ● ● ● ● ● ● ● ● ● ● ● ● ● ●

Calatrava ▶

Jules Audemars „Equation du temps" in Weißgold

Audemars Piguet

Komplikationen vom Feinsten

Sie waren im wahrsten Sinne des Wortes noch Jungunternehmer, als sich die Uhrmacher Jules-Louis Audemars und Edward-Auguste Piguet im Jahr 1875 zusammentaten und wenige Jahre später in Le Brassus im schweizerischen Vallée de Joux die Firma Audemars Piguet & Cie., Manufacture d'Horlogerie aus der Taufe hoben. Audemars war 24 Jahre alt, Piguet sogar erst 22. Beide stammten nicht nur aus alteingesessenen Uhrmacherfamilien und führten die Tradition ihrer Vorgänger konsequent fort, vielmehr wurden die beiden Jungunternehmer angespornt vom Ehrgeiz, die kompliziertesten, außergewöhnlichsten und innovativsten Taschenuhren der damaligen Zeit herzustellen. Und ihre Erfolge konnten sich in der Tat sehen lassen: Man schrieb das Jahr 1889. Hundert Jahre nach der Französischen Revolution fand in der Hauptstadt Paris die Internationale Weltausstellung statt. Die größte Aufmerksamkeit zog damals ohne Frage der eigens zu diesem Anlass fertiggestellte Eiffelturm auf sich, obwohl das stählerne Monstrum anfangs heftig umstritten war. Doch eine kleine Gruppe von Besuchern mit besonders ausgeprägtem Interesse an feinen mechanischen Meisterleistungen nahm ein ganz anderes Exponat unter die Lupe: 14 Jahre nach ihrer Gründung präsentierte die Firma Audemars Piguet an der Seine-Metropole die Taschenuhr Grande Complication, die – nomen est omen – die raffiniertesten Komplikationen in sich vereinte. Dazu gehörte neben dem Ewigen Kalender und einer Minutenrepetition auch die Chronographen-Funktion. Für diese uhrmacherische Meisterleistung erhielt das noch junge Unternehmen eine Ehrenmedaille.

Die Innovationskraft von Jules-Louis Audemars und Edward-Auguste Piguet sowie ihren nicht minder leidenschaftlichen Mitarbeitern war ungebrochen. Zwei Jahre nach ihrem Erfolg in Paris brachten sie das weltweit kleinste Uhrwerk mit Minutenrepetition auf den Markt. Kurz darauf folgte sogar eine Armbanduhr mit Minutenrepetition. Im neuen Jahrhundert überraschte die Manufaktur in Le Brassus mit weiteren hochfeinen und komplizierten Modellen. So wurde 1921 die erste Armbanduhr mit Vollkalendarium samt Mondphasenanzeige und 1924 die erste Armbanduhr mit springender Stundenanzeige hergestellt. Im Jahr 1967 folgte die flachste Automatikuhr der Welt mit einer Höhe von nur 2,45 Millimetern. Bis heute zählt Audemars Piguet zu den innovativsten Manufakturen der Welt, denen die Uhrenfreunde rund um den Globus nicht nur einige der schönsten Tourbillons verdanken. Im Jahr 1986, als die Quarzuhren noch hoch im Kurs standen und der schweizerischen Uhrenindustrie gar arges Kopfzerbrechen bereiteten, brachte Audemars Piguet die flachste automatische Armbanduhr mit Tourbillon auf den Markt. Eine kleine Sensation und ein demonstratives Bekenntnis zur Zukunft der hochfeinen mechanischen Meisterwerke.

So darf man Audemars Piguet sicher im gleichen Atemzug mit Patek Philippe, Jaeger-LeCoultre, Vacheron Constantin und A. Lange & Söhne nennen. Jede dieser Marken hat einen ganz eigenen, unverkennbaren Charakter. Aber die uhrmacherische Innovationskraft ist ähnlich groß.

Das Genfer Auktionshaus Antiquorum stellte im Herbst 2006 eine besonders edle, rechteckige Audemars Piguet zum Verkauf. Das seltene Modell Jump Hour Répétition Minutes (Kaliber 2866) in 18 Karat Gold verfügt – wie der Name schon sagt – über eine springende Stunde und eine Minutenrepetition. Wer die Audemars Piguet Platinum Tourbillon (Kaliber 2875) erwerben wollte, musste sogar noch etwas mehr hinblättern. Dafür erhielt er eine Armbanduhr mit wunderschönem Tourbillon und einem reich dekorierten Uhrwerk. Diese beiden Beispiele erwähne ich an dieser Stelle nicht von ungefähr. Sie sollen vielmehr die Breite der Modellpalette der Manufaktur Audemars Piguet deutlich machen. Heute stehen nämlich die klassischen Zeitmesser aus diesem Haus nicht mehr so sehr im Mittelpunkt. Dazu gehört zum Beispiel die Jules Audemars, eine Handaufzugsuhr (Kaliber 3090) von eher schlichter Eleganz. Für Uhren-Connaisseurs gibt es freilich sehr bemerkenswerte Varianten dieser Modellreihe. Der außergewöhnlichste Zeitmesser dürfte dabei die Jules Audemars „Equation du temps" sein. Sie verfügt über ein automatisches Manufakturkaliber, Sonnenauf- und Untergangszeiten, einen Ewigen Kalender sowie eine Mondphasenanzeige. Nicht vergessen werden darf an dieser Stelle der edle Automatik-Chronograph Edward Piguet (Kaliber 2385), den man kaum als eine rechteckige Uhr bezeichnen kann, stellen sich die „Ecken" doch eher als sanfte Rundungen dar.

Die mit Abstand bekannteste Armbanduhr aus der Manufaktur Audemars Piguet dürfte allerdings die Royal Oak sein. Ihr Name („königliche Eiche") ist Programm. Es handelt sich um einen recht robust wirkenden Zeitmesser mit einer charakteristischen achteckigen Lünette. Der Entwurf stammt von dem bekannten Uhrendesigner Gerald Genta, der unter anderem auch die Nautilus von Patek Philippe gestaltete. Im Gegensatz zur Nautilus, die – sieht man von den neuen Jumbo-Größen einmal ab – trotz ihres sportlichen Designs fast noch zierlich wirkt, handelt es sich bei der Royal Oak zumindest optisch um eine prägnante Uhr, die es in abgerundeter Version auch für Damen gibt (Lady Royal Oak). Die Royal Oak überzeugt im Detail: Wer sich etwa das Zifferblatt ansieht, erkennt ein feines Wabenmuster, feine Indexe und Zeiger. Verfügt die Uhr über einen Glasboden, was nicht bei allen Royal-Oak-Modellen der Fall ist, fällt der Blick des Betrachters auf ein elegantes, hochfein dekoriertes Manufakturwerk. Und noch ein Detail wissen die Freunde dieses Zeitmessers zu schätzen: Das zarte und feingliedrige Metallarmband zeichnet sich nicht nur durch seine hervorragende Verarbeitung aus, sondern es trägt sich überdies ausgesprochen angenehm.

Über drei Jahrzehnte ist die Royal Oak mittlerweile schon auf dem Markt und erweist sich gleichsam als tickende Legende. Als sie im Jahr 1972 erstmals den Uhrenfreunden präsentiert wurde, war die Reaktion zunächst verhalten. Die Manufaktur in Le Brassus hatte unverkennbar ein Experiment gewagt. Sie verkaufte eine sportliche Stahluhr zum Preis eines hochwertigen goldenen Zeitmessers. Noch dazu hatte die Royal Oak unverkennbar ihre Ecken und Kanten, was man in diesem Fall durchaus wörtlich nehmen darf.

Weshalb sich Gerald Genta gerade für eine achteckige Lünette entschied, darüber darf spekuliert werden. Vielleicht hängt es damit zusammen, dass in manchen Teilen der Welt die Acht als Glückszahl gilt. Schon im Altertum war diese Zahl einerseits eine interessante mathematische Größe, gleichzeitig wurde sie als Glücksbringer geschätzt. Im Babylonischen hatte die Acht die Bedeutung einer „Zahl der Gottheit" und in den Turmtempeln von Babylon wohnte die Gottheit im achten Stock – gleichsam im Tor zum Paradies. Bis heute wird die Acht in den asiatischen Ländern als Glückszahl geschätzt. Das geht so weit, dass viele Chinesinnen ihr Kind per Kaiserschnitt auf die Welt bringen, weil ein Geburtstermin um 8.08 Uhr dem Nachwuchs ein Leben voller Glück schenken soll. Auch der achte Monat im Jahr – also der August – ist als Geburtsmonat sehr begehrt. Es mag durchaus sein, dass die Lünette der Royal Oak, die ja durchaus im asiatischen Raum viele Anhänger hat, ein Glückssymbol darstellen soll.

Mittlerweile gibt es diese Uhr in einer großen Vielzahl von Variationen. Die Palette erstreckt sich dabei von der femininen Lady Royal Oak bis hin zum Klassiker von 1972, der „Jumbo". Längst beschränkt sich das Angebot nicht mehr nur auf Stahluhren. Seit einigen Jahren gibt es auch Varianten aus Gold und Platin.

In unverkennbarem Design, aber in betont sportlich-robuster Ausführung präsentiert sich die Royal Oak Offshore. Wie bei Audemars Piguet nicht anders zu erwarten, werden sogar diese Extremsportmodelle zum Teil mit edlen Komplikationen ausgestattet. Ein Beispiel hierfür ist die Royal Oak Offshore Alinghi Team, ein

Flyback-Chronograph mit Regattastart-Funktion. Von diesem Modell wurden nur 2.007 Stück hergestellt. Die Uhr steht symbolhaft für das Sponsorship von Audemars Piguet. Der Nobeluhrenhersteller unterstützt nämlich seit längerem die Schweizer Alinghi-Segel-Crew. Tatsächlich scheinen die ersten Adressen der eidgenössischen Uhrenindustrie eine besondere Affinität zum Segelsport aufzuweisen. So bewegen sich zum Beispiel auch die Hersteller Omega, Corum und Rolex auf maritimen Marketing-Pfaden. Das kann eigentlich nicht weiter verwundern. Denn es gibt etwas, das Yachtbauer und edle Uhrenhersteller verbindet: das stete Streben nach mechanischer Perfektion. Und dafür ist Audemars Piguet ein herausragendes Beispiel.

Kurzbewertung

Die Uhren von Audemars Piguet – und damit einer der wenigen Schweizer Manufakturen, die noch nicht zu einem Konzern gehören – zählen aufgrund ihrer uhrmacherischen Finessen und dem klassischen Design der Royal Oak zu den eidgenössischen Spitzenerzeugnissen mit Wertsteigerungspotenzial. Manche Varianten der Royal Oak sind mittlerweile stark von modischen Extravaganzen geprägt. Mein Tipp: Beim Klassiker mit Stahlband bleiben.

Unser Rating:

● ● ● ● ● ● ● ● ● ● ● ● ● ● ● ● ● ○ ○ ○

Royal Oak „Jumbo" in Edelstahl

Chrono Avenger

Breitling
Höhenflüge und Abstürze einer Pilotenmarke

Léon Breitling verkörperte das, was man heutzutage wohl einen „Workaholic" nennen würde. Der im Januar 1860 geborene Schweizer gründete bereits mit 24 Jahren ein Atelier. Sein Ziel war ausgesprochen ehrgeizig: Er wollte Chronographen, Sekundenzähler und Komplikationen herstellen – und das möglichst bald. Breitling gönnte sich wenig Freizeit, arbeitete hart in seinem Atelier und kämpfte fast schon verbissen um seinen Erfolg. Fast hat es den Anschein, als habe der Uhrmachermeister schon damals geahnt, dass ihm wenig Zeit auf Erden beschieden sein würde und er nachgerade zu einem Leben im Zeitraffertempo verdammt war. Sein Einsatz brachte schon bald die ersten Erfolge. Bereits mit 32 Jahren beschäftigte Breitling rund 60 Mitarbeiter und wurde allenthalben als erfolgreicher Geschäftsmann geschätzt. Zehn Jahre nach Gründung seines Unternehmens wechselte er ins schweizerische La Chaux-de-Fonds, bis heute ein Mekka für Uhrenfreunde. Doch die Früchte seiner ersten Erfolge konnte Léon Breitling nicht mehr genießen. Er starb 1914 – gerade einmal 54 Jahre alt.

Fortan führte sein Sohn Gaston die Geschäfte. Dieser hatte schon in den Jahren zuvor mit seinem Vater ein starkes Interesse an der damals allmählich an Bedeutung gewinnenden Fliegerei entwickelt. Einige Wagemutige unternahmen mehr oder weniger tollkühne Flüge. In der Zeit, als Gaston Breitling die Geschäfte des Uhrenateliers führte, mutierte die Fliegerei rasant von einem gefährlichen Sport für ehrgeizige Draufgänger hin zu einem alternativen Verkehrsmittel, das in zunehmendem Maße auch im Militär eine wichtige Rolle spielte. Jahrelang überlegte Breitling, in welcher Weise präzise Uhren in der Fliegerei nützlich sein könnten. Immerhin handelte es sich in beiden Fällen um Meisterwerke der Mechanik. Doch es blieb bei Überlegungen. Der große Durchbruch der Breitling-Zeitmesser zu klassischen Pilotenuhren sollte noch ein paar Jahre auf sich warten lassen. Die Weichen in diese Richtung stellte erst ab dem Jahr 1927 Willy Breitling, ein Neffe von Gaston, der nach dessen Tod die Firma übernahm und die Entwicklungen seines Vorgängers konsequent fortsetzte.

Zu einem Meilenstein in der Unternehmensgeschichte geriet das im Jahr 1936 von Willy Breitling präsentierte Kaliber für einen Bord-Chronographen für Flugzeuge, der sich zu einem regelrechten Verkaufsschlager entwickeln sollte. Über 30 Fluggesellschaften orderten diese viel beachtete Innovation aus der Schweiz. Im Zweiten Weltkrieg sorgte das Unternehmen dann erneut für Aufsehen. Es präsentierte 1942 den ersten Chronomaten mit einem drehbaren Rechenschieber in Kreisform. Zehn Jahre später folgte mit der Navitimer ein Armband-Chronograph, der in der Lage war, ein Bordinstrument zu ersetzen. Die Uhr zeigte nämlich nicht nur die Zeit an, vielmehr konnte man mit ihr die korrekte Flugüberwachung vornehmen. Die Piloten waren von diesem kleinen mechanischen Wunderwerk begeistert. Die Navitimer avancierte schnell zur offiziellen Fliegeruhr der Pilotenvereinigung Aircraft Owners and Pilots Association (AOPA). Heute trägt eine ganze Reihe von mechanischen

Breitling-Uhren den traditionsträchtigen Namen Navitimer. Doch so unterschiedlich die Modellreihe auch sein mag, eines haben alle Uhren aus dieser Linie gemeinsam: den berühmten runden Rechenschieber.

Nach dem Erfolg in der Luft versuchte Breitling sein Glück in maritimen Gefilden und baute die Superocean für Taucher. Heute steht die Produktlinie Aeromarine für besonders robuste Uhren, die sich nicht nur zu Wasser, sondern auch zu Lande und in der Luft bewähren müssen. Doch schon wenige Jahre nach der Lancierung der ersten Taucheruhren wandte sich Breitling wieder den Flieger-Chronographen zu und präsentierte 1962 die Cosmonaute, eine perfektionierte Version der Navitimer: Das Zifferblatt trug eine 24-Stunden-Indikation. Bewährte sich die Navitimer vor allem an den Handgelenken von Piloten, so wurde die Cosmonaute sogar außerhalb der Erdatmosphäre geschätzt: Als der Astronaut Scott Carpenter am 24. Mai 1962 mit der Aurora 7 die Erde umkreiste, trug er eine Breitling Cosmonaute.

In der Folgezeit brachte das Unternehmen unter anderem rechteckige Chronographen auf den Markt, aber irgendwie war schon damals zu spüren, dass es mit den besten Jahren von Breitling allmählich wohl zu Ende gehen würde. Ende der Sechziger Jahre wurden noch einmal alle Kräfte gebündelt, wollte man doch als Erster mit einer neuen mechanischen Innovation aufwarten. Gemeinsam mit anderen Herstellern entwickelte Breitling den ersten Chronographen mit automatischem Aufzug. Anfang März 1969 präsentierten die vier beteiligten Unternehmen in Genf, New York, Hongkong und Beirut stolz ihr neues Produkt mit dem Namen „Kaliber 11 Chronomat". Auch dieses Modell spielt innerhalb der Produktlinie Windrider bis heute eine wichtige Rolle in der sehr breiten Angebotspalette von Breitling. Charakteristisch für den Chronomaten sind die „Reiter" auf der drehbaren Lünette. Doch so richtig freuen konnte man sich bei Breitling über die Neuentwicklung nicht. Der Grund: Der Erzrivale Zenith hatte wenige Wochen zuvor ebenfalls einen automatischen Chronographen vorgestellt, der seither den Namen „El Primero" („der Erste") trägt und bis heute Breitling daran erinnert, eben nur die Nummer zwei gewesen zu sein.

Die 1970er-Jahre indessen sollten nicht als eine besonders erfolgreiche Dekade in die Firmengeschichte eingehen. Ganz im Gegenteil: Der Luxusuhrenhersteller, dessen Zeitmesser sich mittlerweile nicht nur bei den Piloten höchster Wertschätzung erfreuten, geriet wie viele andere namhafte Manufakturen in erhebliche wirtschaftliche Schwierigkeiten. Grund hierfür war der von Japan ausgehende Siegeszug der Quarzuhren. Mechanische Zeitmesser, so schien es damals, hatten keine Zukunft mehr. Breitling versuchte gegenzusteuern und brachte einige Quarzmodelle auf den Markt – freilich mit mäßigem Erfolg. Im Jahr 1979 gab Breitling auf. Das Management stellte die Produktion ein und verkaufte die letzten Bestände an eigenen Werken und Fertigungszubehör. Kurz darauf starb Willy Breitling. Eine stolze und von zahlreichen Innovationen geprägte Unternehmensgeschichte schien zu Ende zu gehen.

Doch dann erhob sich die Marke, die so eng mit der Fliegerei verbunden ist, wie ein Phönix aus der Asche. Möglich machte dies

Navitimer (links) und Montbrillant Olympus

der Unternehmer und Hobby-Pilot Ernest Schneider. Er erwarb die Markenrechte und hauchte Breitling am neuen Unternehmenssitz im schweizerischen Grenchen neues Leben ein. In den folgenden Jahren brachte das Unternehmen mit der GMT einen Chronographen mit zwei Stundenzeigern, einen Weltzeit-Chronographen sowie die Navitimer Pluton und Jupiter auf den Markt. Der Chronomat als Flaggschiff erhielt im Jahr 1984 ein neues Design, was die Nachfrage nach dieser Pilotenuhr deutlich belebte. Immerhin war dieser Zeitmesser für die italienische Fliegerstaffel „Frecce Tricolori" entwickelt worden.

Mit der Emergency-Uhr sorgte Breitling im Jahr 1995 zwar bei Abenteurern und Forschern für Aufsehen, jedoch weniger bei den Liebhabern filigraner Mechanik. Handelte es sich doch um eine

Quarzuhr mit integriertem Miniatursender, über den mittels einer Notruffrequenz Hilfe angefordert werden konnte. Im Jahr 2002 erschien zum 50. Jahrestag der Navitimer das Jubiläumsmodell Navitimer 2002. Gleichzeitig gab Breitling bekannt, fortan alle seine Uhren durch die unabhängige Contrôle Officiel Suisse des Chronomètres (C.O.S.C.), der offiziellen schweizerischen Chronometer-Kontrolle, zertifizieren zu lassen.

Zum 120. Jubiläum der Marke kam im Jahr 2004 der Chronomat Evolution auf den Markt – ein leicht modifiziertes Modell des Klassikers von 1984. Wie andere Uhrenhersteller, zum Beispiel die IWC, TAG Heuer, Jaeger-LeCoultre oder auch der Frankfurter Hersteller Sinn, suchte Breitling die Zusammenarbeit mit einer legendären und weithin geschätzten Automobilmarke. Die Schweizer entschieden sich für Bentley und damit für eine der nobelsten Adressen. Die teilweise limitierte Sonderedition „Breitling for Bentley" überraschte nicht zuletzt durch Größe: Die Bentley-Uhr übertraf sogar die Breitling Super Avenger mit ihrem stattlichen Gehäusedurchmesser von 48,4 Millimetern – wenngleich auch nur um Haaresbreite. Zum 125 Jubiläum präsentierte Breitling das erste eigene Chronographenkaliber B01 mit 70 Stunden Gangreserve. Damit gelang dem Hersteller ein großer Sprung nach vorn in der Liga der Premiumhersteller.

Breitling gehört ohne Frage zu den renommierten Schweizer Traditionsmarken und hat eine weltweite Fangemeinde. Durch gezieltes Sponsoring und die Zusammenarbeit mit verschiedenen Kunstflugstaffeln baut der eidgenössische Uhrenhersteller auf die imageträchtige Nähe zur Fliegerei, die den Markenkern von Breitling ausmacht. Ähnlich wie Rolex-Uhren polarisieren die Produkte aus Grenchen allerdings die Freunde edler Zeitmesser. Manche glauben in diesen Uhren einen ausgeprägten „Protzfaktor" ausmachen zu müssen, andere werfen Breitling vor, relativ einfache Werke für viel Geld zu verkaufen, um damit Unsummen in die Fliegerei investieren zu können. Auch die sehr breite Uhrenkollektion von Breitling irritiert bisweilen und sorgt für Unübersichtlichkeit. Dennoch: Vor allem die Navitimer ist eine Uhr von klassischer sportlicher Anmutung und hohem Wiedererkennungswert. Gleiches gilt für die Spezialserie Montbrillant 1903, die Breitling zum hundertsten Jahrestag des historischen Flugs der Brüder Wright auf den Markt brachte. Vor allem aber, seit Breitling Uhren mit eigenem Kaliber auf den Markt bringt, hat die Marke weiter stark an Reputation gewonnen.

Kurzbewertung

Breitling wird immer Geschmackssache bleiben. Und über Geschmack lässt sich bekanntlich nicht streiten. Fest steht aber: Dank der großen Fangemeinde im In- und Ausland lassen sich gebrauchte, aber gut erhaltene Breitling-Uhren gut verkaufen, wenngleich die Werthaltigkeit nicht mit den Marken Patek Philippe oder Rolex verglichen werden kann. Interessant sind aber die alten Breitling-Modelle (Vintage Uhren) sowie das neue Manufakturkaliber B01.

Unser Rating:

● ● ● ● ● ● ● ● ● ● ● ● ● ● ● ○ ○ ○

*Ultraflache Villeret
(links mit Gangreserveanzeige,
rechts mit Retrograd Sekunde)*

Blancpain
Wie Phönix aus der Asche

Manche Uhrenmarken bleiben dauerhaft mit den Namen promi-
nenter Zeitgenossen verbunden. Was wäre zum Beispiel der Sport-
Chronograph Monaco von TAG Heuer ohne den berühmten Steve
McQueen? Der US-Schauspieler trug diese Uhr mit ihrem markan-
ten blauen Zifferblatt in dem viel beachteten Rennfahrer-Film
„Le Mans". Und wer über die Daytona von Rolex spricht, kommt

kaum an einem anderen amerikanischen Schauspieler vorbei: Paul Newman machte diesen Chronographen zur Legende. Im Fall von Blancpain war es der bekannte Tiefseeforscher Jacques-Yves Cousteau, der ein Meisterstück aus der kleinen, aber feinen Uhrenmarke aus dem Schweizer Jura adelte: Bei den Dreharbeiten für seinen preisgekrönten Film „Le Monde du Silence" in den Fünfziger Jahren trug der Franzose die Uhr Fifty Fathoms und tauchte mit ihr in eine Tiefe von fast 100 Metern. Kein Problem für die Uhr, schließlich war sie bis 200 Meter wasserdicht.

Doch selbst derlei prominente Fans konnten den Niedergang der traditionsreichen und hochangesehenen Manufaktur nicht verhindern. Bereits einige Jahre vor dem Einsatz der Fifty Fathoms am Arm von Jacques-Yves Cousteau war Blancpain von der damaligen Unternehmenschefin Betty Fiechter an den Uhrenkonzern Société Suisse de l'Industrie Horlogère (S.S.I.H.) verkauft worden, zu dem damals unter anderem die Marken Omega, Tissot und Lemania gehörten. Die Manufaktur Blancpain, die seit ihrer Gründung im 18. Jahrhundert mehrfach den Namen wechselte, firmierte seinerzeit unter „Rayville". Die Macher von Blancpain hielten auch unter dem Dach des großen Uhrenkonzerns kompromisslos an mechanischen Zeitmessern fest, obwohl in den Siebziger Jahren des vergangenen Jahrhunderts eine Welle preisgünstiger und sehr „pflegeleichter" Quarzuhren nach Europa schwappte. Die Schweizer Uhrenindustrie geriet in eine gefährliche Schieflage. Das bekam auch der S.S.I.H.-Konzern zu spüren, der in diesen äußerst schwierigen Zeiten die Fertigung von Blancpain-Uhren einstellen musste. Blancpain – das war fortan nur noch ein Markenname, der in den

Schubladen des angeschlagenen Uhrenkonzerns schlummerte. Es schien, als sollte die Geschichte der im Jahre 1735 von dem Bauern und Hobby-Uhrmacher Jehan-Jacques Blancpain aus der Taufe gehobenen Uhrenmanufaktur unrühmlich zu Ende gehen.

Dass es nicht so kam, ist zwei Männern zu verdanken: Jean-Claude Biver und Jacques Piguet. Deren Story ist schnell erzählt: Der gebürtige Luxemburger Biver saß Anfang der 1980er-Jahre im Direktorium des ebenfalls schwächelnden Herstellers Omega. Er hatte ein klares Ziel vor Augen: Biver wollte sich selbstständig machen und eigene Nobeluhren auf den Markt bringen. Kurzentschlossen kaufte er seinem Arbeitgeber die Markenrechte an Blancpain ab und suchte einen erfahrenen Partner. Den fand er in Jacques Piguet, dem Chef der mechanischen Werkemanufaktur Frédéric Piguet im schweizerischen Le Brassus. Die Renaissance der Marke Blancpain startete dabei nicht in einem edlen Atelier, sondern in einem rustikalen Bauernhaus, in dem die beiden Pioniere ihre Werkstatt eingerichtet hatten. Doch wie konnte sich die kleine Manufaktur am Markt gegen all die Giganten durchsetzen? Mit welchen Strategien sollten Biver und Piguet ihren dauerhaften Erfolg absichern? Beiden war klar: Die Kunst des nachhaltigen wirtschaftlichen Erfolgs bestand darin, nicht den aktuellen Moden und kurzlebigen Trends nachzulaufen, sondern ein Produkt mit dem Zeug zum „Klassiker" auf den Markt zu bringen.

Hätten Biver und Piguet über ausreichendes Kapital verfügt, um ihre Pläne umzusetzen, wäre es vermutlich nie zu jenem Gespräch mit sieben leitenden Bankangestellten gekommen, das sich für die

Produktphilosophie von Blancpain als so entscheidend erweisen sollte. Nicht das Gespräch mit den Bankern an sich brachte den Uhrenfabrikanten den einfachen Erkenntnisgewinn, sondern ein scheinbar unwesentliches Detail. Fünf der sieben Bankmitarbeiter zückten während des Gesprächs ihre Montblanc-Füller, um sich Notizen zu machen. In allen Fällen handelte es sich um das Modell „Meisterstück" – den Designklassiker unter den edlen Schreibgeräten. Schlagartig war Biver klar, mit welcher Strategie er im Marktsegment hochwertiger Armbanduhren erfolgreich sein könnte: Gemeinsam mit Piguet setzte er auf Armbanduhren von unauffälliger und zeitloser Eleganz. Bewusst verstießen beide gegen den damals vorherrschenden Mega-Trend. „Seit 1735 gibt es bei Blancpain keine Quarzuhren. Und es wird auch nie welche geben", versprachen die Unternehmer, die sich daranmachten, einer großen Marke, die ihre besten Zeiten scheinbar hinter sich hatte, neues Leben einzuhauchen.

Es darf wohl vermutet werden, dass nicht wenige hochbezahlte Consultans von einem solchen vermeintlichen Schritt zurück in die Vor-Quarz-Ära abgeraten hätten. Biver und Piguet freilich waren sich ihrer Sache sicher – und der Erfolg gab ihnen Recht. Im Jahr 1983 brachten sie die ersten mechanischen Zeitmesser unter dem traditionsreichen Namen Blancpain auf den Markt. Understatement pur: runde Gehäuse, weiße Zifferblätter. Doch der Wert steckte im Detail. Das begann bei den hochfeinen Manufakturkalibern mit hochwertigen Komplikationen, etwa der Mondphase, und endete bei den handvernähten Armbändern aus Straußenleder.

Nach den Erfolgen der ersten Jahre schlüpfte die neue alte Marke Blancpain Anfang der 1990er-Jahre unter das Dach der heutigen Swatch Group, zu der Marken wie Omega, Glashütte Original oder Breguet gehören. Damit war die wirtschaftliche Voraussetzung gelegt für den dauerhaften Erfolg des Unternehmens und die Entwicklung zahlreicher Uhren-Innovationen, die in den Folgejahren für Aufsehen sorgen sollten. Beispielhaft erwähnt sei an dieser Stelle das Modell 1735 mit Ewigem Kalender, Doppel-Chronographen-Funktion, Tourbillon und Minutenrepetition. Es gilt bis heute als eine der kompliziertesten Armbanduhren der Welt. Im Jahr 1994 präsentierte Blancpain die Reihe 2100 – eine Uhr, deren Automatikwerk eine damals beachtliche Gangreserve von vier Tagen aufwies. Die bekannteste Blancpain-Uhr dürfte nach wie vor der Flyback Chronograph sein. Die Sportuhr aus Stahl gilt bis heute als eine der attraktivsten ihrer Klasse, dafür ist sie im Vergleich mit ihren Konkurrenzmodellen anderer Marken allerdings recht teuer.

Kurzbewertung

Blancpain gehört ohne Frage zu den absoluten Spitzen-Marken, deren Uhren sich längst einen Kreis erfahrener Connaisseurs erobert haben. Es handelt sich um Uhren für Liebhaber mit einem gewissen Hang zum Understatement. Die uhrmacherischen Finessen stehen außer Frage, manche Blancpain darf mittlerweile überdies zu den Design-Klassikern gezählt werden – nicht zuletzt der Flyback Chronograph 2185. Doch die Fangemeinde dieser Zeitmesser ist längst nicht so groß wie jene der Rolex- oder Patek-Uhren. Die Markenpflege durch gezieltes Marketing darf man sicher als zurückhaltend beschreiben. Eine Uhr für Kenner eben, die nach dem Motto leben „Mehr Sein als Schein." Das führt allerdings dazu, dass spektakuläre Wertsteigerungen bei Blancpain-Zeitmessern eher die Ausnahme sind.

Unser Rating:
● ● ● ● ● ● ● ● ● ● ● ● ● ● ● ● ● ● ○ ○ ○

Le Brassus GMT Mondphase

103

Breguet

Ein Stück europäischer Kulturgeschichte

Er wird als Genie der Uhrmacherkunst, als Inbegriff der traditionellen Uhrmacherästhetik beschrieben: Abraham-Louis Breguet, grandioser Uhrmacher, Vater zahlreicher Erfindungen, Patente und Erkenntnisse. Die Legende lebt bis heute fort: in den Uhren von Breguet, die jede für sich ein begehrtes Meisterwerk ist.

Das große Talent von Breguet, 1747 in Neuchâtel in der heutigen West-Schweiz geboren, wurde früh erkannt: Sein Stiefvater, selbst Uhrmacher, schickte den begabten 15-Jährigen nach Versailles in die Lehre, wo er schon früh so berühmte Uhrmacher wie Ferdinand Berthoud kennenlernte. Seine Lehrmeister zeigten sich beeindruckt von seiner Begabung. Während des anschließenden Mathematikstudiums am Collège Mazarin, dem heutigen Institut de France, kam er in Kontakt zu den aristokratischen und wohlhabenden Kreisen, aus denen er später seine Kundschaft rekrutierte.

1775 eröffnete Breguet mithilfe des Vermögens seiner Frau, Cécile-Marie-Louise L'Huillier, sein eigenes Atelier. Konzentrierte er sich anfangs vor allem auf die Optimierung der vorhandenen Uhrentechnik, machte Breguet bald mit einer schier unglaublichen Fülle von Inventionen von sich reden, von denen nicht wenige patentiert wurden. Beispiele sind die Unruh-Stoßsicherung (1790), das guillochierte Zifferblatt (1786) oder das Tourbillon (1801 patentiert).

Diese letztere bahnbrechende Erfindung kompensiert die negativen Auswirkungen der Erdanziehungskraft auf den Gang mechanischer Uhren und erhöht die Genauigkeit.

Breguet legte jedoch nicht nur Wert auf äußerste Präzision, sondern auch auf Ästhetik. Guilloche-Arbeiten auf dem Zifferblatt, dekorierte Gehäuse oder geschliffener Bergkristall machten jede seiner Uhren zu einem Kunstwerk, was von seiner Geschicklichkeit und seinem großen fachlichen Können zeugte. Auf dem aus feinstem Leder gearbeiteten Etui waren Name und Adresse der Manufaktur und die Seriennummer der Uhr eingraviert. Der Kunde erhielt ein Zertifikat, das seinen Namen, eine genaue Beschreibung der Uhr, Herstellungsdatum, Preis und Pflegehinweise aufführte.

Breguet wurde zu einem der Lieblinge der Oberschicht der damaligen Zeit. Zu seinen Kunden zählten unter anderem Ludwig XVI., Napoleon, der König von Spanien, Zar Alexander I. und Königin Marie Antoinette. Für Letztere kreierte er ein umgerechnet 9.000 Euro teures Meisterwerk mit allen zu jener Zeit bekannten Komplikationen. Ganze neun Jahre brauchte er dazu, die Königin erlebte seine Vollendung jedoch nicht mehr. Jahre später gelangte die Uhr in das Memorial Institute in Jerusalem, aus dem sie gestohlen wurde.

Obwohl Breguet offen eine grundlegende Staatsreform befürwortete und mit den Jakobinern verkehrte, floh er 1793 während der Französischen Revolution mit seiner Familie in die Schweiz. In Le Locle eröffnete er erneut eine Uhrmacherwerkstatt und produzierte zusammen mit weiteren Uhrmachern vor allem für den englischen und russischen Hof. Heute gelten seine Jahre in der Schweiz allgemein als seine kreativste Phase.

Zwei Jahre später kehrte Breguet zurück nach Paris – sein konfisziertes Eigentum erhielt er nebst einer erheblichen Entschädigung zurück – und vermochte seinen geschäftlichen Erfolg weiter auszubauen. Er wurde „Horloger de la Marine Royale", also Uhrmacher der französischen Marine, Mitglied der Ehrenlegion sowie der Königlichen Akademie der Wissenschaften.

Nach seinem Tod 1823 übernahm sein Neffe die Firma. Aus „Breguet & Fils" wurde „Breguet Neveu & Cie.". 1870 wurde der Engländer Edward Brown Eigentümer der Manufaktur. In den kommenden Jahren änderten sich Name und Sitz der Manufaktur mehrfach, sie blieb aber immer in den Händen der Familie Brown. Rund hundert Jahre später entschlossen sich die Juweliere Jacques und Pierre Chaumet zum Kauf des Unternehmens. Ihr ehrgeiziger Plan war es, die renommierte Marke Breguet zurück auf den Zenith der Uhrmacherkunst zu holen. Zu diesem Zweck verpflichteten sie Daniel Roth, einen jungen französischen Uhrmacher, der sich in der Branche bereits einen Namen gemacht hatte. Diese kluge und weitsichtige Entscheidung zahlte sich aus: Uhren der Marke Breguet etablierten sich in den folgenden Jahren wieder im Spitzensegment.

1999 übernahm die Swatch Group Breguet sowie die Werkefabrik Nouvelle Lemania. Eine Glücksstunde für die ehrwürdige Marke

Breguet, denn Nicolas G. Hayek, Präsident und Direktor der Marke Breguet und Verwaltungsratspräsident der Swatch Group, erklärte sie sogleich zur Chefsache. Unter den neuen Eigentümern gelang daher auch die schwierige Gratwanderung zwischen Bewahrung der Breguet-Tradition und behutsamer Neuinterpretation.

Die Uhrenkollektion der Marke Breguet besteht heute aus sieben Modellfamilien: den schlicht-eleganten Classique-Uhren, den Grandes Complications, die, wie der Name schon sagt, hochkomplizierte Zeitmesser sind, den Weltzeituhren, die an der spitzen Krone mit umlaufender Breguet-Gravur erkannt werden können, den Tonneau-Uhren Héritage, den Damenuhren Reine de Naples, den Marine-Chronographen und den Pilotenuhren Type XX. Für eine Breguet-Uhr muss der Käufer mindestens 7.000 Euro investieren.

Woran erkennt man eine echte Breguet? Zu den wesentlichen Qualitätsmerkmalen zählen die kannelierten, also geriffelten Gehäuse und die auffällige Zifferblatt-Guillochierung, die dem Zifferblatt ein seidiges und elegantes Aussehen verleihen. Um diese filigranen Gravuren herzustellen, die Breguet-Fans so lieben und mit denen fast jede Uhr ausgestattet ist, wird das Werkstück in eine Werkzeugmaschine eingespannt und von einem Stichel verziert. Weiterhin sind die Goldzifferblätter, über die jede Uhr mit Ausnahme der Modellfamilie Type XX verfügt, die dokumentierte Nummer für jede Uhr, die angelöteten, „eingerollten" Bandanstöße und die geschraubten Stege unverkennbare Merkmale dieser kleinen Kunstwerke. Breguet-Uhrwerke sind veredelt mit Streifen-

Damenuhr Reine de Naples

und/oder Perlschliff, polierten Stahlteilen und Kantenbrechun-
gen. Modelle aus Gold verfügen über Automatik-Schwungmassen.
In der Summe macht das eine Uhr, die durch fast magische
Schönheit besticht.

Eine gewisse Sonderstellung unter den Breguet-Uhren nehmen die
Flieger-Chronographen Type XX ein. Sie erinnern an die bewegte,

auch mit der Luftfahrt eng verknüpfte Geschichte der Familie Breguet: Diese entstand durch den Flugzeugkonstrukteur Louis-Charles Breguet, Ur-Urenkel von Abraham-Louis Breguet. 1907 erfand er den Drehflügler, Vorläufer des späteren Hubschraubers. Später konstruierte er Doppeldecker, Wasser-, Jagd- und Zivilflugzeuge. Es war sein Flugzeug Type XIX Point d'Interrogation, mit dem 1927 erstmals per Flugzeug der Südatlantik überquert wurde und drei Jahre später ein Nonstop-Flug von Paris nach New York gelang. Natürlich wurden hierfür auch die Uhren der Marke Breguet eingesetzt, die zunächst, mit Minutenzähler und Tachometer ausgestattet, in das Armaturenbrett installiert wurden und später in verkleinerter Form von Piloten mithilfe eines Riemens am Handgelenk oder Oberschenkel getragen wurden. Die Flugzeugfirma Breguet gibt es allerdings nicht mehr: Sie fusionierte in den 1960er-Jahren auf Wunsch der französischen Regierung mit dem Luftfahrtunternehmen Marcel Dassault.

Unter der Leitung der Browns baute die Uhrenfirma Breguet das Spektrum an aeronautischen Instrumenten gezielt aus. In den 1950er- und 1960er-Jahren produzierte Breguet für die Piloten der französischen Marine Nationale und der Armée de l'Air spezielle Flyback-Chronographen. Der legendäre Chronograph Type XX für die französischen Luftstreitkräfte erlangte schnell Kultstatus. Die große, kugelförmige Krone ermöglichte es den Piloten, die Uhr auch mit Handschuhen aufzuziehen. 1995 wurden die Flieger-Chronographen mit den Beinamen „Aeronaval" und „Transatlantique" mit großem Erfolg wiederaufgelegt. Die für Breguet ungewöhnlich sportliche Uhr lehnt sich optisch stark an das nostalgische Vorbild an.

Breguet produziert zwischen 12.000 und 14.000 Uhren pro Jahr. Sie könnten durchaus das Doppelte verkaufen, kokettiert Hayet, was von der hohen Wertschätzung der Breguet-Uhren zeugt. Tatsächlich zeigt die Marke Breguet in den letzten Jahren zweistellige Wachstumsraten. Wer sich allerdings eine moderne Uhrenmanufaktur immer noch als kleine, dunkle Kate vorstellt, in der Uhrmacher wochenlang gebeugt an einem Uhrengehäuse arbeiten, wäre bitter enttäuscht. In der Manufacture de Haute Horlogerie Lemania, in der die Uhrwerke von Breguet entstehen – eine Partnerschaft, zu der sich Breguet mittlerweile offen bekennt, produziert man bei Lemania doch geradezu exklusiv für Breguet –, werden in weitgehend automatisierten Bearbeitungszentren die winzigen Uhrwerksteile aus Stahl geschnitten, viel, viel genauer, als dies ein Uhrmacher vermag. Die Toleranz beträgt gerade mal ein paar Tausendstel Millimeter. Aber auch die Handarbeit kommt nicht zu kurz. Unzählige Arbeitsstunden werden bei Breguet monatlich investiert, um jede einzelne Uhr zu einem Gesamtkunstwerk zu machen. Mit Hingabe und beträchtlichem Geschick werden beispielsweise die Zeiger in insgesamt 28 Arbeitsgängen aus gebläutem Stahl gefertigt. Nach dem Stanzen der Zeiger und der Wölbung der Oberfläche erhalten sie ihre berühmte dunkelblaue Farbe. Das geschieht unter Wärmeeinfluss, bei dem sich der Stahl je nach Temperatur verfärbt – und mit viel Erfahrung. Im letzten Arbeitsschritt werden die Zeiger geschliffen. Nur ein erfahrenes Auge kann mithilfe einer Lupe solche Feinheiten überhaupt erkennen. Aber sie machen eine echte Breguet aus.

Eine Breguet ist mehr als ein handwerklich perfekter, hochästhetischer Zeitmesser. Eine Breguet ist seit mehr als zweihundert

Jahren ein Stück europäischer Kulturgeschichte. Das ist allein an der großen Zahl literarischer Werke des 18. und 19. Jahrhunderts ersichtlich, in denen der hohe Stellenwert dieser Marke betont wird. Kaum einer hat diese Empfindungen so treffend in Worte gefasst wie Sir David Lionel Salomons, ein großer Bewunderer und begeisterter Sammler der Breguet-Uhren: „Eine Uhr von Breguet zu tragen ist so, als ob man die Gedanken eines Genies mit sich führt."

Kurzbewertung

Die traditionsreichen Breguet-Uhren haben in den vergangenen Jahren wieder an Prestige gewonnen. Lange Zeit schienen sie vor allem von ihrer glorreichen Geschichte zu leben. Überdurchschnittliche Wertsteigerungen sind in absehbarer Zeit wohl nicht zu erwarten, weshalb diese Zeitmesser zur Kapitalanlage nur bedingt interessant erscheinen. Dafür erfreuen sie den Träger in der Gegenwart.

Unser Rating:
●●●●●●●●●●●●●●●●●○○○

Breguet Classique

*Malte Tourbillon
Tonneau-Familie*

Vacheron Constantin
Die älteste Manufaktur der Welt

2005 feierte Vacheron Constantin einen großen Geburtstag: Die älteste Uhrenmanufaktur der Welt wurde 250 Jahre alt. Ein Vierteljahrtausend, eine spannende, wechselvolle Geschichte und trotz vieler Schwierigkeiten und Rückschläge nach wie vor, und völlig zu Recht, im Spitzensegment der Uhrenindustrie vertreten – der Prototyp einer Erfolgsgeschichte.

Der Gründer der Manufaktur, Jean-Marc Vacheron, war ein sogenannter Cabinotier, also ein Uhrenhandwerker. Rund 800 gab es damals, Mitte des 18. Jahrhunderts in Genf. Ihnen sagte man eine ganz einzigartige Mentalität nach: Als „Aristokraten der Arbeiterklasse" waren sie bekannt und wegen ihrer geistvollen Gespräche über Kunst und Kultur bewundert, die sie zum Umgang mit allen Kreisen befähigte. Smalltalk würde man heute wahrscheinlich dazu sagen. Dem beweglichen, hochbegabten und an vielem interessierten Vacheron aber behagte dieses gemächliche Leben nicht. 1755 gründete er in der Genfer Altstadt sein eigenes Unternehmen, die Keimzelle der legendären Manufaktur Vacheron Constantin.

Als Uhrmacher hatte er politisch wie wirtschaftlich schwere Zeiten zu durchstehen: Hungerperioden, in denen potenziellen Käufern die Lust am Luxus verging und Vacheron kaum Abnehmer für seine Uhren fand, die missglückte Revolution in Genf von 1782 mit ihren üblen Folgen für die Bewohner. Doch Vacheron, Vater von fünf Kindern, kämpfte unverdrossen gegen die Widrigkeiten seiner Zeit. Wie damals meist üblich, waren beide Söhne, Louis André und Abraham, beruflich in die Fußstapfen des Vaters getreten. Der Firmenname wechselte in dieser Zeit mehrmals. Grund waren die Gesetze des Ancien Régime und später des schweizerischen Unternehmensrechts, die keine dauerhaften Firmennamen gestatteten. Bis gegen Ende des 19. Jahrhunderts wurden Firmen nach ihren Besitzern benannt.

Zu Beginn des 19. Jahrhunderts übernahm Vacherons Enkel Jacques-Barthélemy das Ruder. Kurzfristig ging es wieder bergauf, Jacques-Barthélemy Vacheron arbeitete sogar – in aller Diskretion – für Abraham-Louis Breguet. 1819 holte er François Constantin als neuen Partner ins Boot – ein Glücksgriff. Denn der extravagante Constantin brachte nicht nur dringend benötigtes Kapital in das Unternehmen, sondern vor allem Vertriebserfahrung. Mit Kutsche und zu Pferd reiste er durch die Lande und hatte, so die Legende, darunter so manchen Kampf mit Räubern oder gar Duelle der Firmenehre wegen zu bestehen. Sein äußerst prunkvolles Auftreten brachte ihm nicht nur Freunde ein. Doch es hieße, die Verdienste Constantins geringzuschätzen, wenn man sich nur über seinen Habitus äußerte. Die Zeiten waren hart damals. Zollvorschriften wurden oft kurzfristig geändert, Geldbußen willkürlich verhängt, und so mancher Käufer wollte sich an die Bestellung seiner teuren Uhr nicht mehr erinnern, wenn Constantin zur Auslieferung anreiste. Constantin gelang es nicht nur, Botschafter, Grafen, Fürsten und Herzöge als Kunden zu gewinnen, sondern erschloss durch jahrelange Mühen auch Märkte in Nord- und Südamerika.

Ein weiterer cleverer Schachzug des Duos Vacheron und Constantin war die Verpflichtung des Uhrmachers und Erfinders Georges-Auguste Leschot, um Uhrwerke präzise in Serie zu produzieren. Auf diese Weise planten Vacheron und Constantin, die Produktion an Uhren deutlich zu erhöhen, ohne auch nur im Geringsten von ihren Qualitätsansprüchen abzurücken. Was sich im Nachhinein vernünftig und wie eine Selbstverständlichkeit anhört, war zum Zeitpunkt der Entscheidung risikobehaftet: Ob es tatsächlich gelingen würde, günstige Präzisionsuhren herzustellen, war mehr als ungewiss. Leschot benötigte volle zwei Jahre, um die entsprechenden Maschinen, zu denen er einen Zuschuss von Vacheron und Constantin erhielt, zu bauen. 1841 begann die Produktion neuer Präzisionskaliber. Dank des unermüdlichen Eifers und Perfektionismus von Leschot, der bis 1882 seine Maschinen ständig zu verbessern wusste, ging Vacheron Constantin als Pionier der mechanisierten Präzisionsfertigung von Uhrwerken in die Annalen der Uhrmacherei ein. 1841 ist noch aus einem weiteren Grund firmengeschichtlich bedeutsam: Seit diesem Jahr ist Vacheron Constantin eine echte Manufaktur.

In den folgenden Jahren wechselten Firmenleitung und Name der Uhrenmanufaktur mehrfach, sie blieb aber immer innerhalb der Familie. 1870 schließlich übernahmen zwei Frauen die Leitung und sorgten damit für eine Sensation. Der „Frauenwirtschaft" wurden wenig Geschäftssinn und ergo Erfolg zugetraut. Die Spötter und Skeptiker irrten jedoch: Laure Vacheron-Pernessin, Witwe des früh verstorbenen Firmenleiters Charles César Vacheron, und die 88-jährige Cathérine-Etiennette Vacheron, Witwe von Jacques-Barthélemy, handelten mit Weitblick und lenkten das Unternehmen sicher und klug. Unter anderem ließen sie die Manufaktur an den Präzisionswettbewerben des Genfer Observatoriums teilnehmen, auf denen zahlreiche bedeutende Preise gewonnen werden konnten. Sie waren es auch, die den bewährten Firmennamen Vacheron Constantin wieder eintragen ließen.

Als 1880 ein neues Recht für Gebrauchsmuster- und Warenzeichenschutz eingeführt wurde, ließ Vacheron Constantin vier verschiedene Markenzeichen und Namensformen hinterlegen, die für unterschiedliche Gehäuse und Werke benutzt werden sollten. Alle trugen die Bezeichnung „Vacheron & Constantin, fabricants, Genève" und den Zusatz „Horlogerie et boîtes de montres". Auf zwei von ihnen fand sich auch das Malteserkreuz, das noch heute als Firmenlogo eingesetzt wird. Dies versinnbildlicht ein typisches technisches Detail einer Uhr: das Stellrad, das früher die Zugfederspannung regulierte.

1913 fertigte Vacheron Constantin die ersten Armbanduhren mit einfachen, aber präzisen und feinbearbeiteten Handaufzugswerken, die in den Metropolen rasch Mode wurden. 1914 endete die Blütezeit, ein Schicksal, das alle Manufakturen zu dieser Zeit einte. Drei Jahre später gab es den ersten Chronographen von Vacheron Constantin: elegant mit seinem schlichten runden Gehäuse, einem fein gearbeiteten Email-Zifferblatt und noch ohne Drücker, sodass für Start, Stopp sowie Nullstellung die Krone zuständig war. Chronographen wurden zum festen Bestandteil der nun zügig erweiterten Kollektion. Der kurze Aufschwung, der sich in den 1920er-Jahren abzeichnete, wurde jedoch vom Schwarzen Freitag 1929 und der anschließenden Weltwirtschaftskrise jäh abgebremst. Gehaltsreduktion und Kurzarbeit wurden eingeführt, die Produktion auf ein Minimum reduziert, aus abgeschriebenen Altbeständen wurden Standardwerke und Billigprodukte gefertigt. Gerade 211 Uhrwerke konnten 1932 verkauft werden. Und als in den 1930er-Jahren rechteckige Uhren en vogue waren, wurden zu allem Überfluss auch noch die runden Modelle im alten Lager wertlos.

1935 beging man nach damaliger Rechnung, nach der erst 1785 die Unternehmensgründung mit Abraham Vacheron begann, das

Malte-Squelette-Tourbillon

150. Firmenjubiläum und präsentierte zu diesem Anlass eine Serie von 300 Armbanduhren mit elflinigem Lepine-Handaufzug. Rechteckige Armbanduhren in Stahl und Gold ergänzten die Jubiläumskollektion. Die angespannte finanzielle Lage des Unternehmens erlaubte allerdings keine eigene Herstellung der Formkaliber, sodass sich Vacheron Constantin gezwungen sah, diese bei anderen renommierten Uhrenherstellern zu beziehen.

1938 wurden die Weichen für eine rosigere Zukunft gestellt: In diesem Jahr wurde das Unternehmen Mitglied der Gruppe Société Anonyme de Produits industriels et commerceaux (S.A.P.I.C.), zu der unter anderem die Uhrenfabrik Jaeger-LeCoultre in Le Sentier gehörte, wo fortan die Uhrwerke für Vacheron Constantin gefertigt wurden. Endlich ging es bergauf. Vacheron Constantin produzierte in den Folgejahren vorwiegend elegante Armband-Chronographen mit runden Gehäusen und phantasievollen Bandanstößen.

„Möge diese Uhr stets glückliche Stunden anzeigen – für Sie selbst, für Ihr Volk und für den Frieden der Welt." Diese optimistische Botschaft war auf dem Boden der Uhren aus dem Hause Vacheron Constantin eingraviert, die Genfer Bürger den vier Staatsmännern Eisenhower, Eden, Bulganin und Faure 1955 zum Abschluss der Gipfelkonferenz in Genf überreichten. Zweihundert Jahre war Vacheron Constantin damals nach heutiger Rechnung alt. Wer es sich leisten konnte, erstand im Jubiläumsjahr eine ultraflache Herren-Armbanduhr: Das Handaufzugskaliber 1001 maß gerade mal 1,64 Millimeter. Der Ehrgeiz von Vacheron Constantin, der allzu lange gebremst worden war, feuerte jetzt das Unternehmen zu

Bestleistungen an: 1967 machte es gemeinsam mit seinem Werkelieferanten Jaeger-LeCoultre erneut mit einer äußerst flachen Uhr von sich reden: 2,54 Millimeter wies das Automatikkaliber 1020 mit Zentralrotor auf; und natürlich die legendäre Kallista, mit einem Verkaufspreis von etwa fünf Millionen Dollar die zur damaligen Zeit teuerste Uhr der Welt. Dafür wurden in über 6.000 Arbeitsstunden 140 Gramm Gold und 130 Karat Edelsteine verarbeitet. Wer die Uhr letztendlich kaufte, ist selbst Vacheron Constantin nicht bekannt.

In den 1970er-Jahren schlug bei Vacheron Constantin die Stunde luxuriöser Sportuhren. Die Modelle hießen „333" und „222". Durch die Quarzuhren-Krise machte sich das Unternehmen erneut auf die Suche nach einem finanzkräftigen Partner. Mitte der 1990er-Jahre erwarb schließlich die Vendôme-Gruppe, die heutige Richemont SA, das Uhrenunternehmen. Die Belegschaft atmete auf: Das ließ auf die überfällige internationale Weiterentwicklung hoffen. In den Folgejahren entstanden unter der sehr ehrfolgreichen Führung des Firmenchefs Claude-Daniel Proellochs Werke der höchsten Uhrmacherkunst, zum Beispiel der Overseas-Chronograph, der kürzlich behutsam neu interpretiert wurde, das Malte-Squelette-Tourbillon mit tonneauförmigem Gehäuse, die Toledo, die auf einem Vorbild aus den 1950er-Jahren aufbaute, oder der Chronograph Les Historiques. Rund 15.000 Uhren verlassen jährlich die Manufaktur, die zu 80 Prozent in Handarbeit gefertigt werden. In der futuristisch gestalteten Manufaktur im Genfer Vorort Plan-les-Ouates arbeiten rund 170 Mitarbeiter(innen), davon 80 Uhrmacher(innen).

Wer wie Vacheron Constantin Uhrengeschichte (mit-)geschrieben hat, hat in der Regel ein besonderes Verhältnis zu seinen Wurzeln. Tatsächlich pflegt Vacheron Constantin seit über 160 Jahren penibel seine Akten und verfügt über genaue Aufzeichnungen über jede seitdem produzierte Uhr. Wer das Glück hat, eine historische Uhr von Vacheron Constantin erwerben zu können oder als Geschenk erhält, und mehr über dieses Kleinod erfahren möchte, ist dort in den besten Händen.

Kurzbewertung

Eine hochinteressante Marke – auch für den Anleger. Uhren von Vacheron Constantin gehören oft zu den Highlights auf anspruchsvollen Auktionen. Für manchen Sammler stellen sie gar eine Alternative zu den Edeltickern von Patek Philippe dar.

Unser Rating:

● ● ● ● ● ● ● ● ● ● ● ● ● ● ● ● ● ● ● ·

Overseas Dual Time (Stahl), Overseas Dual Time (Roségold),
Overseas Chronograph (von links)

Girard-Perregaux

Erfindergeist in La Chaux-de-Fonds

Uhrmacherei ist eine Geisteshaltung, davon ist Luigi Macaluso, Präsident von Girard-Perregaux, überzeugt. Unter seiner geschickten und weitblickenden Leitung konnte die Uhrenmarke wieder an die großen Zeiten ihrer über 200 Jahre zurückreichenden Geschichte anknüpfen und dem Anspruch des Gründervaters, Jean-François Bautte, technisch perfekte Uhren herzustellen, voll und ganz gerecht werden.

Dabei hatte die Geschichte der Uhrenmanufaktur Girard-Perregaux alles andere als glanzvoll begonnen. Zwölf Jahre war Jean-François Bautte erst alt, aus einfachsten Verhältnissen stammend und bereits verwaist, als er 1784 seine Lehre begann. Er ließ sich nicht allein zum Uhrmacher, sondern auch zum Guillocheur, Goldschmied und Gehäusemacher ausbilden, was nicht nur von seiner Vielseitigkeit, sondern vor allem von seinem großen handwerklichen Geschick zeugt. Nach heutigen Maßstäben noch ein Teenager, signierte Bautte mit 19 Jahren seine erste Uhr, weshalb dieses Jahr – 1791 – von Girard-Perregaux als das Geburtsjahr der Manufaktur betrachtet wird. Doch Bautte war nicht nur außerordentlich begabt, er besaß auch bemerkenswerten Geschäftssinn und eine gehörige Portion Charme, was ihn bald zu einem der begehrtesten Uhrmacher seiner Zeit werden ließ. Adels- und Königshäuser aus ganz Europa zählten zu seiner Kundschaft. Berühmt und begehrt waren seine besonders flachen Taschenuhren, für die er alle Teile, Gehäuse und Zifferblätter selbst herstellte. Auch die diversen Maschinen und Werkzeuge, die er dafür benötigte, stammten aus der eigenen Werkstatt. Trotz seines großen Geschäftserfolgs und Zugangs zu den ersten Kreisen der Gesellschaft vergaß er nie seine Wurzeln. So soll Bautte stets ein aufmerksames Auge auf die Arbeitsbedingungen seiner bis zu 300 Angestellten gehabt haben.

Nach seinem Tod 1837 führten sein Sohn Jacques und sein Schwiegersohn Jean-Samuel Rossel die Manufaktur, die fortan Jean-Francois Bautte & Cie. hieß. Später übernahm Rossels Sohn Jacques das Unternehmen und setzte alles daran, die Genauigkeit der Uhren noch weiter zu erhöhen. Sein großer Einsatz wurde auf der Weltausstellung 1867 in Paris mit einer Goldmedaille gewürdigt.

Es folgten Jahre mit unterschiedlichen Besitzverhältnissen. Ihren endgültigen Namen erhielt die Manufaktur erst zu Beginn des 20. Jahrhunderts, als Constant Girard-Gallet, ein Uhrmacher in La Chaux-de-Fonds, das Unternehmen erwarb. Er leitete zu diesem Zeitpunkt bereits die von seinem Vater Constant Girard und Onkel Numa gegründete Uhrenfabrik Girard-Perregaux. Perregaux war der Mädchenname seiner Mutter Marie, die ebenfalls aus einer Uhrmacherfamilie stammte.

Constant Girard war ein begabter und begeisterter Uhrmacher. Seine Leidenschaft war es, die Uhrentechnik zu optimieren, was seinen Werken bald unverwechselbares Aussehen gab. Seine Spezialität waren Taschenuhren, deren Räder sich unter schmalen, parallel angeordneten Brücken drehen: Sein „Tourbillon sous trois ponts d'or" ist sicherlich das bekannteste Beispiel seiner Kunstfertigkeit und zählt bis heute zu den begehrtesten Zeitmessern von Girard-Perregaux. Girard war es auch, der bevorzugt Gold als Material für Gehäuse und Werkteile verwendete. Mit der Übernahme der Firma durch seinen Sohn Constant Girard-Gallet im Jahr 1903 begann jedoch die lange und schmerzliche Phase des Niedergangs der Marke Girard-Perregaux. Weder begnadeter Uhrmacher noch umsichtiger Geschäftsmann, vermochte Girard-Gallet die Erfolgsgeschichte des Unternehmens nicht fortzuschreiben und musste 1928 Konkurs anmelden. Kurze Zeit war die Manufaktur in Besitz der Bank SBS, heute UBS, bevor Otto Graef 1929 die Markenrechte erwarb.

Graef leitete die Manufacture Internationale de Montres Or, kurz MIMO. Er nutzte den nach wie vor guten Namen der Marke Girard-Perregaux, um in den USA seine eigenen Uhren, die jedoch nicht in derselben

Sea Hawk II Pro

127

Liga spielten, zu verkaufen. Erst seine Nachfolger knüpften in den 1960er-Jahren an die alte Tradition von Girard-Perregaux an und produzierten wieder feinste Uhren. Eine verfehlte Produktpolitik kostete in den Folgejahren jedoch Marktanteile. Die nachhaltige Erholung und vor allem Weiterentwicklung setzte erst 1992 mit der Übernahme von Girard-Perregaux durch die Sowind Group ein, deren Präsident Luigi Macaluso ist.

Zur Holding-Gesellschaft Sowind Group, die zu hundert Prozent Eigentum der Familie Macaluso ist, gehören die Marken Girard-Perregaux und JeanRichard, die Uhrwerkfabrik Sowind Manufacture sowie zwei kleinere Firmen, die Aufgaben im Bereich Produktion und Service haben. Sitz der Gruppe ist die Uhrenmetropole La Chaux-de-Fonds, wo sie mehrere Anwesen ihr Eigen nennt, darunter zwei firmeneigene Museen, die Uhrenliebhabern die Geschichte der Manufaktur Girard-Perregaux und der Uhrentechnik nahebringen. Hier ist auch die anno 1867 von Constant Girard konstruierte Taschenuhr mit drei goldenen Brücken und Tourbillon ausgestellt sowie frühe Uhren von Jean-François Bautte, die Automatikuhr Giromatic aus den 1950er-Jahren oder die erste Quarzuhr der Schweiz, die Girard-Perregaux 1969 entwickelte.

Girard-Perregaux produziert Komplikationswerke, mechanische Werke mit Handaufzug oder mechanischem Aufzug, aber auch Quarzkaliber. Mit Fug und Recht darf sich das Unternehmen mit der Bezeichnung „Manufaktur" schmücken: Die Uhrwerke entstehen weitgehend in Eigenarbeit, auch wenn Zugfedern oder Rädersätze zugekauft werden. Und natürlich hat auch hier die moderne

Vintage XXL Chronograph

Technik Einzug gehalten: So entstehen die Werkgestelle auf modernsten Maschinen, die Werkzeuge vollautomatisch und selbstständig wechseln und in denen per Laser die Qualität überprüft wird. Dabei wird eine Präzision erreicht, die ein Uhrmacher selbst gar nicht mehr bewerkstelligen könnte, wie sorgfältig er auch arbeitete: Die Messtoleranzen liegen bei unglaublichen fünf Tausendstel Millimetern. Der anschließende Auswahlprozess ist dennoch unerbittlich. Aber auch die Handarbeit kommt nicht zu kurz: Um die einzelnen Komponenten ästhetisch zu vervollkommnen, wird jedes Uhrwerk von Hand verziert. Dabei werden die Kanten zunächst abgeschrägt, poliert und zu guter Letzt mit einer Schicht aus Edelmetall überzogen.

Versuche, diese Arbeiten außer Haus erledigen zu lassen, wurden wieder eingestellt – die Qualitätsansprüche von Girard-Perregaux konnten nicht erfüllt werden. Und diese sind streng und rigide. Ein Beispiel: Um die Wasserdichtheit der Gehäuse zu überprüfen, arbeitet man in La Chaux-de-Fonds sowohl mit Luftdruck als auch mit Wasser. Dabei werden in großen Tanks Verhältnisse simuliert, die denen in einer Wassertiefe von 3.000 Metern entsprechen. Um eine größere Individualität der Uhren zu gewährleisten, stellt Girard-Perregaux auch einige Gehäuse und Armbänder selbst her.

Hochkomplizierte Zeitmesser werden in der Abteilung „Haute Horlogerie" gefertigt. Hier entstehen die Modelle der Repetitions-uhren-Familie Opera oder das „Tourbillon sous trois ponts d'or". Letzteres gab es 1991 anlässlich des 200. Firmenjubiläums zum ersten Mal als Armbanduhr. Das Grundkaliber 9900 für dieses Kleinod basiert auf einem Taschenuhrwerk, das auf Armbanduhr-größe verkleinert wurde. Das „Tourbillon unter drei Goldbrücken", wie das Meisterwerk etwas umständlich auf Deutsch heißt, gibt es heute in mehreren Varianten: für Mechanikbewunderer in der Skelettversion, als Chronograph und als Automatikwerk. Beim Automatikwerk dreht sich der Platinrotor der Automatik verborgen unter dem Federhaus. Aktuell ist das „Tourbillon sous trois ponts d'or" für die nächsten fünf Jahre ausverkauft.

Das Rückgrat der Manufaktur stellt nach Ansicht von Luigi Macaluso die Abteilung Forschung und Entwicklung dar, deren jährliches Budget zusammen mit der Organisationseinheit „Methode",

die sich unter anderem mit der Entwicklung von Prüfgeräten beschäftigt, rund zehn Prozent des Jahresumsatzes ausmacht. Kaum
verwunderlich, hat sich die Marke doch seit jeher dem Erfin-
dungsreichtum und dem Wunsch nach Exzellenz verschrieben.
Stolz ist der Firmenchef auch auf seine Design-Abteilung, deren
hohe Innovationsfähigkeit er auf ihre Zusammensetzung aus jungen, aktiven und hochambitionierten Menschen unterschiedlicher
Kulturen zurückführt.

Die Marschrichtung für die nächsten Jahre steht fest: Girard-
Perregaux möchte mit einem umfangreichen Portfolio hochklas-
siger Uhrwerke im Markt punkten und weiter wachsen. Derzeit
wird rund ein Drittel der Uhren aus La Chaux-de-Fonds in Europa
verkauft, 20 Prozent in Asien, jeweils rund zehn Prozent in Japan
und den USA; der Rest entfällt auf den Mittleren Osten und andere Länder. Aktuell wurde ein neues Chronographen-Werk konstruiert, und auch an der Entwicklung eines neuen Werks mit Tourbillon wird gearbeitet. Für das neue Tourbillon will
Girard-Perregaux neue Materialien und Produktionsmethoden
einsetzen, das Tourbillon unter drei Goldbrücken soll im Gegenzug limitiert werden. Auch die Damenuhr soll künftig weiter Auf-
wind bekommen und unter Beibehaltung des femininen Gewands
mehr Zusatzfunktionen erhalten. 2006 machte sie rund ein Vier-
tel des Sortiments aus, vor wenigen Jahren waren es gerade einmal vier Prozent. Da auch die beiden Söhne der Familie Macaluso,
Stefano und Massimo, ins Uhrengeschäft eingestiegen sind, ist
abzusehen, dass die geplante Entwicklung der Marke stabil wei-
terlaufen kann.

Zu den wichtigen strategischen Entscheidungen der jüngeren Zeit zählt neben der deutlichen Erweiterung der Uhrenkollektion und dem Umzug der Mehrzahl der insgesamt rund 300-köpfigen Belegschaft in ein neues Domizil an der Rue Numa-Droz, wo jetzt der größte Teil der Produktion untergebracht ist, die Partnerschaft mit dem BMW-ORACLE-Racing-Team beim America's Cup. Sie ist an Stelle der langjährigen Kooperation mit Ferrari bei der Formel 1 getreten, an die die sportlichen Kollektionen F1 oder Pour Ferrari erinnern. Neben einer starken persönlichen Faszination, die der Kampf um die älteste Sporttrophäe der Welt auf ihn ausübt – Luigi Macaluso ist selbst Segler und war einst beim America's Cup involviert –, erkennt er in diesem Sport denselben Geist, der auch die Menschen von Girard-Perregaux antreibt: Lust am Naturerleben, aber auch die ansteckende Begeisterung für Technologie und Forschung.

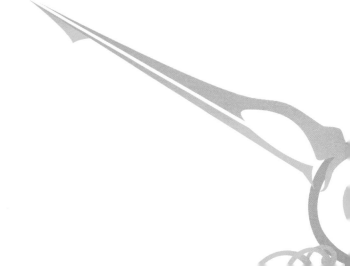

Kurzbewertung

Eine eher kleine, aber dennoch feine Manufaktur. Die Uhren von Girard-Perregaux sprechen eine zwar überschaubare, aber sehr aktive Fangemeinde an. Nachteil: Der Name hat eben nicht die Zugkraft einer großen Marke wie Rolex oder Patek Philippe und ein tendenziell nur mäßiges Wertsteigerungspotenzial.

Unser Rating:

● ● ● ● ● ● ● ● ● ● ● ● ● ● ● ● ● ○ ○ ○

133

Opus, skelettiert

Chronoswiss

Schweizer Uhren aus München

„Wir befinden uns im Jahr 1983. Die ganze Welt ist von Quarzuhren überhäuft. Die ganze Welt? Nein! Ein von einem unbeugsamen Uhrmacher gegründetes Unternehmen hört nicht auf ..." – so oder so ähnlich könnte die Chronoswiss-Legende beginnen. Denn unbeugsam ist der Chronoswiss-Gründer und ehemalige Geschäftsführer der Marke in jedem Fall. Er selbst geht sogar soweit zu sagen, er „ticke nicht ganz richtig", weil er nicht primär und in erster Linie an den Gewinn denkt, sondern versucht, Werte zu vermitteln. Mitte des Jahres 2011 zog sich Lang aus dem Tagesgeschäft zurück. Doch alles von Anfang an.

1980 legte Gerd-Rüdiger Lang nach der Ausbildung in seiner Geburtsstadt Braunschweig, den Gesellenjahren bei der Firma Gross in Burg/Fehmarn und langjähriger Tätigkeit bei Heuer im schweizerischen Biel erfolgreich seine Uhrmacher-Meisterprüfung an der Meisterschule Würzburg ab. Es war just zu dem Zeitpunkt, als der Siegeszug der kostengünstigen, extrem genauen, aber völlig seelenlosen Quarzuhren begann, als der Markt überschwemmt wurde mit Billigstprodukten vor allem aus Fernost. Zunächst ein Debakel für den ambitionierten Uhrmacher, wurde doch seine Lebensplanung völlig über den Haufen geworfen, weil das, was er gelernt hatte, nun nichts mehr wert sein sollte. Doch ist Lang von einer an Besessenheit grenzende Liebe zu Zeitmessern erfüllt. Beruf traf Berufung

Manufakturwerk der Chronoswiss Sauterelle

und er versuchte das Unmögliche: in dieser Zeit auf echte Werte zu setzen, um dem unglückseligen Trend mit Qualitätsbewusstsein und purer Schönheit entgegenzutreten. Dieses Experiment ist gelungen.

1981 gründete Lang in München seine Spezialwerkstatt für Chronographen. Um sich finanziell über Wasser zu halten, reparierte er zunächst im Hobbykeller mechanische Uhren. Schließlich hatte er für eine Familie zu sorgen. Bald merkte er, dass es viele Uhrenbesitzer gab, die zu ihren altmodischen, mechanischen Uhren eine starke emotionale Bindung besaßen. Wann immer er Zeit fand, durchzog Lang Flohmärkte in der Schweiz und in Deutschland, um günstige Einzeluhren zu erwerben. Gezielt kaufte er bei Manufakturen Restbestände von Chronographen, vor allem von Rochat. Die Böden drehte er heraus und setzte einen Glasboden ein, der dem Besitzer einen Blick in das Innenleben seiner Uhr ermöglichte. 1982 stellte er den ersten mechanischen Chronographen mit Mondphasenanzeige und Mineralglasboden unter dem Namen „Chronoswiss" vor – eine kleine Revolution, zählte er doch damit zu den wenigen, die die Renaissance der Mechanikuhren einläuteten. 1983 war die Geburtsstunde der Chronoswiss Uhrenfabrikation, München, mit Gerd-Rüdiger Lang als alleinigem Inhaber. Noch ein Jahr später wurde „Chronoswiss" als Schutzmarke eingetragen.

1987 entdeckte Lang eine Anfang des 20. Jahrhunderts von Vacheron & Constantin gefertigte „deck watch", eine Schiffsuhr also, mit einem Regulator-Zifferblatt, bei dem Stunden und Sekunden auf einem Hilfszifferblatt dargestellt sind. Erfunden wurde die Regulator-Anzeige im 18. Jahrhundert von Louis Berthoud, eingesetzt wurde sie vor allem in Observatorien, Zeitzentralen und Uhrenfabriken. Die ungewöhnliche optische Anmutung faszinierte Lang und sein Entschluss stand fest: Er würde Armbanduhren nach diesem Konzept entwickeln. 1987 präsentierte Lang mit dem Régulateur die erste eigene, von ihm entwickelte Uhr. Das Echo auf der Baseler Messe übertraf alle Erwartungen.

Uhren von Chronoswiss tragen die Philosophie ihres Erschaffers in sich. Qualitätsbewusst und detailverliebt hat der Perfektionist Lang eine Liebesbeziehung zu jeder seiner Uhren. Er entwirft keine Uhr, die er nicht selbst tragen würde. In Fragen der Ästhetik und der Qualität ist er radikal, er sucht seinen Werken die ästhetische Klarheit zu verleihen, die Uhren vor über hundert Jahren einmal hatten. Das gelingt ihm durch Reduktion auf das Wesentliche. Dem Liebhaber präsentieren sich Chronoswiss-Uhren denn auch als sinnlicher Hochgenuss: Verarbeitung, Gestaltung, Gehäuse, Zifferblatt bis hin zu den Dornlöchern der Lederbänder offenbaren große handwerkliche Präzision und die Lust, zeitlose Schönheit zu erschaffen. Zur Politik der Chronoswiss Uhren GmbH gehört es konsequenterweise auch, nicht allzu viele Uhren zu produzieren und keine häufigen Modellwechsel vorzunehmen.

Wer sich bei Uhren von Chronoswiss an längst vergangene Zeiten traditioneller Uhrmacherkunst erinnert fühlt, liegt richtig. Mit Hingabe sucht Lang nach Inspiration in der Vergangenheit und verhilft fast vergessenen Funktionen und Produktionsverfahren zu neuer Blüte. Das Regulator-Zifferblatt belebte er genauso wieder wie es ihm 1992 gelang, einen Doppelzeiger-Chronographen zu entwickeln – eine Weltpremiere. Diese Chronographen, französisch „rattrapante", ermöglichen es, mehrere gleichzeitig beginnende Vorgänge simultan zu stoppen und präzise zu bestimmen – also beispielsweise nicht nur die Zeit des ersten Läufers eines Wettkampfes, sondern auch die des zweiten. Um die Wende vom 19. zum 20. Jahrhundert gab es bereits Chronographen mit dieser Zusatzfunktion, später gerieten sie in Vergessenheit. Den Chronographen Rattrapante, Kaliber C.732, hat sich Lang patentieren lassen.

Viel Sorgfalt lässt Lang jedem einzelnen Bauteil seiner Uhren angedeihen. Zum Beispiel dem Zifferblatt, das für rund 80 Prozent des Gesamteindrucks verantwortlich sein soll. Je nach Modell arbeitet Chronoswiss mit unterschiedlichen Herstellungsverfahren. Für einige seiner Uhren – die Linie Orea nämlich – verwendet Chronoswiss emaillierte Zifferblätter. Dieses aufwendige Verfahren, bei dem unter Hitzeeinwirkung eine Spezialglasschicht auf Metall aufgebracht wird, war früher gang und gäbe. Heute beherrschen nur noch wenige Handwerker diese Kunst. Bei rund 1.200 Grad Celsius wird zunächst das Spezialglas geschmolzen und anschließend mit einem Kälteschock abgeschreckt. Die dabei entstehenden Körner werden mit Färbemitteln zu Emailpulver gemahlen. Nach dem Beschichten der Metallbasis, was absolut gleichmäßig erfolgen muss, wird das

Chronoswiss Sauterelle

Ganze bei 800 bis 900 Grad Celsius gebrannt. Die Herstellung erfordert nicht nur zahlreiche und zeitintensive Arbeitsschritte, sie führt auch aufgrund der Anfälligkeit für Sprünge zu einer hohen Ausschussquote. Zifferblätter aus echtem Email sind daher selten und teuer. Aber unvergleichlich schön, weshalb Orea auch „die Schöne" heißt.

Eine weitere von Lang eingesetzte Technik zur Oberflächenbearbeitung metallischer Zifferblätter ist die Guillochierung. Dabei wird in einem aufwendigen Verfahren das Zifferblatt mit unterschiedlichen Mustern graviert. Auch diese uralte Handwerkskunst stand übrigens kurz vor dem Aussterben, als Lang diese Technik in den 1980er-Jahren wieder für seine Uhren entdeckte. Viel Sorgfalt lässt Chronoswiss auch seinen Zeigern angedeihen: Die Breguet-Losange-Zeiger aus gebläutem Stahl mit manuell zugeschliffener Spitze, die die meisten seiner Uhren zieren, müssen exakt die richtige Länge besitzen. Daneben gibt es Uhren mit Zeigern im Farbton „lie de vin". Dieses Dunkelblau mit einem Stich ins Rote gab es fast 80 Jahre lang nicht mehr zu sehen.

Liebhaber mechanischer Uhren kommen voll auf ihre Kosten, da alle Chronoswiss-Uhren über einen Glasboden verfügen. Beim Modell Opus ermöglicht gar das Zifferblatt den Blick auf die faszinierende Mechanik. Diese Uhr wurde 1996 von den Lesern der Zeitschrift „Armbanduhren" zur Uhr des Jahres gewählt. Die Uhr Cabrio hat gar ein Wendegehäuse: Uhrenfans, die rein gewohnheitsmäßig einen Blick auf ihren Zeitmesser werfen, ohne wirklich die Uhrzeit ablesen zu wollen, werden sich daran erfreuen.

Übermäßig komplizierte Uhren sucht man bei Chronoswiss vergebens; Nach Ansicht von Lang leidet dabei die Übersichtlichkeit.

Die Werke der Uhren von Chronoswiss entstammen größtenteils nicht aus eigener Manufaktur. Chronoswiss bezieht seine Rohwerke vorwiegend von ETA und Lemania. Alle Werke werden ausnahmslos nach den Vorgaben des Unternehmens modifiziert und/oder verfeinert. Mittlerweile verfügt Chronoswiss jedoch auch über zwei exklusive Uhrwerke, die es alleine verwendet: das Automatik-Kaliber C.121, das in den 1970er-Jahren von der Manufaktur Enicar entwickelt wurde, und das Handaufzugswerk C.111, das 1952 unter dem Namen „Marvin 700" herauskam. Lang kaufte die kompletten Restbestände auf und passte sie den Chronoswiss-Modellen an. Nicht, ohne sie vorab zu veredeln. Dabei werden unter anderem die Aufzugsrotoren skelettiert und vergoldet, die Werke werden geschliffen und poliert.

Die Ursprungsbezeichnung „Swiss Made" dürfen Uhren von Chronoswiss übrigens tragen, weil das Werk schweizerisch ist und Montage, Einschalung sowie Endkontrolle in der Schweiz erfolgen. Dass Chronoswiss mit zugekauften Komponenten arbeitet, und nicht selbst fabriziert, wird offen kommuniziert. Das Unternehmen deklariert alle Lieferanten, was andere, die es ähnlich handhaben, schamhaft verschweigen.

Verglichen mit traditionsreichen, altehrwürdigen Uhrenmanufakturen ist die Chronoswiss-Geschichte kurz, aber unzweifelhaft eindrucksvoll. In einem knappen Vierteljahrhundert hat sie bereits

Uhrengeschichte mitgeschrieben und es zu zahlreichen Klassikern gebracht, die mit Innovationspreisen ausgezeichnet und zu Uhren des Jahres gewählt wurden. Wer 1987 rund 1.000 Mark in den „Ur-Régulateur" investierte, kann sich, sollte er seine Uhr je verkaufen, über eine deutliche Wertsteigerung freuen. Sammler zahlen heute gut und gerne das Dreifache dafür. Das gilt auch für andere Modelle. Die Chronographen Kairos CH 7221 (1989) oder Kairos Chronograph Skelett CH 2321 (1990), beide in limitierten Auflagen von 500 beziehungsweise 600 Exemplaren hergestellt, waren innerhalb kürzester Zeit vergriffen. Dasselbe gilt für die rechteckige Hora CH 1351 mit springender digitaler Stundenanzeige.

Im Jahr 2009 folgte ein weiterer Paukenschlag: Gerd-Rüdiger Lang präsentierte mit der Sauterelle („Grashüpfer") das erste Manufakturkaliber. Das Werk tickt in zwei Modellvarianten: in der Sauterelle 70, einer klassischen Drei-Zeiger-Uhr, und in der Sauterelle 71 (Regulator).

Die 45 Mitarbeiterinnen und Mitarbeiter von Chronoswiss fertigen pro Jahr 5.000 bis 7.000 Uhren. Die Nachfolge innerhalb der Familie Lang scheint gesichert, da sich Tochter Natalie in der Schweiz zur Uhrmacherin hat ausbilden lassen.

Woran kann man eine echte Chronoswiss erkennen? Zu den typischen stilistischen Merkmalen der Uhren zählen eine gerändelte Lünette, eine altmodische, griffige Zwiebelkrone und verschraubte Armbandanstöße. Auf dem Rotor des Automatikwerks ist das

Logo „CRL" eingraviert. Und natürlich das Garantiezertifikat. Das unterschreibt Gerd-Rüdiger Lang übrigens immer persönlich. Mit Tinte, versteht sich.

Kurzbewertung

Chronoswiss-Uhren fanden in erstaunlich kurzer Zeit einen breiten Freundeskreis. Die Zeitmesser aus München zeugen allesamt von der Kreativität des Firmenchefs. Seit einiger Zeit verfügt die Marke zudem über ein eigenes Manufakturwerk. Inwieweit eine relativ junge Marke langfristig Wertsteigerungen verspricht, bleibt abzuwarten.

Unser Rating:

● ● ● ● ● ● ● ● ● ● ● ● ● ● ● ● ○ ○ ○ ○

Goldene Karree mit Mondphase

Glashütte Original
Uhrmacherkunst aus Deutschland

Längst sind die Zeiten vorbei, als sehr hochwertige Uhren nur auf Schweizer Provenienz schließen ließen. In Sachsen, genauer in dem kleinen Ort Glashütte, konzentriert sich eine Reihe echter Manufakturen wie Glashütte Original oder A. Lange & Söhne, deren Uhren international in der ersten Liga mitspielen. In ihnen manifestieren sich die Leidenschaft, Qualität zu schaffen, die Lust an der Perfektion und die Liebe zum Detail, die es braucht, um außergewöhnliche Zeitmesser für außergewöhnliche Menschen zu bauen. Sie alle eint eine gemeinsame Geschichte, eine sehr deutsche Geschichte der Uhrmacherkunst.

Ihren Ursprung hat die Manufaktur Glashütte Original in dem deutschen U(h)rvater Ferdinand Adolph Lange, der sich 1845 anschickte, in der kleinen sächsischen Ortschaft Glashütte eine Uhrenindustrie zu etablieren. Er hatte Erfolg: Nach und nach ließen sich in Glashütte neben zahlreichen Uhrmachern auch Gehäusebauer, Zeiger- und Unruhhersteller nieder. Um Fachleute auszubilden, die dem hohen Anspruch der Uhrmacher in Glashütte genügten, gründete Moritz Grossmann 1878 die Deutsche Uhrmacherschule (DUS). Das Städtchen prosperierte, neue Arbeitsplätze und Betriebe entstanden, die wirtschaftliche Überlebensfähigkeit der Region schien gesichert. Glashütte in Sachsen wurde neben dem Schweizer Jura zum Zentrum der Feinuhrmacherei. Das

Stadtwappen zeigt deshalb neben Werkzeugen aus dem Bergbau, der früher das wirtschaftliche Leben des Ortes bestimmte, eine Uhr.

Der Erste Weltkrieg und die Wirtschaftskrise Anfang der Zwanziger Jahre beendeten jäh die positive Entwicklung der sächsischen Uhrmacher. Zahlreiche Unternehmen mussten Konkurs anmelden, doch mit zäher Energie und von Leidenschaft beflügelt, wagten viele den Neustart. Allerdings unter neuen Vorzeichen: Statt der rein handwerklichen Fertigung standen nun industrielle Produktionsverfahren im Mittelpunkt, um der zunehmenden Nachfrage nach Armbanduhren aus der Bevölkerung gerecht zu werden. Die Sortimente wurden breiter und auch die Damenuhr gewann an Bedeutung. Der Uhrenkaufmann Johannes Dürrstein engagierte sich dafür, eine hochwertige Uhr aus Glashütte zu einem bezahlbaren Preis anzubieten. Die von ihm produzierten UNION-Uhren erfreuten sich bald großer Beliebtheit.

Der Zweite Weltkrieg beendete aber auch diese positiven Entwicklungen: Alle Uhrenbetriebe wurden auf die Produktion von „kriegswichtigen Gütern" umgestellt. Nach dem Krieg demontierten die russischen Besatzer alle Produktionsanlagen. Der zweite Neustart begann. Nachdem Werkzeuge und Maschinen wieder neu gefertigt worden waren, konzentrierten sich die Glashütter Uhrmacher darauf, einfache Alltagsuhren zu bauen. 1951 wurden die bis dato selbstständigen Uhrenunternehmen in Glashütte zu einem Unternehmen fusioniert, dem VEB Glashütter Uhrenbetriebe (GUB), der Uhren für die Staaten des Ostblocks produzierte.

Die Wiedervereinigung brachte die Wende: 1990 wurde aus dem GUB die Glashütter Uhrenbetrieb GmbH. Das Unternehmen war damit Rechtsnachfolger aller früheren Glashütter Uhrenbetriebe. Vier Jahre später wurde es privatisiert, Inhaber und Geschäftsführer des neuen Unternehmens wurde Heinz W. Pfeifer. Zügig kehrte das Unternehmen unter seiner Leitung zu seiner alten Stärke – hochfeine mechanische Uhren herzustellen, die präzise und funktionell waren – zurück. Um an die erfolg- und traditionsreiche Vergangenheit anzuknüpfen, tragen sie den Markennamen „Glashütte Original". Im Jahr 2000 wurde die Glashütter Uhrenbetrieb GmbH in die Swatch Group AG integriert, um die Internationalisierung der Marke zu forcieren.

Pfeifer gestaltete die Uhrenkollektion komplett neu und steigerte die Gehäusequalität. Vor allem aber setzte er auf echte Manufakturkaliber, deren Wert er früh erkannte. Glashütte Original setzte das erste wieder in Deutschland gefertigte mechanische Manufakturkaliber mit der Bezeichnung GUB 10-30 ein. Als neue Uhrwerke wurden das Kaliber GUB 12-50 (Handaufzug) und das Kaliber GUB 10-60 (Automatik) entwickelt. Letzteres ermöglichte es, endlich wieder verschiedene Chronographen anzubieten.

Uhrenliebhaber aus aller Welt begrüßten das Wiedererwachen der alten Fähig- und Fertigkeiten. Glashütte Original enttäuschte sie nicht: In unglaublicher Geschwindigkeit entwickelte das Unternehmen bestehende Uhrwerke weiter, konzipierte neue und konnte bald immer mehr Uhren auch mit komplizierten Zusatzfunktionen wie Mondphase, Gangreserve oder dem Ewigen Kalender anbieten. Modelle aus Edelstahl werden ebenso gefertigt wie Uhren aus Gold oder Platin. Bewusst wird an die Tradition angeknüpft und typische konstruktive und optische Merkmale des Glashütter Uhrenbaus der vergangenen 150 Jahre werden neu belebt. Dazu zählen zum Beispiel die 3/4 Platine, chatonierte Lagersteine oder der Glashütter Bandschliff, mit dem die Oberflächen der Uhren veredelt werden. Aber auch Neukonstruktionen kommen nicht zu kurz: Eine besonders auffällige ist das sogenannte Panoramadatum, bei dem das Datum über zwei konzentrische Scheiben mit Einer- und Zehnerstelle angezeigt wird. Durch diese patentierte Eigenentwicklung ist die Datumsanzeige größer und besser ablesbar als bei den herkömmlichen Anzeigen. Außerdem erlaubt sie den Verzicht auf den Mittelsteg zwischen Einer- und Zehnerstelle.

1995 stellte das Unternehmen sein erstes Meisterwerk vor: die Julius Assmann 1. Der Uhrmacher Julius Assmann gründete 1852 in Glashütte die Deutsche Präzisions-Taschenuhrenfabrik J. Assmann, deren Uhren weltweit berühmt waren. Der spätere Schwiegersohn Adolph Langes gewann für seine Werke zahlreiche Auszeichnungen. Die Uhr katapultierte Glashütte Original zurück in den Kreis der echten Uhrenmanufakturen, wie es weltweit nur noch wenige gibt. Sie verfügt über eine außergewöhnliche Countdown-Funktion mit akustischer Signalisierung des vorprogrammierten Zeitablaufs. Alles funktioniert rein mechanisch. Der extrem aufwendige Umschaltmechanismus verlangt allerdings nach einem wahren Liebhaber. Wer auf den Rückwärtsgang verzichten kann, sei auf die ansonsten absolut gleichwertige

PanoRetroGraph verwiesen, die die Manufaktur im Jahr 2000 vorstellte und die ein Jahr später den begehrten Titel „Uhr des Jahres" erhielt.

Die Julius Assmann 1 ist ausgestattet mit einem Ewigen Kalender und einem Fliegenden Tourbillon nach dem alten Glashütter Uhrmachermeister Alfred Helwig. Die Julius Assmann 1, die es als Armband- wie auch als Taschenuhr gibt, gilt als die komplizierteste Uhr der Glashütter Neuzeit. Zusammen mit der Meissener Porzellanmanufaktur entstand später die Julius Assmann 2 mit 25 von Hand gemalten Motiven aus dem berühmten Meissener Schulz-Codex.

Als Hommage an den Erfinder des fliegend gelagerten Tourbillons, der in Glashütte seine Werkstatt für Chronometrie gründete, präsentierte Glashütte Original ein Jahr nach der Julius Assmann 1 das Alfred Helwig Tourbillon. Die Produktion wurde auf 25 Exemplare limitiert.

Geschätzte 10.000 Uhren verlassen pro Jahr die Manufaktur Glashütte Original. Die relativ geringe Stückzahl ist auf den hohen Fertigungsaufwand und den Zusammenbau der Uhren zurückzuführen. Manche Modelle werden nur in streng limitierten Auflagen – zum Teil sind es nicht mehr als 25 Stück – hergestellt. Entsprechend begehrt sind sie bei Uhrenliebhabern auf der ganzen Welt, die sich ihre Leidenschaft etwas kosten lassen. Die hohe Kunst der Uhrmacherei von Glashütte Original wurde mit zahlreichen nationalen wie internationalen Preisen gewürdigt.

Kurzbewertung

Uhren aus Glashütte gelten mittlerweile als interessante Alternativen zu den Zeitmessern aus Schweizer Provenienz. Wertsteigerungspotenzial ist durchaus vorhanden, wenngleich die Einstiegspreise recht hoch sind.

Unser Rating:

Navigator mit Panoramadatum

TOURBILLON Pour le Mérite

A. Lange & Söhne

Keimzelle der deutschen Feinuhrmacherei

Die Manufaktur A. Lange & Söhne ist ein Stück deutsche Geschichte. Eine Erfolgsgeschichte. Seit Mitte des 19. Jahrhunderts ist der Ort Glashütte im sächsischen Müglitztal weltweit ein Begriff, wenn es um die hohe Kunst der Uhrmacherei geht. Das ist insbesondere das Verdienst eines Mannes: Ferdinand Adolph Lange, geboren 1815 in Dresden als Sohn eines Büchsenmachers. Mit 15 Jahren ging er beim Hofuhrmacher Johann C. F. Gutkaes, dem Schöpfer der Fünf-Minuten-Digitaluhr der Semperoper, in die Lehre. Seine Gesellenjahre verbrachte Lange in Paris, England und in der Schweiz. Mit einer Fülle neuer Ideen, die er in seinem legendären Skizzen- und Wanderbuch festhielt, kehrte er nach Dresden zurück und wurde Teilhaber im Betrieb Gustav Bernhard Gutkaes' Kunstuhrenfabrikation. Zur geschäftlichen Beziehung kam bald eine private, als Lange die Tochter von Gutkaes, Charlotte Amalie Antonia, heiratete.

Adolph Lange war nicht allein ein begabter und ambitionierter Uhrmacher, er besaß auch das, was man heute als ausgeprägtes soziales Gewissen bezeichnen würde. Er erfuhr von der großen Not im Erzgebirge. Viele Jahre hatte der Silberbergbau dort im Mittelpunkt des wirtschaftlichen Lebens gestanden, wovon der Name „Glashütte", Hütte des glänzenden Metalls, heute noch zeugt. Nach dem Versiegen der Silberfunde verarmte der Ort.

Lange sah nun die Chance, seinen langjährigen Wunsch zu verwirklichen: eine eigenständige sächsische Uhrenproduktion aufzubauen. Nicht ein Unternehmen also, sondern eine ganze Industrie.
In zähem Ringen mit dem königlich-sächsischen Ministerium des
Innern handelte er einen Vertrag aus, nach dem er vom Staat einen rückzahlbaren Vorschuss für die Gründung einer Uhrenmanufaktur erhielt und sich im Gegenzug verpflichtete, 15 Jugendliche
zu Uhrmachern auszubilden. 1845 gründete Lange in Glashütte
das erste Uhrenunternehmen, baute die erste Fertigung auf und
konstruierte bessere Maschinen für eine präzisere Teileprodukti-
on. Seit Jahren schon hatte er sich mit der Serienfertigung hochwertiger Uhrwerke in reproduzierbarer Qualität befasst und in
seinem Skizzenbuch akribisch Pläne für neue Fertigungsmaschi-
nen gezeichnet. Jetzt konnte er sie umsetzen.

Mit Enthusiasmus und großer Überzeugungskraft warb er vor
Standeskollegen für sein Vorhaben. Sein Wort hatte Gewicht:
Schon bald folgten ihm bekannte Uhrmachermeister nach Glashütte, um eigene Uhrenmanufakturen zu gründen, darunter Julius
Assmann, der später sein Schwiegersohn wurde, Adolph Schneider, Ludwig Strasser und Gustav Rohde. Obwohl in Konkurrenz
zueinander stehend, verfolgten sie mit Leidenschaft ein gemeinsa-
mes Ziel: Uhrwerke zu schaffen, die ein Höchstmaß an Genauigkeit und Qualität aufwiesen. Im Mittelpunkt stand denn auch nicht
die hochkomplizierte Uhr, sondern einzig die Präzision, was zahlreiche Patente belegen. Um Qualität zu sichern und Glashütter Uhrenfabriken unabhängig vom Ausland zu machen, regte Lange viele seiner Mitarbeiter an, Spezialwerkstätten für die Schrauben-,

Räder-, Federhaus-, Unruh- oder Zeigerherstellung einzurichten. Uhren aus Glashütte in Sachsen etablierten sich dank dieses unternehmerischen Geschicks neben denen aus dem Schweizer Jura weltweit an der Spitze der Uhrmacherkunst.

Trotz seines großen wirtschaftlichen Erfolgs blieb Adolph Lange zeit seines Lebens ein bescheidener und unprätentiöser Mann, dem innere Werte mehr bedeuteten als Äußerlichkeiten. So soll er den Adelstitel, den man ihm für seine Verdienste in wirtschaftlicher und sozialer Hinsicht – er wirkte neben der Uhrmacherei außerdem als Bürgermeister und Landespolitiker – angetragen hat, mit den Worten ausgeschlagen haben: „Ein rechter Mann adelt sich selbst."

1868 stieg Langes Sohn Richard als Teilhaber der Manufaktur in das Geschäft ein, der Firmenname wurde in „A. Lange & Söhne" geändert. Als der Mitarbeiterstamm auf knapp 60 anwuchs, errichtete Adolph Lange ein neues Gebäude, in dem, wie damals üblich, auch seine Familie lebte. 1873 wurde das neue Stammhaus bezogen. 1875 starb Adolph Lange mit nur 60 Jahren, sein zweiter Sohn Emil trat in die Geschäftsleitung ein. Unter ihm gewannen die Uhren an mechanischer und künstlerischer Reife deutlich hinzu, wovon viele nationale und internationale Auszeichnungen zeugen. 1895 wurde die Manufaktur um eine Chronometer-Abteilung erweitert. Anfang des 20. Jahrhunderts stand der nächste Generationenwechsel an: Otto Lange leitete das Unternehmen mit seinen Brüdern Rudolf und Gerhard. Die Brüder waren ebenso geschickte wie erfolgreiche Geschäftsleute, sodass A. Lange & Söhne auch dann noch zahlreiche Uhren zu verkaufen vermochte, als viele andere Manufakturen schließen mussten.

Kurz vor dem Zweiten Weltkrieg trat Walter, Sohn Rudolf Langes und Meisteruhrmacher, in das elterliche Unternehmen ein. 1942 wurde er zum Militär einberufen, drei Jahre später kehrte er schwer verwundet nach Glashütte zurück. Am 8. Mai 1945, nur Stunden vor der Kapitulation Deutschlands, wurde das Uhrenunternehmen ausgebombt. Kurz nach dem Wiederaufbau durch die Familie enteignete 1948 das SED-Regime die Firma und beschlagnahmte alle Gebäude. 1951 ging A. Lange & Söhne in einem Kombinat unter, der Firmenname verschwand von den Zifferblättern. Walter Lange floh in den Westen. Ein erster Versuch, die Firma dort wieder aufzubauen, misslang.

Nach der Wende 1990 kehrte Walter Lange nach Glashütte zurück – auf den Tag genau 145 Jahre nach seinem Urgroßvater Adolph Lange – und gründete das Familienunternehmen Lange Uhren GmbH neu. Die über 40 Jahre dauernde Zwangspause war endlich beendet. Ähnlich wie sein Urgroßvater erfüllte er sich damit nicht allein einen Lebenstraum, er betrachtete dieses Engagement auch als patriotische Verpflichtung aus einer (Mit-)Verantwortung für seine sächsische Heimat heraus. Wie ein Lauffeuer muss sich diese Nachricht damals durch die Straßen des Ortes verbreitet haben. Spontan bewarben sich Glashütter Bürger bei Walter Lange, junge Leute gaben sich als Angehörige ehemaliger Angestellter zu erkennen. Aus Glashütter Fachkräften konnte Walter Lange seine Mitarbeiterinnen und Mitarbeiter zügig rekrutieren.

Wertvolle finanzielle wie materielle Unterstützung beim Wiederaufbau des Unternehmens erhielt er von der Schweizer Uhrenmanufaktur IWC in Schaffhausen, zu denen er in den Jahren zuvor
enge Kontakte geknüpft hatte.

Seit 1994 kommen wieder edelste Uhren aus Glashütte, die den
stolzen Namen „A. Lange & Söhne" tragen. 1999 wurde die
Lange'sche Uhrmacherschule gegründet und seit 2001 konnte
das einstige Stammhaus wieder bezogen werden. Für sein Engagement, die Feinuhrmacherei nach Glashütte zurückgeholt und damit gewissermaßen das kollektive Gedächtnis der Region wieder-
belebt zu haben, verlieh die Stadt Walter Lange 1995 die
Ehrenbürgerschaft.

Lange-Uhren der Neuzeit sind keine Kopien der Zeitmesser frühe-
rer Zeiten, beinhalten aber deutlich erkennbare Elemente der Modelle von einst. Der lange Stillstand in Glashütte hat einer Fülle
neuer Ideen Bahn gebrochen, sodass A. Lange & Söhne unter
Liebhabern nobler Zeitmesser schnell mit neuen Erfindungen von
sich reden machte. Dazu zählt die patentierte Schwanenhals-Feinregulierung oder die ebenfalls patentierte Großdatumsanzeige, die
in einer mechanischen Armbanduhr eine Weltneuheit darstellte
und mittlerweile quasi zum Markenzeichen der Lange-Uhren
avancierte. Als veritablen Meilenstein bewertet A. Lange & Söhne
auch den neuen Zeigerstellmechanismus des automatischen Uhrwerks SAX-O-MAT. „Tradition neuester Stand" heißt denn auch
der Anspruch und Leitgedanke der Manufaktur.

Mit Hingabe und Begeisterung strebt A. Lange & Söhne danach, etwas Seltenes, Exklusives und Werthaltiges zu schaffen. Kompromisse bei der Qualität lehnt die Manufaktur ebenso ab wie modische Attitüden. Die Uhren aus dem Hause A. Lange & Söhne bestechen durch ihre nobel und zeitlos-elegante Anmutung, schlicht und vornehm offenbaren sie nur dem echten Kenner ihre vollen Qualitäten. Der Markenname garantiert seinem Besitzer den höchsten Stand an feinmechanischer Qualität und Präzision, der heute erreicht werden kann.

Zeitmesser von A. Lange & Söhne bieten neben ausgesprochen schöner Optik vor allem überzeugende innere Werte: Die Gehäuse und Bandschließen einer mechanischen Uhr sind stets aus Edelmetall. Dasselbe gilt auch für die Zifferblätter, mit Ausnahme der Jubiläums-LANGEMATIK, deren Zifferblatt aufwendig emailliert ist. Gehäuseboden und Lünette sind mit dem Gehäuse verschraubt, das stets von Hand bearbeitet wird. Eine echte Lange-Uhr trägt innen wie außen die gravierte Seriennummer, die Herstellermarkierung sowie die Feingehaltspunzen. Die Uhrwerke werden in kleinsten handwerklichen Serien in hochmodernen Ateliers gefertigt und ausschließlich in Lange-Uhren eingebaut. Platinen und Brücken erhalten von Hand den „Glashütter Bandschliff" oder den „Glashütter Sonnenschliff". Eine Lange'sche Besonderheit sind die vielfach verwendeten Goldchatons, in denen die Lagersteine gefasst sind. Dasselbe gilt für die vier Kugellager bei den automatischen Uhrwerken oder die beiden Diamant-Decksteine, auf denen das Drehgestell des Tourbillons läuft.

Die internationale Gemeinde der Uhrenliebhaber weiß so viel Mühe zu würdigen. Trotz ihrer noch recht jungen „neuen" Geschichte sind Lange-Uhren bereits zu Klassikern geworden, die in einer seriösen Uhrensammlung nicht fehlen sollten. Modelle wie die auf 50 Exemplare in Platin und 150 in Gold limitierten Exemplare des TOURBILLONS Pour le Mérite sind bereits zu begehrten Sammlerstücken geworden. Mehrfach prämiert ist die LANGE 1, die erste Uhr, die die Manufaktur nach dem Wiederbeginn 1990 in Arbeit genommen hatte und die es in unterschiedlichen Ausstattungen gibt. So war auch die Uhr des Jahres 2006 die LANGE 1 ZEITZONE, gewählt von den Lesern der Fachzeitschrift „Armbanduhren" und der „Welt am Sonntag", die daneben international noch weitere Auszeichnungen erhalten hat. Die Uhr besitzt neben dem Hauptzifferblatt ein Hilfszifferblatt, auf dem der Träger per Tastendruck alle 24 Zonenzeiten der Welt abrufen kann. Ein drehbarer Städtering informiert darüber, welche Zeit gerade abgelesen wird.

Die Kollektion von A. Lange & Söhne umfasst weiter die klassisch-schlichte SAXONIA, die 1815, die hinter einem betont zurückhaltenden Äußeren einzigartige innere Werte verspricht – der Sichtboden dieser Uhr ermöglicht dem Besitzer einen Blick auf das sehr schöne mechanische Uhrwerk –, der DATOGRAPH (1999), ein mechanischer Chronograph mit exakt springendem Minutenzähler und permanenter Nullstellung, die automatische Uhr LANGEMATIK mit dem Uhrwerk SAX-O-MAT, an dem die Spezialisten von A. Lange & Söhne fünf Jahre gearbeitet haben, die LANGEMATIK-PERPETUAL mit Ewigem Kalender, Großdatumsanzeige und Mondphase, die rechteckige CABARET und die Damenuhr ARKADE.

A. Lange & Söhne beschäftigt über 200 Mitarbeiter. Wer die Geburtsstadt deutscher Feinuhrmacherei besucht, sollte einen ausgedehnten Abstecher in die Manufaktur einplanen: Dort wurde zur Jahrtausendwende eine ständige Ausstellung für Uhrenliebhaber aufgebaut.

Kurzbewertung

Uhren von A. Lange & Söhne haben zwar ihren unverwechselbaren Charakter und verraten durch viele Details ihre sächsische Herkunft, doch hinsichtlich des Wertsteigerungspotenzials halte ich sie für durchaus vergleichbar mit der Marke Patek Philippe. Vor allem der Klassiker LANGE 1 dürfte ihren stolzen Eigentümern langfristig noch Freude bereiten.

Unser Rating:

● ● ● ● ● ● ● ● ● ● ● ● ● ● ● ● ● ● ●

LANGE 1

Luminor North Pole (schwarz)

Panerai

Lieferant der italienischen Marine

Ein ganz einzigartiger Mythos umgibt die Uhren der Marke Panerai, die im Sport-Luxus-Segment weltweit zu einer der führenden zählt. Uhren von Panerai zeichnen sich durch eine von Robustheit geprägte besondere Ästhetik und eine hohe technische Qualität aus. Ihren Ursprung hat die Marke in dem kleinen, 1860 von Giovanni Panerai in Florenz gegründeten Familienunternehmen und Uhrenfachgeschäft in der Ponte alle Grazie. Gezielt etablierte er Kontakte zu den prestigeträchtigsten und ältesten Manufakturen in der Schweiz. Der Schriftzug „Orologeria Svizzera" am Eingang des Geschäfts in Florenz zeugt noch heute von dieser engen Verbindung.

Als sein Enkel Guido das Unternehmen 1890 übernahm, weitete er nicht nur das Geschäft deutlich aus, sondern gab ihm auch einen neuen Impuls, indem er sich auf präzise Instrumente und komplizierte mechanische Geräte für die Nautik spezialisierte. Bald wurde Panerai offizieller Lieferant der italienischen Marine. In den 1890er-Jahren zog die Firma Guido Panerai & Figlio um. Die neue Adresse in Florenz war die Piazza San Giovanni, wo sich die Boutique Panerai heute noch befindet. Etwa um 1910 begann Guido Panerai, mit leuchtendem Material zu experimentieren. Die Spezialmischung aus Zinksulfat und Radiumbromid nannte er Radiomir und ließ sie patentieren. Radiomir ermöglichte es, Instrumente auch bei tiefster Dunkelheit ablesen zu können. Im Ersten Weltkrieg nutzte die italienische Marine deshalb auch die Präzisionsinstrumente von Panerai.

1934 übernahmen Guidos Kinder, Giuseppe und Maria, das Familienunternehmen. Maria führte das Uhrengeschäft, Giuseppe entwickelte den Geschäftszweig weiter, der die italienische Marine mit Unterwassergeräten und -instrumenten versorgte. Auf ihn gehen die berühmten Uhren Radiomir und Luminor zurück.

1936 traten die italienischen Behörden mit der Bitte an Panerai heran, eine Taucheruhr zu entwickeln, die den extremen Belastungen der Tiefe zu widerstehen vermochte. Zuvor hatten sie bereits mehrere Taucheruhren überprüft, von denen sie jedoch keine wirklich überzeugen konnte: Entweder war das Zifferblatt schwer ablesbar oder das Gehäuse war dem Wasserdruck nicht gewachsen. Panerai entwickelte also den ersten Prototyp einer eigenen Taucher-Armbanduhr: der Radiomir Panerai. Mit Bravour bestand die Uhr alle erforderlichen Tests.

Ab 1938 trugen unter anderem die Männer der italienischen Kampfschwimmergruppe Gamma, die risikoreiche Unterwasserangriffe auf feindliche Schiffe unternahmen, die Radiomir am Handgelenk. Das Zifferblatt mit der im Dunkeln stark leuchtenden Anzeige war mit einem Durchmesser von 47 Millimetern auffallend groß, die Bandanschlüsse waren verschweißt. In dem kissenförmigen Gehäuse befand sich ein von Rolex geliefertes Uhrwerk. Das aus geöltem Leder bestehende Armband war extra lang gefertigt, damit es über dem

Taucheranzug getragen werden konnte. Lange Zeit unterlag die Radiomir dem Militärgeheimnis.

1943 präsentierte Panerai den Prototyp der Mare Nostrum, die die Manufaktur für Offiziere an Bord entwickelt hatte. Der Begriff „Mare Nostrum" war schon von den alten Römern für das Mittelmeer verwendet worden. Die Uhr war für eine Wassertiefe von bis zu 200 Metern ausgelegt, was in der damaligen Zeit eine erhebliche Leistung darstellte. Aufgrund des Krieges ging die Mare Nostrum jedoch nie in Serienproduktion.

Ende der 1940er-Jahre erhielt Panerai das Patent für die auf Tritium basierende, leuchtende Substanz Luminor, die das Radiomir ersetzte. Die Armbanduhr Luminor, die noch heute eines der Erfolgsmodelle der Manufaktur darstellt, erhielt so ihren Namen.

Ein Jahrzehnt später produzierte Panerai für mehrere Marineeinheiten jeweils limitierte Exemplare individueller Armbanduhren. Unter anderem entwickelte das Unternehmen eine spezielle Radiomir für die ägyptische Marine. Da Panerai von den Modellen nie mehr als ungefähr 300 Exemplare herstellte, besitzen diese Uhren einen hohen Seltenheitswert. Der auffällige Bügel, mit dem die Krone geschützt wird, wurde in Italien patentiert, 1960 folgte das US-amerikanische Patent.

Nach dem Tod von Giuseppe Panerai übernahm der Ingenieur Dino Zei 1972 das Unternehmen und nannte es in „Officine Panerai s.r.l." um, zu Deutsch die Panerai-Werkstätten. Die sehr enge

Luminor

Zusammenarbeit mit der italienischen Marine setzte sich auch unter seiner Leitung fort. 1980 entwickelte Officine Panerai eine Uhr, die einer Wassertiefe von 1.000 Metern standhielt. Der einzige Prototyp dieser nie in Produktion gegangenen Uhr besaß ein Gehäuse aus Titan, ein Automatikwerk und ein leuchtendes Zifferblatt, das Armband war aus Kautschuk gefertigt.

Erst 1993 begann Officine Panerai, Armbanduhren für den freien Verkauf zu produzieren: Die Modelle Luminor, Luminor Marina und auch der Mare-Nostrum-Chronograph erlangten schnell Kultstatus.

Mitte der 1990er-Jahre entstand die Spezialedition Slytech von Officine Panerai, für die der US-amerikanische Schauspieler Sylvester Stallone, auch „Sly" genannt, Pate stand. Stallone, der als ausgesprochener Uhrenliebhaber gilt, hatte Officine Panerai mit der Produktion einer speziellen Edition namens Submersible beauftragt, die er während der Dreharbeiten zu dem Film „Daylight" trug. Im Anschluss daran ersuchte er Panerai, eine Edition mit einem weißen Zifferblatt zu schaffen, die Daylight, und eine personalisierte Re-Edition der Mare Nostrum. Alle diese Uhren tragen auf der Rückseite die Signatur des Schauspielers.

Kurze Zeit später übernahm die Vendôme-Gruppe, heute Richemont, Officine Panerai. Damit brach ein neues Zeitalter für das bis
dahin in Italien fest verwurzelte Unternehmen an. Für den ungewöhnlich raschen Aufstieg sorgten eine Reihe neuer Produkte und
signifikante Qualitätsverbesserungen. Zügig gewann die Marke an
technischem Profil. Unter den neuen Eigentümern begann Officine Panerai, seine Fühler in den internationalen Markt auszustre-,
cken. 1998, nur ein Jahr nach der Übernahme, präsentierte Officine Panerai der internationalen Gemeinde der Uhrenliebhaber die
Taucheruhr Luminor Submersible, die Luminor GMT, die eine
zweite Zeitzone anzeigt, und die Luminor Power Reserve, allesamt
Automatikuhren. Die zwei Jahre später lancierte professionelle
Taucheruhr Submersible 1000 metre hält einem Wasserdruck
stand, wie er in 1.000 Metern Tiefe herrscht. Dafür sorgen unter
anderem das 5,1 Millimeter dicke Saphierglas und der drei Millimeter dicke Boden aus Stahl.

Entwickelt und gefertigt werden die Uhren seit 2002 im schweizerischen Neuchâtel, wo die Marke eine eigene Manufaktur errichtet
hat. Dort entstand auch das erste „echte" Manufakturkaliber von
Panerai, das P.2002. Vier Jahre hatte die Entwicklungszeit des aus
245 Komponenten bestehenden Uhrwerks gedauert, das mit 31,4
Millimetern einen recht großen Durchmesser besitzt, dafür aber
mit 6,2 Millimetern relativ flach ist. Die im Jahr 2005 vorgestellte
Panerai Radiomir 8 Days GMT und die ein Jahr später lancierte
Luminor 8 Days GMT nutzen dieses Uhrwerk exklusiv.

Später präsentierte Panerai die neue Kaliber-Familie P.9000. Diese Werke wurden unter anderem in die Referenzen PAM 312, 320 und 321 eingeschalt. In der Luminor Power Reservie (siehe Abbildung Seite 166) tickt das Kaliber Panerai Soprod 9040. Sie verfügt über das offizielle Chronometer-Zertifikat C.O.S.C.

Stark beeinflusst von der Ästhetik schneller Automobile präsentierte Panerai 2006 weiterhin zwei neue, von Ferrari inspirierte Kollektionen: Granturismo, die sich durch einen verhalten sportlichen Stil auszeichnet, und Scuderia, die spürbar offensiver und kompromissloser Bezug auf den Motorsport nimmt.

Das internationale Interesse an den einstigen Uhren der italienischen Marine und die wirtschaftlichen Erfolge ermutigten die Officine Panerai, eine Reihe eigener Boutiquen zu eröffnen. Zur Freu-

Radiomir GMT

Luminor Northpole G

de des Unternehmens gelang es, das einstige Familiengeschäft an der Piazza San Giovanni in Florenz zu erwerben. Nach der sorgfältigen Neugestaltung wurde diese erste Panerai-Boutique 2001 feierlich eröffnet. Uhrensammler und -liebhaber finden hier nicht nur die aktuellen Kollektionen von Panerai, sondern auch Spezialeditionen. Weiterhin sind dort auch die Archive von Panerai untergebracht mit genauen Aufzeichnungen über Uhren, Kompasse und diverse nautische Instrumente. Im Jahr darauf eröffnete Officine Panerai die erste Panerai-Boutique in Asien, Sitz ist das Prince's Building in Hongkong. Seit 2003 werden Uhrenliebhaber auch in Portofino an der ligurischen Küste fündig, wo Officine Panerai eine weitere Boutique eröffnete.

Kurzbewertung

Mit besonderen Modellen von Panerai lassen sich schon heute sehr gute Preise erzielen. Im Laufe der Jahre hat sich eine außergewöhnlich aktive Gruppe von Liebhabern und Sammlern gebildet, die für bestimmte Zeitmesser des italienischen Herstellers tief in die Tasche greifen. Inwieweit auch die aktuellen Modelle im Wert steigen werden, lässt sich schwer einschätzen. Dafür sind sie derzeit zu stark dem Zeitgeist und der aktuellen Mode unterworfen.

Unser Rating:
● ● ● ● ● ● ● ● ● ● ● ● ● ● ● ● ○ ○ ○ ○ ○

Ein Klassiker: das „El Primero"-We

Zenith

Erste Adresse dank „El Primero"

Endlich ist es geschafft. Die Uhrmacher bei Zenith im schweizerischen Le Locle haben allen Grund zur Zufriedenheit, feiern sie doch nicht weniger als eine Premiere. Immerhin ist es der Manufaktur nach über zweijähriger Arbeit und aufwendigen Konstruktionen gelungen, den ersten Chronographen mit automatischem Antrieb herzustellen. Bis zu diesem Zeitpunkt verfügten Armbanduhren mit dieser Komplikation ausschließlich über Handaufzugswerke. Es war ein richtiger Wettlauf um diese uhrmacherische Innovation entstanden. Als härteste Konkurrenten erwiesen sich dabei Breitling, Heuer-Leonidas und Hamilton-Büren. Doch nun, an diesem Tag im Jahr 1969, steht fest: Zenith wird als erste Manufaktur automatische Chronographen herstellen. Und damit auch künftige Generationen wissen, wer die Nase bei der Entwicklung dieses Werks vorn hatte, gibt ihm Zenith den klingenden und symbolträchtigen Namen „El Primero", also „der Erste". Das neue Werk zeichnete sich aber noch durch eine zweite Besonderheit aus: Es brachte es auf sage und schreibe 36.000 Halbschwingungen pro Stunde. In der Regel schwingt die Unruh mit einer Frequenz von fünf Halbschwingungen pro Sekunde, also 18.000 Mal pro Stunde. Mit der Verdoppelung dieser Leistung gelang es, selbst sehr kurze Zeiträume auf die Zehntelsekunde genau zu messen.

Halbschwingungen und was es damit auf sich hat

Unter Schwingung versteht man die Bewegung einer Schwungmasse von einem Punkt zum anderen. Sie bewegt sich (oszilliert)
zwischen zwei Amplituden. Auf ein Uhrwerk bezogen steht der
Begriff Halbschwingung für die Funktionsbewegung der Unruh
vom Ausgangspunkt zum Endpunkt. Anschließend kehrt sie wieder
zum Ausgangspunkt zurück. Dies ergibt zwei Halbschwingungen
oder eine Schwingung. Die Halbschwingungen ergeben das für
mechanische Uhren charakteristische Ticktack-Geräusch.

Dies war sicher die Sternstunde in der Geschichte des im Jahr
1865 von Georges Favre-Jacot aus der Taufe gehobenen Unternehmens. Bis heute zählt das El Primero zu den Klassikern unter
den Uhrwerken. Doch schon in den Jahren zuvor hatte es nicht an
Anerkennung für die äußerst qualitätsvollen Zeitmesser aus dem
Hause Zenith gefehlt. Bereits im Mai 1929 adelte des englische
Observatorium eine Zenith-Uhr: Unter fast 20.000 anderen Zeitmessern wurde sie mit einer Gangabweichung von nur 0,6 Sekunden pro Tag als genaueste Uhr der Welt ermittelt. Auch die Mari-
ne-Chronometer von Zenith erhielten begehrte Auszeichnungen.

Doch schon wenige Jahre, nachdem das Unternehmen das El Primero lanciert hatte, stellte Zenith in den Siebziger Jahren nicht
zuletzt aufgrund des massiven Drucks des neuen amerikanischen

Eigentümers die Produktion von mechanischen Uhren ein. Ein cholerischer Chef ordnete gar an, alles zu vernichten, was in der Manufaktur irgendwie an die Zeit der Mechanik erinnern könnte. In dieser Situation nahmen einige Mitarbeiter ihren Mut zusammen und versteckten Werkzeug und Rohlinge. Sie waren sich sicher: Die Mechanik würde eine Renaissance erleben und über die zwar bequemen, aber „herzlosen" Quarzuhren triumphieren.

Sie sollten Recht behalten. Mit den neuen Quarzprodukten konnte Zenith nicht überzeugen – am allerwenigsten den amerikanischen Eigentümer, der sich schon bald nach einem potenziellen Käufer umschaute. Den fand er ziemlich schnell in der schweizerischen Unternehmensgruppe Dixi. In den Achtziger Jahren knüpfte Zenith wieder an die frühere Tradition an und begann mit der Produktion von hochwertigen mechanischen Zeitmessern. Dabei erwies es sich als Vorteil, dass die Uhrmacher auf die versteckten Rohlinge und Werkzeuge zurückgreifen konnten. Heute gehört die Manufaktur Zenith zum französischen Luxuskonzern LVMH (Moët Hennessy Louis Vuitton).

Das klassische El Primero von Zenith ist übrigens leicht zu erkennen: Die Datumsanzeige befindet sich auf dem Zifferblatt zwischen vier und fünf Uhr. In den vergangenen Jahren freilich hat sich nicht nur das Aussehen des El Primero stark verändert. Auch bei den „inneren Werten" tat sich einiges. Seit der Einführung dieser Uhr wurden über 1.000 Verbesserungsarbeiten an diesem Kaliber vorgenommen. Für neue Produktserien wurde das Chronographen-Werk entsprechend modifiziert, was weitere Komplikationen ermöglichte – zum Beispiel die Großdatumsanzeige, die Flyback-Funktion, der Ewige Kalender mit Mondphase oder das Tourbillon.

Im Jahr 2003 brachte die Manufaktur die El Primero 4021 auf den Markt. Sie ermöglicht gleich doppelte Einsichten ins Innenleben der Uhr – zum einen durch den obligatorischen Glasboden, zum anderen durch das Zifferblatt, das durchbrochen wurde und so den Blick ins Innere der Uhr freigibt. Uhr „mit offenem Herzen" nennen das die Zenith-Freunde fast schon ein wenig poetisch. Ein „Guckloch" auf dem Zifferblatt nennen es andere – mag es manchem doch als nicht gerade atemberaubende Innovation erscheinen, zumal auch optisch diese Lösung nicht jedermanns Sache ist. Ganz so einfach war der Durchbruch des Zifferblatts indessen nicht. Die hohe Frequenz der Unruh stellte die Uhrmacher vor eine besondere Herausforderung. So waren komplizierte Berechnungen für die Konstruktion besonderer Brücken innerhalb des Uhrwerks notwendig, die den Vibrationen standhielten.

Zenith-Uhren überraschen durch ihre Details, so etwa durch die außergewöhnliche Gangreserveanzeige bei der Class Open. Diese Anzeige erfolgt aus der Mitte der Uhr, also über die Welle des Stundenzeigers. Freunde der Nobeluhren aus der Manufaktur in Le Locle haben im Bereich der Herren-Armbanduhren die Wahl zwischen den Produktserien Chronomaster, Port Royal, Star und Class. In den meisten dieser Uhren tickt natürlich das legendäre Kaliber El Primero. Etwas im Schatten dieser großen Innovation steht das zweite von Zenith entwickelte Kaliber mit Namen „Elite", das aber ebenfalls in vielen Uhren aus dieser Manufaktur

Verwendung findet, zum Beispiel in der Port-Royal Rectangle oder in der klassischen Class Automatique.

Jede der genannten Produktreihen wird von einem Flaggschiff angeführt, das sich mit dem Namenszusatz „Grande" schmücken darf. Das absolute Highlight stellt dabei die Grande Chronomaster XXT Tourbillon dar. Für diese Uhr muss der Uhrenfreund allerdings schon mehr als 100.000 Euro zahlen. Zieht er gar die mit Diamanten besetzte Platinvariante vor, nähert er sich der Summe von 300.000 Euro. Eine weitere Augenweide stellt die Chronomaster Open XXT dar, die als Stahlvariante für rund 7.000 Euro zu bekommen ist.

Star in der Modellreihe Class ist die Grande Class Rattrapante mit Großdatum für rund 35.000 Euro. Die Port-Royal schließlich weist ein viereckiges Gehäuse auf. Auch von diesen Uhren gibt es selbstverständlich Modelle mit durchbrochenem Zifferblatt, so die Grande Port-Royal Concept und die Grande Port-Royal Open, für die der Uhrenliebhaber zwischen 7.000 und 14.000 Euro hinblättern muss. Bei der Port-Royal sollte man übrigens die Zifferblattgestaltung unter die Lupe nehmen. Zenith-Chef Thierry Nataf ließ sich hierfür angeblich von den New Yorker Wolkenkratzern inspirieren. Wer genauer hinschaut, erkennt in der Tat, dass die schachbrettartige Guillochierung des Zifferblatts an Architektur-Design erinnert. Nicht zu vergessen schließlich die Produktreihe Star, die sich unter den Damen besonderer Wertschätzung erfreut. Auch darunter ist ein ausgefallenes Modell mit durchbrochenem Zifferblatt zu finden, die sogenannte Star Open Primero.

Früher galten Zenith-Uhren als qualitativ hochwertige Zeitmesser mit einem erstklassigen Werk, die – verglichen mit den anderen Schweizer Manufakturen – noch relativ günstig zu haben waren. Das hat sich in den vergangenen Jahren geändert. Die Marke Zenith spielt mittlerweile auch preislich in der Top-Liga mit. Günstige Einstiegspreise sind allenfalls noch bei einigen älteren Modellen zu erwarten.

Kurzbewertung

Zenith-Uhren mit El-Primero-Werken werden von Kennern rund um die Welt geschätzt. Insofern dürfte es keine Probleme bereiten, solche Uhren zu verkaufen. Die Erfahrung zeigt, dass sich insbesondere die klassischen Modelle aus der Class-Serie als werthaltig erweisen. Auf längere Sicht und bei regelmäßiger Pflege und Wartung bestehen durchaus Chancen, solche Uhren eines Tages mit Gewinn zu verkaufen – allerdings sicher nicht in den nächsten zehn bis 15 Jahren.

Unser Rating:

● ● ● ● ● ● ● ● ● ● ● ● ● ● ● ● ○ ○ ○

Hublot Big Bang in Roség

Hublot

„Big Bang" in der Spitzenliga

Die Fußball-Europameisterschaft 2008 in Österreich und der Schweiz machte mit einem Schlag einen Namen bekannt, der bis dahin außer einigen gut informierten Uhrenfreunden kaum jemandem bekannt war. Wann immer am Spielfeldrand die Hinweistafeln mit der bevorstehenden Verlängerung der Torjagd oder den Nummern der auszuwechselnden Kicker hochgereckt wurden, konnten die Fernsehzuschauer den Namen „Hublot" nicht übersehen. Hublot, ein französisches Wort, das ins Deutsche übersetzt Bullauge heißt – was hatte das zu bedeuten? Mittlerweile wissen nicht nur Liebhaber edler Zeitmesser, was sich dahinter verbirgt. Hublot, das ist eine äußerst erfolgreiche und innovative Uhrenmarke, hinter der kein Geringerer steht als Jean-Claude Biver, den wir bereits im Kapitel „Blancpain – Wie Phönix aus der Asche" kennengelernt haben. Die Parallelen sind unverkennbar: Die Marke Blancpain stand nur noch auf dem Papier, als sie Biver gemeinsam mit seinem Freund Jacques Piguet für den Schnäppchenpreis von rund 18.000 Schweizer Franken Anfang der 1980er-Jahre erwarb. Der kleine Hersteller MDM Genève war ebenfalls ziemlich marode, als Biver im Jahr 2004 einstieg. In beiden Fällen gelang es dem gebürtigen Luxemburger, der gemeinsam mit Nicolas G. Hayek von der Swatch Group zu den schillerndsten Personen der Schweizer Uhrenindustrie zählt, die schon totgesagten Marken wieder in der Spitzenliga der Haute Horlogerie zu positionieren.

Anfangs glaubten Skeptiker noch, Hublot sei nicht mehr als eine jener genial aufgeblasenen Marketingnummern, wie sie in den Zeiten des Booms teurer mechanischer Uhren nicht selten anzutreffen waren: durchschnittliche Technik, ein paar Design-Spielereien, millionenschwere Werbekampagnen und exorbitante, durch nichts gerechtfertigte Preise. Doch sehr schnell wurde deutlich, dass hinter Hublot sehr viel mehr steht. Auf der Uhrenmesse BASELWORLD 2009 stellte das Unternehmen zusammen mit WISeKey zum Beispiel eine neue Technologie zur Bekämpfung von Markenfälschung vor. Die gesamte Branche horchte auf: Mithilfe einer Smartcard werden die Käufer von neuen oder alten Uhren künftig vor Nachahmungen geschützt. Wenn diese Technologie Schule macht und sich in der Praxis bewährt, dürfte der Tag nicht mehr allzu fern sein, da man bedenkenlos Luxusuhren im Internet kaufen kann, ohne befürchten zu müssen, mit einer raffinierten Fälschung betrogen zu werden. Es handelt sich somit um eine der wenigen Innovationen, die diese Bezeichnung verdient.

Während weite Teile der Uhrenindustrie gerade in der Schweiz im Jahr 2009 über die Auswirkungen der Finanzkrise lamentierten und teilweise sogar ihre Belegschaften deutlich reduzierten, eröffnete Hublot eine neue Fabrik in Nyon. Zur gleichen Zeit gab Jean-Claude Biver bekannt, sein Unternehmen wolle „nicht länger eine Gesellschaft sein, welche Uhren fertigt, indem es die Komponenten einkauft und zusammenbaut". Vielmehr wolle Hublot künftig die Komponenten selbst herstellen. Kein Zweifel, das Unternehmen ist auf dem besten Weg zur Luxusmanufaktur. Der kometenhafte Aufstieg von Hublot weckte nicht zuletzt die Aufmerksamkeit der führenden Luxuskonzerne. Im Jahr 2008 wurde der Nobeluhrenhersteller von Louis Vuitton Moët Hennessy (LVMH) übernommen, in dessen Markenportfolio sich unter anderem bereits TAG Heuer und Zenith befinden. Jean-Claude Biver freilich blieb Vorstandschef, was nicht überraschen kann, denn ohne ihn wäre Hublot vielleicht in ein paar Jahren wieder eine Uhrenmarke unter vielen.

Höchste Zeit also, sich etwas näher mit jenem Mann zu befassen, der als Luxemburger die Schweizer Uhrenindustrie aufmischte. Glaubt man der offiziellen Version, dann war es reiner Zufall, dass Jean-Claude Biver, der an der Hautes Etudes Commerciales (HEC) in Genf studierte, ausgerechnet in der Uhrenindustrie landete. Es begann mit einem gemütlichen Fondueabend mit seinem Freund Jacques Piguet, der mit die edelsten Uhrwerke der Welt herstellte. Bivers Blick fiel auf einen höchst ungewöhnlichen Zeitmesser, den sein Freund am Handgelenk trug: eine skelettierte Uhr, die tiefe Einblicke gewährte in den mechanischen Mikrokosmos. Der junge Jean-Claude Biver war begeistert und – wie so viele Uhrenfreunde – von einem Moment auf den anderen „infiziert". Wenig später lernte er auf einer Geburtstagsfeier den Vater seines Freundes kennen, damals Chef von Audemars Piguet (siehe Kapitel „Audemars Piguet – Komplikationen vom Feinsten"). Das war an einem Freitagnachmittag. Schon am darauffolgenden Montag wurde Biver von der edlen Manufaktur eingestellt. Es begann eine ganz außergewöhnliche Karriere in einer Branche, in der nicht nur uhrmacherisches Können, sondern gleichermaßen Leidenschaft, ein hohes Maß an Kommunikationstalent und Kreativität gefragt sind.

In einem eher konservativ geprägten Unternehmen wie Audemars Piguet ging Biver manches zu langsam voran – nicht zuletzt die eigene Karriere. Daher wechselte er zunächst zu Omega, bevor er dann gemeinsam mit seinem Freund Jacques Piguet für den erwähnten Schnäppchenpreis von knapp 18.000 Franken die Namensrechte an Blancpain erwarb und diese traditionsreiche Marke wieder ganz groß herausbrachte. Private Probleme veranlassten ihn dann, das wieder florierende Unternehmen an die Swatch Group von Nicolas G. Hayek zu verkaufen. Hier kreuzten sich die Wege zweier eigenwilliger und unkonventioneller Persönlichkeiten mit ausgeprägtem Geschäftssinn, ohne die es die Schweizer Uhrenindustrie in ihrer heutigen Form vermutlich nicht mehr gäbe. Für einige Jahre war Biver Mitglied der Konzernleitung der Swatch Group. Diese gut bezahlte Position sowie der lukrative Deal mit Blancpain hatten Biver bereits finanziell unabhängig gemacht. So hätte er sich nach der Jahrtausendwende ganz allmählich aus dem Geschäftsleben zurückziehen und sich seinen Hobbys widmen können, zu denen unter anderem edler Wein und Käse zählen. Tatsächlich gönnte sich Jean-Claude Biver ab 2003 eine Auszeit, die aber nur von sehr kurzer Dauer war. Irgendwann packte ihn nämlich der Ehrgeiz, erneut ein mehr oder minder marodes Unternehmen zu retten und zu ungeahnten Erfolgen zu führen. Sollte eine Neuauflage des Blancpain-Coups gelingen?

Rückblende: Im Jahr 1980 hatte Carlo Crocco die Uhrenmarke MDM Genève gegründet, die mit höchst ungewöhnlichen Zeitmessern überraschte. Wegen ihres im ersten Moment gewöhnungsbedürftigen Designs trugen diese Uhren den Namen „Hublot" – was, wie erwähnt, auf Deutsch Bullauge heißt. Noch heute sind einige schöne Modelle von MDM auf dem Gebrauchtuhrenmarkt zu haben, die durchaus entfernte Ähnlichkeiten mit der aktuellen Hublot-Kollektion aufweisen. MDM indessen war damals eine Marke für Liebhaber. Carlo Crocco tat sich schwer, im Wettbewerb mit den finanzstarken Schweizer Uhrenkonzernen mitzuhalten. Nach der Jahrtausendwende plante der Unternehmenschef den Rückzug aus MDM und suchte einen geeigneten Nachfolger. Dieser musste – soviel stand fest – mit neuen, außergewöhnlichen Ideen und viel Marketing-Power den siechen Uhrenhersteller wieder auf Vordermann bringen.

Irgendwann kam es dann zu einer geradezu schicksalhaften Begegnung: Carlo Crocco traf mit Jean-Claude Biver zusammen. Ein bemerkenswertes Duo: der eine hatte sich im Alter von Anfang Fünfzig gerade aus dem Geschäft zurückgezogen, der andere suchte nach einem Nachfolger, um sein Lebenswerk zu retten. Beide Männer verstanden sich auf Anhieb, und so wurde man sich schnell handelseinig: Biver übernahm als Direktor die Leitung von MDM Genève und zusätzlich die Federführung bei der Entwicklung einer Modellreihe. Fortan sollte das Unternehmen zudem nur noch Hublot heißen. „Ich hatte entdeckt, dass es diese Firma schon seit 1980 gab. Damals war Hublot verrückt genug, eine goldene Uhr mit einem Kautschukarmband zu verbinden und diese Uhr für 10.000 Franken zu verkaufen", erinnert sich Jean-Claude Biver an seine Begegnung mit Carlo Crocco.

Im April 2005 – mitten in der Boom-Phase für mechanische Uhren – brachte Hublot das neue Modell Big Bang auf den Markt. Der Name war Programm, denn was Biver da präsentierte, kam tatsächlich einem Urknall gleich, zumindest in der 25-jährigen Unternehmensgeschichte von MDM beziehungsweise Hublot. Für diesen neuen, großformatigen Chronographen hatte man zwar die frühere Design-Sprache von MDM aufgegriffen, aber geradezu avantgardistisch interpretiert. Das große Thema, von dem Jean-Claude Biver im Zusammenhang mit den neuen Hublot-Uhren immer wieder schwärmt, heißt Fusion. So wie MDM bereits in den 1980er-Jahren edle Zeitmesser in goldenen Gehäusen mit Kautschukbändern kombinierte (Biver: „Das Gold stand für das Gestern, das Kautschuk für das Morgen"), führte Hublot für seine Big Bang nun verschiedene natürliche und künstliche Materialien in einer Uhr zusammen. Neben Stahl, Gold, Titan und Kautschuk kamen nun noch Werkstoffe wie Kevlar, Karbon, Keramik, Tantal und Magnesium zum Einsatz. „Die Botschaft von Hublot bedeutet das Zusammenführen von Tradition und Vision im Heute. Fusion findet zwischen Modernität und Tradition statt", erläutert Jean-Claude Biver sein Erfolgskonzept.

Die Big Bang war ein voller Erfolg, wenngleich manche Modelle bei etwas konservativeren Uhrenfreunden durchaus Kopfschütteln auslösten. Vor allem an der im Jahr 2006 lancierten „All black" scheiden sich bis heute die Geister: Eine total schwarze Uhr. Normalerweise würde man einen solchen Zeitmesser mit weißen Zeigern und Indexen auf dem Zifferblatt ausstatten, um die Ablesbarkeit zu erleichtern. Die „All black" indessen blieb ihrem

Namen treu: Auch die Zeiger sind schwarz – und so bedarf es schon sehr guter Augen, um die Zeit ablesen zu können. Bei Dunkelheit ist dies ein aussichtsloses Unterfangen. Für Biver kein Problem: Kein Mensch kaufe sich eine Hublot, um die Zeit ablesen zu können. „Die Uhr ist vielmehr eine Insignie der Persönlichkeitsdarstellung. Die Uhr zeigt zufälligerweise die Zeit, aber sie ist vor allem ein Kommunikationsinstrument. Die Menschen, die heute Luxusuhren kaufen, signalisieren damit wie über ihre Kleidung ihre Exklusivität, ihren Geschmack und ihren Status", zeigt sich Jean-Claude Biver überzeugt.

Weitere ungewöhnliche Modelle kamen auf den Markt. So präsentierte Hublot in einer limitierten Auflage von 500 Stück die Big Bang „All Chocolate", die nicht nur komplett in Braun daherkommt, sondern sogar dezente Schokoladenaromen verströmt. Als „süße Versuchung" brachte Hublot auch das Modell Cappuccino in unterschiedlichen Größen auf den Markt.

Als ausgesprochener Leckerbissen darf wohl die Hublot Bigger Bang bezeichnet werden. Dabei handelt es sich um einen Chronographen mit Handaufzug und einem fliegend gelagerten Tourbillon. Im Jahr 2007 präsentierte Biver dann das neue Modell Mag Bang, das gleich eine Fülle von Neuerungen aufwies. So wird dieser Zeitmesser komplett bei Hublot gefertigt, sodass er als Manufaktur-Uhr bezeichnet werden kann, selbst wenn die Werkkonstruktion auf einem Ursprungskaliber von ETA aufbaut. Überdies wurde für diese Uhr die hauseigene Legierung Hublonium verwendet (man beachte den Namen). Erstmalig wurden dabei ein

Gehäuse und ein Werk einschließlich Platinen und Brücken aus demselben Material gefertigt.

Die weiteren Pläne sind durchaus ehrgeizig: Ab dem Jahr 2012 will Hublot die Hälfte aller Werke selbst herstellen. Dahinter steht die Philosophie von Jean-Claude Biver: „Jede der Mechanik verpflichtete Marke muss Verantwortung übernehmen für das Kerngeschäft der Uhrmacherei – den Bau von Werken. Eine Marke muss daher in die Tiefe gehen und ihre Werke teilweise selbst entwickeln. Für mehr accessoireorientierte Modemarken dagegen zählen andere Werte. Wer aber ins Segment der Luxusuhren vorstößt, muss beweisen, was er kann".

Bewiesen hat Jean-Claude Biver überdies sein überragendes Marketingtalent, das ihm – neben dem erfolgreichen Uhrenmodell – einen zweiten „Urknall" bescherte. Verwundert rieb sich mancher aus der Branche die Augen, als ausgerechnet eine damals noch wenig bekannte Marke wie Hublot unversehens zum offiziellen Zeitmesser der Fußball-Europameisterschaft im Jahr 2008 avancierte. Diese Chance ließ sich Biver nicht entgehen und präsentierte rechtzeitig vor dem Anpfiff des ersten Spiels die „Big Bang Euro 2008" – die in limitierter Auflage erschienene offizielle Uhr zu diesem viel beachteten Fußball-Highlight. Diese Uhr in einem schwarzen Gehäuse aus Keramik verfügt über einen Halbzeitstopper. Auf einem Hilfszifferblatt bei „9 Uhr" werden exakt die 45 Minuten einer Halbzeit gezählt. Dieser extravagante Zeitmesser war auf 2008 Stück limitiert und kostete laut Liste rund 10.500 Euro.

Die Idee, unterschiedliche Materialien für eine Uhr zu verwenden, hat mittlerweile Schule gemacht. Der in Deutschland noch wenig bekannte Hersteller Cuervo y Sobrinos, der seinen Sitz in der Schweiz hat und an die Tradition der ehemals gleichnamigen kubanischen Luxusmarke anknüpft, brachte im Jahr 2009 das Modell „Pirata" auf den Markt. Das Gehäuse besteht aus Bronze beziehungsweise Gold, Titan, Stahl und Kautschuk. Immerhin gehört Cuervo y Sobrinos dem Italiener Marzio Villa, der im Mittelmeerraum unter anderem Uhren der Marke Hublot vertreibt.

Bleibt die abschließende Frage, inwieweit Uhren der Marke Hublot auch als Kapitalanlage geeignet erscheinen. Immerhin ist Panerai, wie an anderer Stelle erwähnt, der Durchbruch mit ungewöhnlichen, markanten und unverwechselbaren Uhren gelungen. Mit einigen Modellen dieser in ihren Ursprüngen italienischen Uhrenmarke konnte man in den vergangenen Jahren recht ordentlich Geld verdienen. Die Marke Hublot ist einfach noch zu jung, um zu einem abschließenden Urteil zu gelangen. Die zunehmende Fertigungstiefe und die ungewöhnliche Kombination unterschiedlicher Materialien machen diese Uhren einerseits sicher dauerhaft interessant. Andererseits sind die „Einstiegspreise" schon heute sehr hoch. Wer sich eine Hublot leisten will, muss ziemlich tief in die Tasche greifen. Manche Kritiker halten diese Zeitmesser denn auch einfach für überteuert und zu sehr vom Zeitgeist abhängig. Wer in den vergangenen Jahren allerdings die Entwicklung der Preise auf dem Gebrauchtmarkt verfolgte, konnte bei den gefragten Modellen von Hublot keinen markanten Preisverfall feststellen wie bei anderen Marken, die stark den Modezyklen unterliegen.

Die meisten Modellvarianten der Big Bang zeichneten sich – im Gegenteil – durch ein bemerkenswertes Maß an Werthaltigkeit aus. Freilich ist diese Beobachtung noch wenig aussagekräftig, schließlich sind diese Uhren erst seit ein paar Jahren auf dem Markt. Viel wird davon abhängen, ob die Big Bang tatsächlich das Zeug zu einem Designklassiker hat, wie beispielsweise die Royal Oak von Audemars Piguet. Manches spricht durchaus dafür.

Kurzbewertung

Hublot ist ohne Frage eine äußerst interessante Marke, die mit Recht für sich in Anspruch nimmt, innovativ zu sein. Es handelt sich eben nicht um „Zeitgeist-Modelle", wie manche Kritiker zunächst unkten. Der Umgang mit ganz unterschiedlichen Materialien und die konsequent vorangetriebene Fertigungstiefe lassen erkennen, dass Hublot auf dem Weg zu einer Manufaktur der besonderen Art ist. Allerdings war der Erfolg dieser Marke bisher eng verbunden mit Jean-Claude Biver. So ist die Frage sicher berechtigt, ob Hublot seinen Charme behält, wenn Biver eines Tages nicht mehr die Richtung vorgibt. Immerhin gehört die Marke zum börsennotierten Luxuskonzern LVMH – und an den Kapitalmärkten gelten bekanntlich oft andere Spielregeln als jene, die sich Uhrenliebhaber wünschen würden.

Unser Rating:
● ● ● ● ● ● ● ● ● ● ● ● ● ● ● ● ○ ○ ○

Handaufzugswerk mit Schwanenhals-
Feinregulierung von D. Dornblüth & Sohn.

Die „Small- und Midcaps"

Kleiner, aber oft feiner:
Mittelständische Hersteller und Manufakturen

Im Jahr 2007 lud ein bekanntes Hamburger Nachrichtenmagazin seine Leser ein, auf eine sicher nicht ganz preiswerte Art das 60-jährige Bestehen dieser Publikation zu begehen: Rechtzeitig zum runden „Geburtstag" brachte das Magazin eine auf 60 Stück limitierte mechanische Armbanduhr der kleinen Nobelmarke Hentschel auf den Markt. Angetrieben wurde der Zeitmesser von einem Kaliber AS 1130. Ein historisches Uhrwerk, wie es zur Gründungszeit des Nachrichtenmagazins verwendet wurde. Da schauten Uhrenfreunde gleich noch mal genauer hin, denn vieles sprach für dieses „Stück Zeitgeschichte für Kenner", wie es in der Werbung hieß. Die Uhrenmanufaktur Hentschel in Hamburg hat einen exzellenten Ruf, die Uhr war streng limitiert – und das Werk war etwas für Genießer: ein von Hand veredeltes Kaliber, Zierschliffe, gebläute Schrauben, anglierte Kanten, geschraubte Goldchatons. Mit einem Wort, es handelte sich um eine außergewöhnliche Uhr. Und im Hilfszifferblatt für die kleine Sekunde prangte die fortlaufende Nummer dieser Kleinserien-Uhr. Die Ziffern erschienen dabei unverkennbar in der Typo des Nachrichtenmagazins.

Nur der Preis haute manchen um: Knapp 5.000 Euro sollten sich die Leser diese Geburtstagsuhr kosten lassen. Kenner warnten schon damals, dieser Preis sei für ein zwar aufwendig veredeltes, aber letztlich doch standardisiertes AS-Kaliber viel zu hoch. Wenige Monate nach der Lancierung wurde die erste dieser Uhren über das Auktionshaus Henry's in Mutterstadt verkauft. Das Ergebnis muss den Eigentümer enttäuscht haben: Nicht einmal ein Drittel seiner Investition bekam er zurück. Ein Wertverlust von 70 Prozent in weniger als einem Jahr! Uhren als Kapitalanlage?

Nun könnte man natürlich mit Fug und Recht behaupten, mit Rolex wäre das nicht passiert. Doch sollte der Uhrenliebhaber, der seine Nobelticker immer auch unter dem Aspekt der Wertanlage ersteht, ausschließlich auf Erzeugnisse der großen „Blue Chips" der Uhrenindustrie setzen? Was ist mit den vielen kleinen, aber feinen Manufakturen, zu denen sicher nicht zuletzt Hentschel gehört? Oder auch Dornblüth in Sachsen-Anhalt. Und ist eine Uhr von Lang & Heyne nicht ein wahres Kunstwerk – viel mehr als ein banaler Zeitmesser?

Die Uhren der Glashütter Manufaktur Nomos wiederum haben eine internationale Fangemeinde, viele Prominente aus Wirtschaft, Politik, Kunst und Showgeschäft tragen sie am Handgelenk. In Schaffhausen schließlich entstehen nicht nur Uhren der

Marke IWC, sondern zudem die Edelticker von Moser, die mit zum Feinsten gehören, was die Schweizer Uhrmacherkunst zu bieten hat. Soll man all diese Marken verschmähen und nur auf die ganz Großen der Branche setzen? Sicher nicht. Ebenso falsch wäre es, am Aktienmarkt konsequent keine Small- und Midcaps zu kaufen, obwohl doch gerade diese Titel bisweilen erhebliches Wertsteigerungspotenzial bergen. In diesem Sinne stellen wir Ihnen auf den folgenden Seiten ein paar besonders erfolgreiche Small- und Midcaps der Uhrenbranche vor – vom Kleinstbetrieb bis hin zur ausgewachsenen Manufaktur. Spannend ist ihre Geschichte, und faszinierend sind ihre Produkte.

Lang & Heyne, Modell Friedric[h]
August I. der Starke

Lang & Heyne

Uhren für Enthusiasten

Man kann trefflich darüber streiten, wann sich Uhrenhersteller mit der prestigeträchtigen Bezeichnung Manufaktur schmücken dürfen. Man kann Grenzwerte festlegen, Interpretationsspielräume ausnutzen, vor Gericht ziehen, den Begriff enger oder weiter auslegen – und auf diese Weise völlige Verwirrung unter den Freunden feiner Uhren stiften. Man kann aber auch mit Marco Lang in den Keller seiner Villa am Stadtrand von Dresden hinabsteigen, wo seine CNC-Maschine und weitere Anlagen zur Herstellung von speziellem Werkzeug stehen. Und man kann dort mit eigenen Augen sehen, was es ganz konkret heißt, eine Manufaktur zu sein. Marco Lang, der Mann hinter Lang & Heyne, lässt beinahe sämtliche Teile, die später zu einer seiner weltweit geschätzten Spitzenuhren zusammengesetzt werden, im eigenen Haus anfertigen. Dazu gehören unter anderem die Werkplatten, Räderbrücken, Stoppfedern, Schwanenhalsfedern, die kompletten Federhäuser und die spezielle Lang & Heyne-Unruh aus Berylliumbronze. Als besonders diffizil erweist sich das Fräsen der goldenen Moustache-Anker. Nur viel Erfahrung führt dabei zu der gewünschten Qualität. Selbst Schließen und Zifferblätter werden in der kleinen, aber feinen Dresdner Manufaktur gefertigt. „Je größer unsere Fertigungstiefe, desto mehr Spaß haben wir am Bauen", sagt Marco Lang, der sich selbst als Uhrenkreateur aus Leidenschaft und Tradition bezeichnet.

Leidenschaft wird ihm jeder attestieren, der mit ihm über Uhren spricht. Und was die Tradition angeht, so genügt ein Blick in die Familiengeschichte. Der gebürtige Thüringer ist Uhrmacher in der sechsten Generation. Sein Vater Rolf Lang war bis 1990 Chefrestaurator im Mathematisch-Physikalischen Salon, einer der weltweit führenden Sammlungen für Uhren und feinmechanische Instrumente.

Uhrenenthusiasten kennen das: Irgendwann werden sie infiziert. Und gegen die Leidenschaft für feine und außergewöhnliche Zeitmesser ist bis dato noch kein Kraut gewachsen. Selbst wenn es eines gäbe, würden es die meisten Uhrenliebhaber wohl ohnehin verschmähen. Marco Lang, 1971 geboren, durfte bereits als Kind seinen Vater in die Werkstatt begleiten und dem Meister über die Schulter schauen. In jungen Jahren lernte er dadurch schon wesentliche Grundlagen der Uhrmacherei kennen, sodass die später folgende Uhrmacher- und Feinmechanikerlehre in Glashütte an und für sich schon programmiert war. Nach der deutschen Wiedervereinigung sammelte Marco Lang weitere Erfahrungen bei dem norddeutschen Uhrenexperten Ihno Fleßner. Seither hat er eine enge Affinität zu feinen Präzisionspendeluhren, was jeder Besucher sofort feststellt, der sich in seiner Manufaktur umschaut.

Nach Dresden zurückgekehrt, gründete Marco Lang sein eigenes Geschäft und machte sich als Restaurator einen Namen. Doch so leidenschaftlich er diesen Beruf auch ausübte, getrieben wurde er seit seiner Jugend von einem ganz großen Ziel: „Mein Wunsch war es, meine eigenen Uhren herzustellen – und zwar in allen Phasen, von der Idee bis hin zu den tickenden Uhrwerken, die mich vermutlich überleben werden", sinniert Marco Lang. Als er Anfang 2001 mit Mirko Heyne zusammentraf, der sein Handwerk bei der renommierten Glashütter Manufaktur A. Lange & Söhne erlernt hatte, wurde aus dem Traum Realität: Beide gründeten die Uhrenmanufaktur Lang & Heyne in Dresden.

Natürlich hätten sie sich auch im nur rund 30 Kilometer entfernten Glashütte niederlassen können, aber die Entscheidung für die sächsische Hauptstadt hatte auch etwas mit einem Bekenntnis zur Tradition zu tun. „Uhrenfreunde, die mich besuchen, sagen mitunter scherzhaft, Dresden liege doch irgendwo unweit von Glashütte", berichtet Lang. „Aber ganz im Ernst: Die sächsische Uhrmacherkunst begann in Dresden, eigentlich schon mit August dem Starken und dem Mathematisch-Physikalischen Salon. Neben der Uhrmacherei entwickelte sich hier die Präzisionsuhrmacherkunst zu höchster Perfektion. Namen wie Friedrich Gutkaes und Ferdinand Adolph Lange sind Legende," sagt Marco Lang. Wer an diese Tradition anknüpfen möchte, muss fürwahr Außergewöhnliches leisten. Lang hat denn auch einen hohen Anspruch, der sich schon im Ambiente seiner Manufaktur widerspiegelt. Keine Produktionsstätte von Uhren in größtmöglicher Auflage, sondern eher ein Atelier, das dem künstlerischen Anspruch des Chefs und seines Teams gerecht wird. Acht Mitarbeiter fertigen in einer für Außenstehende unglaublichen Begeisterung pro Jahr etwa 40 Uhren. Mehr will Marco Lang eigentlich nicht, denn eine seiner Maximen lautet: „Weniger ist mehr, noch weniger ist exklusiv". An dieser Exklusivität, verbunden mit kleinsten Stückzahlen, will Lang kompromisslos festhalten. Sein Mitgründer Mirko Heyne setzte wohl etwas andere Schwerpunkte, und so trennten sich die beiden Spitzenuhrmacher im Jahr 2002. Doch im Namen der Manufaktur blieb dieses hochbegabte Duo erhalten.

Bis Herbst 2009 hatte Lang & Heyne über 200 Uhren weltweit verkauft. Mehr Exklusivität geht kaum. Es sind die wahren Connaisseurs unter den Uhrenfreunden, die sich eine Lang & Heyne ans Handgelenk legen, oder sie – auch das soll es geben – im Tresor aufbewahren, damit sich später noch Kinder und Enkel an ihr erfreuen können.

Für Exklusivität sorgen schon die Preise: Die Modelle kosteten im Jahr 2009 zwischen gut 22.000 und knapp 60.000 Euro an der Spitze. Ohne Frage eine beträchtliche Investition, doch bei näherem Hinsehen relativieren sich die Preise, zumindest aus Sicht des kundigen Uhrenliebhabers. Denn zum einen sind die Meisterwerke von Lang & Heyne unbestritten in der Spitzenliga der Feinuhrmacherei angesiedelt. Wer realistisch vergleichen möchte, muss daher die großen Manufakturen aus Glashütte und der Schweiz als Maßstab heranziehen. Für den Klassiker von A. Lange & Söhne, die „Lange 1", zahlt der Uhrenfreund heute ebenfalls deutlich über 20.000 Euro. Mit aufwendigeren Komplikationen wie einem Ewigen Kalender und einer Mondphasenanzeige versehen, kommt man bei dieser Luxusuhr schnell auf 50.000 Euro und mehr. Die Einsteigermodelle von Patek Philippe sind zwar bereits ab rund 13.000 Euro erhältlich, soll es hingegen etwas Exklusives für höchste Ansprüche sein, bewegen sich die Preise schnell im mittleren bis hohen fünfstelligen Bereich. Hinzu kommen bei Lang & Heyne die bereits eingangs erwähnte Fertigungstiefe und der extreme Zeitaufwand, bis eine Uhr aus dieser Manufaktur ihren Weg zum Kenner antritt.

Traditionsverbundenheit, moderne Technik und individuelle Kreativität wurden in dieser Manufaktur erfolgreich vereint. Die Qualitätsmerkmale sächsischer Uhrmacherkunst erkennt jeder Connaisseur sofort, der einen Blick durch den Glasboden ins Werk wirft. Davon gleich mehr. Doch auch die Namen der Modelle knüpfen an die sächsischen Fürsten und Könige an, die allesamt im weltbekannten Dresdner Fürstenzug – aufgetragen auf rund 25.000 Meißener Porzellanfliesen – zu finden sind. Die Uhren der Manufaktur Lang & Heyne nehmen somit direkt Bezug auf die tausendjährige Geschichte des Fürstenhauses Wettin.

Es entspricht der historischen Logik, dass für Lang & Heyne am Anfang der Kollektion August der Starke steht, dessen Name ein Synonym ist für die barocke Pracht von Dresden. Das Modell „Friedrich August I" überzeugt – neben dem uhrmacherischen Innenleben – schon durch seine Anmutung. Eine Uhr in Gelb-, Rosé- oder Weißgoldgehäuse mit einem dreiteiligen Emailzifferblatt und in Gold gearbeiteten sowie gravierten Louis-XV-Zeigern. Wer es eine Spur weniger barock mag, kann sich für Birnenzeiger in Gold oder gebäutem Stahl entscheiden.

Das Modell „Johann" nimmt Bezug auf Johann, König von Sachsen, der als hochgebildeter und kluger Staatsmann in die Geschichtsbücher einging. Dieses Uhrenmodell von Lang & Heyne wirkt im Vergleich mit der „Friedrich August I." bei gleichem Gehäusedurchmesser (43,5 Millimeter) etwas zurückhaltender. Schlichte, handgefertigte Birnenzeiger und römische Ziffern unterstreichen die Eleganz dieser Uhr.

Kurfürst Moritz von Sachsen ist historisch interessierten Menschen nicht nur als wichtiger Gegenspieler Kaiser Karls V. bei der Reformierung des Reiches bekannt, viele denken bei diesem Namen überdies an das bekannte Gemälde von Lucas Cranach dem Jüngeren, das Moritz in Rüstung zeigt. Lang & Heyne erweist diesem bereits mit 32 Jahren auf dem Schlachtfeld getöteten Kurfürsten mit einer Uhr Reverenz, die eine Komplikation der besonderen Art aufweist: Die Armbanduhren der Modellreihe „Moritz" sind mit einer Vollkalender- und Mondphasenanzeige ausgestattet. Hinzu kommt die sogenannte Deklination. Auf dem Zifferblatt erscheint bei „12 Uhr" eine Erdscheibe (wahlweise für die europäisch/afrikanische, asiatisch/australische und die amerikanische Sicht). Sie zeigt den Einstrahlwinkel der Sonne zum Erdäquator an. Die jahreszeitlich schwankende Erde wird dabei von einer Kurvenscheibe gesteuert. Diese hat die Werte des Deklinationswinkels exakt gespeichert. Ein Blick auf die Uhr zeigt, in welchen Regionen sich die Menschen gerade über den Sommer freuen dürfen.

König Albert von Sachsen ging nicht nur als politisch, militärisch und wirtschaftlich erfolgreicher Monarch in die Geschichte ein, sondern zudem als großer Mäzen der Kunst und Kultur. Was also lag näher, als auch ihm eine Uhr zu widmen? Die Modellreihe „König Albert" von Lang & Heyne ist mit einer Chronographenfunktion ausgestattet, die man allerdings erst auf den zweiten Blick wahrnimmt. Denn die für diese Komplikation üblichen Tasten und Drücker fehlen. Der Grund: Der Chronograph wird über einen in

Lang & Heyne,
Modell Moritz von Sachsen

die Krone integrierten Drücker gesteuert. Abgesehen von der dezentralen Sekunde findet man auf dem zweiteiligen Emailzifferblatt keine zusätzlichen Hilfszifferblätter, denn sowohl der Chronographen- als auch der Minutenzählzeiger werden aus der Mitte angetrieben.

Jüngstes Mitglied in der Lang & Heyne-Kollektion ist das Modell „Konrad der Große", wobei die Betonung auf „der Große" und nicht auf „die Große" liegt, denn der Gehäusedurchmesser ist mit 39,4 Millimeter kleiner als bei den anderen Modellen. Die Datumsanzeige erfolgt mittels eines Zeigers aus der Mitte. Ist das Ende des Monats erreicht, springt der Datumszeiger auf den Ersten des neuen Monats. Im Inneren der Uhr tickt das Caliber V, das mit weiteren Raffinessen aufwartet. Dazu gehört in erster Linie eine Remontoir-Mechanik auf dem Hemmungsrad. Diese sorgt für ein Höchstmaß an Ganggenauigkeit, unabhängig davon, ob die Uhr nun gerade aufgezogen wurde oder die Kraft bereits nachlässt, weil sich die Gangreserve ihrem Ende zuneigt. „Damit erreichen wir eine gleichbleibende Amplitude der Unruh über die komplette Laufzeit der Uhr und damit ein stark verbessertes Gangverhalten", sagt Marco Lang.

Womit wir bereits bei den Lang & Heyne-Werken wären. Das Caliber I, das die „Friedrich August I." und die „König Johann" antreibt, ist typischer Ausdruck sächsischer Uhrmacherkunst und dank der vergoldeten Dreiviertel-Platine unverkennbar. Große, in Goldchatons gefasste Rubine bilden einen reizvollen Kontrast zur silbergrainierten Platine. Auch der kleine Lagerstein des Ankers ist golden gefasst und wird durch tiefblaue Schrauben gehalten. Den Höhepunkt bildet jedoch der gefasste Brillant als Krönung der Unruh. Und selbstverständlich gehört zu einem solchen Werk eine Schwanenhals-Feinregulierung. „Obwohl wir eine größtmögliche Fertigungstiefe anstreben, konnten wir natürlich nicht in kurzer Zeit von 0 auf 100 beschleunigen. Daher bauten wir unser erstes Werk kompatibel mit einem ETA-Kaliber, sodass wir einige wenige Rohteile verwenden konnten, die wir natürlich aufwendig und entsprechend der sächsischen Uhrmacherkunst veredelten", erläutert Lang.

Das Lang & Heyne Caliber III gleicht dem Caliber I, allerdings wurde unter anderem der Abstand von Minutenrad und Sekundenrad verkleinert, um Platz zu schaffen für die Hilfszifferblätter der Zusatzanzeigen des Modells „Moritz von Sachsen", darunter die erwähnte Deklinationsanzeige. Kenner schätzen ferner die Blitzschaltung von Datum und Wochentag, die pünktlich um 0.00 Uhr erfolgt. Dadurch wird einerseits eine mehrstündige Schaltstellung vermieden und andererseits ein problemloses Einstellen des Kalenders den ganzen Tag über ermöglicht. Das Caliber IV schließlich unterscheidet sich schon optisch von den Calibern I und III. Es handelt sich um das Chronographenwerk für die „König Albert". Die besondere Herausforderung bestand darin, einen Schaltradmechanismus so zu konstruieren, dass sowohl der Chronographenzeiger als auch der Minutenzeiger aus dem Zentrum wirken.

Ganz gleich, um welches Caliber es sich handelt, eine aufwendige Dekoration ist selbstverständlich. Das Finissieren nimmt zeitlich den größten Teil des Herstellungsprozesses in Anspruch. Erst wenn dieses Finish abgeschlossen ist, beginnt die Vormontage, an deren Ende das „Schwingfest" steht, also die eigentliche Geburt einer Lang & Heyne-Uhr. Danach erfolgt die Endmontage, bevor das tickende Kunstwerk in einem eleganten Kästchen aus einheimischem Kirschen- und Zwetschgenholz die Manufaktur verlässt.

Bestellungen bekommt die Dresdner Manufaktur aus der ganzen Welt. Lang freut sich momentan über ein wieder sehr anwachsendes Interesse in Deutschland. „Bis vor einigen Jahren achteten die Deutschen beim Kauf einer Luxusuhr stark auf einen bekannten, prestigeträchtigen Namen", sagt Marco Lang, der mittlerweile als Vizepräsident dem Vorstand der Académie Horlogère des Créateurs Indépendants (AHCI) angehört. „Das Fachwissen der Uhrenliebhaber hat auch dank der großen Marken so zugenommen, dass sie unsere Qualität und den künstlerischen Wert unserer echten Manufakturuhren sehr gut einschätzen können. Auch wenn der Umweg oft über den Kauf von Uhren größerer Luxusmarken geht; auf der Suche nach dem Exklusiven und Individuellen erliegen viele Uhrenliebhaber letztlich doch dem Reiz unserer Uhren."

Kurzbewertung

Lang & Heyne in Dresden gehört ohne Frage zu den ersten Adressen der deutschen Uhrmacherkunst. Und das ist ganz wörtlich zu nehmen, denn wer eine Uhr aus dieser Manufaktur erwirbt, investiert in ein Kunstwerk, in einen wahren Wert. Da allerdings erst wenige Uhren dieser Marke verkauft wurden, fehlt bisher noch jede Erfahrung hinsichtlich der längerfristigen Wertentwicklung auf dem Sekundärmarkt. Erfahrungsgemäß bleiben weniger bekannte Marken in puncto Wertsteigerungspotenzial hinter den großen, weltweit bekannten Namen zurück.

Unser Rating:

● ● ● ● ● ● ● ● ● ● ● ● ● ● ● ● ● ● ● ○

H. Moser & Tie.

H. Moser & Cie.

Mit dem diskreten Charme der Raffinesse

Bei H. Moser & Cie. gilt offenkundig das Prinzip der diskreten Raffinesse. Die feinen Armbanduhren aus Schaffhausen kokettieren fast ein wenig mit ihren „inneren Werten", was zum kultivierten Understatement der Marke perfekt zu passen scheint. Mehr sein als Schein, könnte die Devise lauten, denn die technischen Besonderheiten, von denen manche sogar einzigartig in der Branche sind, sieht selbst der Kenner erst auf den zweiten Blick, wenn er die Werke dieser in kleinen Stückzahlen auf den Markt kommenden Uhren im wahrsten Sinne des Wortes unter die Lupe nimmt. Handelt es sich zum Beispiel um eine Uhr aus der Modellreihe „Henry" mit dem Moser-Rechteckformwerk oder um das runde Modell „Mayu Fumé" mit dem unverkennbaren, wie geräuchert anmutenden Zifferblatt, dann gehört zu diesen inneren Werten die „Straumann Double Hairspring Hemmung". Ein typisches Beispiel für das erwähnte Prinzip der diskreten Raffinesse. Andere Hersteller bringen Armbanduhren mit filigranen Tourbillons zu Preisen im mittleren fünf- oder gar sechsstelligen Bereich auf den Markt. Keine Frage, das sind uhrmacherische Leckerbissen vom Feinsten. Nur wirklich Sinn machen sie nicht, denn das Tourbillon wurde von Abraham-Louis Breguet einst für Taschenuhren entwickelt. Deren Ganggenauigkeit sollte mit diesem kleinen Käfig erhöht werden.

Auch bei Armbanduhren kommt es aber darauf an, dass sich die Unruhspirale beim Schwingen nicht verzieht und der Schwerpunkt in der Achsenmitte bleibt. Ansonsten könnte die Schwerkraft der Erde dem feinen Uhrwerk und dessen Ganggenauigkeit einen Streich spielen. Um das zu verhindern, wird die Unruhspirale aus dem selbstkompensierenden Material Nivarox hergestellt und in der zweiten Ebene über der Spiralfeder die sogenannte Breguet-Endkurve angebogen. Klingt ziemlich technisch, doch wer einmal zuschauen durfte, welch ruhige Hände und welch hohes Maß an Geduld erforderlich sind, um „die Kurve zu kriegen", weiß dieses Zeichen hoher Uhrmacherkunst besonders zu schätzen. Diese Breguet-Kurve sorgt dafür, dass der Schwerpunkt der Unruhspirale in der Achsenmitte bleibt. Das gelingt fast zu 100 Prozent. Aber eben nur fast. Um das allerletzte Quäntchen zur vollkommenen Perfektion beizusteuern, entwickelte Moser & Cie. die erwähnte „Straumann Double Hairspring Hemmung", benannt nach Reinhard Straumann, der das Nivarox-Material erfand und dessen Enkel Thomas Straumann heute Mehrheitsaktionär der Moser Group AG ist.

Das Prinzip der Double Hairspring-Hemmung: Zwei Unruhspiralfedern gleicher Bauart werden so angeordnet, dass sich die eine Spirale beim Schwingen öffnet, während die zweite sich beim gleichen Schwingungsbogen schließt. Der Effekt, den Breguet mit seinem Tourbillon weitgehend ausgleichen wollte, tritt somit erst gar nicht auf. Dies ist nur eine der zahlreichen Innovationen der Luxusuhrenmarke Moser. Vielen weiteren werden wir begegnen, wenn wir uns später der einzelnen Modellreihen annehmen.

Doch bevor sich Uhrenliebhaber mit den Details der Mikromechanik beschäftigen, stellen sie sich die Frage, was es mit der Marke Moser auf sich hat und wer hinter diesem zwar noch jungen, aber an eine reiche Tradition anknüpfenden Unternehmen steht. Uhrenfreunde verbinden mit dem rund 30.000 Einwohner zählenden Städtchen Schaffhausen spontan IWC. Doch wer sich näher mit der Geschichte Schaffhausens und der Uhrmacherei beschäftigt, der begegnet dem Namen Moser fast schon auf Schritt und Tritt. Und bei passender Gelegenheit lässt man bei H. Moser & Cie. schon mal durchblicken, dass es ohne diesen Uhrenfabrikanten und Industriepionier wohl auch keine IWC in Schaffhausen gäbe. Immerhin war es Heinrich Moser, der den amerikanischen Ingenieur und IWC-Gründer Florentine Ariosto Jones in die Stadt am Rheinfall holte.

Jede Marke – vor allem aus dem Luxusgütersegment – braucht eine außergewöhnliche Geschichte. Im Fall von H. Moser & Cie. begann sie mit einer für damalige Verhältnisse recht abenteuerlichen Reise von Schaffhausen ins russische St. Petersburg. Dort eröffnete Heinrich Moser Ende 1828 sein eigenes Unternehmen. Fortan verkaufte er mit wachsendem Erfolg Präzisions- und Schmuckuhren, aber auch verschiedene einfache Zeitmesser. Schon im Jahr darauf gründete Moser in Le Locle im Schweizer Jura zudem eine Fabrik, die exklusiv Uhren für seinen Handel herstellte. Neben den selbstgebauten Uhrwerken bezog Moser Rohwerke unter anderem von Jaeger-LeCoultre und Urban Jürgensen. Die Exklusivität und Qualität seiner Uhren verschafften dem Schweizer zahlreiche Stammkunden am Zarenhof, in den Fürstenhäusern und beim Militär. Und dass es so etwas wie Globalisierung schon im 19. Jahrhundert gab, zeigte der Erfolg, den Moser mit seinen Uhren in Persien, China, Japan, New York und Paris hatte. Innerhalb von 15 Jahren avancierte der Uhrenfabrikant zum Marktführer in Russland. Als er Ende 1848 nach Schaffhausen zurückkehrte, war er zwar ein wohlhabender Mann, der hinfort seinen Passionen hätte frönen können. Doch Moser steckte nach wie vor voller Tatendrang. Im Jahr 1851 vollendete er zum Beispiel den Bau eines Kanals im Rhein, außerdem war er unter anderem Mitbegründer der Eisenbahnlinie Schaffhausen-Winterthur. Im Winter 1863/64 begann Moser schließlich mit dem Bau des damals größten Schweizer Dammes im Rhein bei Schaffhausen, mit dem er die umliegenden Industrieunternehmen mit preisgünstiger Antriebsenergie versorgen konnte.

Mit der Enteignung der St. Petersburger Handelsfirma H. Moser nach der russischen Oktoberrevolution und dem Tod von Heinrich Mosers einzigem Sohn ging sowohl die unternehmerische Erfolgsgeschichte als auch die Tradition dieser für den Wohlstand von Schaffhausen so wichtigen Familie zu Ende.

Viele Jahrzehnte blieb der Name Moser mithin ein Stück Wirtschaftshistorie. Es gibt eine Bronzebüste von Heinrich Moser im Mosergarten von Schaffhausen, es gibt natürlich nach wie vor den „Moser-Damm" und es gibt den Moser'schen Landsitz „Schloss Charlottenfels" in privilegierter Lage oberhalb von Schaffhausen, der sich heute allerdings in öffentlichem Besitz befindet. Und seit einigen Jahren gibt es sogar wieder Moser Uhren – anknüpfend an die alte Tradition der Feinuhrmacherei und ausgestattet mit technischen Raffinessen, die in den vergangenen Jahren in den einschlägigen Fachmedien für Aufsehen sorgten.

Initiiert wurde die Renaissance der großen Marke von einem kleinen Kreis von Investoren um Roger Nicholas Balsiger, dem Urenkel Heinrich Mosers, und dem promovierten Uhrenfachmann Jürgen Lange. Unter dem Motto „Leidenschaftlich anders – der Tradition verpflichtet" gründeten sie zunächst die Uhrenfirma Moser Schaffhausen AG. Später kamen die Produktions- und Managementgesellschaft MSG AG, die Produktionsgesellschaft PEG GmbH sowie die Precision Engineering AG hinzu. Alle vier Unternehmen wurden unter dem Dach „Moser Group AG" vereinigt.

Während sich andere Hersteller schon kühnster Argumente bedienen, um ihren Status als Manufaktur zu rechtfertigen, legt man bei Moser auf diesen Begriff keinen gesteigerten Wert. Im Gegenteil, das Ziel, beinahe alles selbst herzustellen, widerspricht letztlich der einstigen Philosophie von Heinrich Moser. Er war nämlich überzeugt, dass qualitativ hochwertige Uhren nur dadurch entstehen, dass die jeweils besten Zulieferer eng zusammenarbeiten. Jeder macht das, was er am besten kann. Bei Moser gehört zu diesen Spezialitäten zum Beispiel die Herstellung von komplexen Hemmungsbestandteilen. Die Precision Engineering AG verfügt hierzu über international registrierte Marken wie „Nivaflex" und „Straumann-Spirale", mit der die Hemmungsbaugruppen aller Moser-Uhren ausgerüstet werden. Mehr noch: Die Hemmungsbaugruppen sind auswechselbar, was sich als besonders servicefreundlich erweist. Bei der Revision der Uhr wird die Baugruppe einfach komplett durch eine gereinigte und regulierte ersetzt.

Auch wenn sich Moser nicht als Manufaktur im traditionellen Sinne versteht und stattdessen auf die Kooperation mit erfahrenen Zulieferern setzt, so erachtet man die eigene Prototypenentwicklung der Uhren dennoch als unerlässlich. Innerhalb der Moser Group hat die MSG diese Aufgabe übernommen. Somit ist es möglich, den Zulieferern klare Vorgaben zu machen und damit ein konstant hohes Qualitätsniveau sicherzustellen.

Doch bei aller Freude an technischen Raffinessen: Bei Uhren spielen bekanntlich die Emotionen und damit nicht zuletzt die Anmutung eine wichtige Rolle. Höchste Zeit also, sich mit den verschiedenen Moser-Modellen näher zu beschäftigen. So sehr sie sich im Einzelnen auch unterscheiden mögen, vieles ist allen Uhren dieses Herstellers gemein. Zum Beispiel die Tatsache, dass für die Gehäuse ausschließlich Edelmetalle verwendet werden. Die Moser-Kaliber ticken entweder in Roségold-, Weißgold- oder Platingehäusen. Für die Uhren mit dem erwähnten Fumé-Zifferblatt verwendet Moser Palladiumgehäuse – und damit ein Edelmetall, das hinsichtlich seiner Wertigkeit zwischen Gold und Platin anzusiedeln ist.

Die Modellreihe „Mayu", benannt nach Charlotte Mayu, der ersten Frau Heinrich Mosers, umfasst mehrere Varianten eleganter und mit einem Durchmesser von 38,8 Millimetern etwas zurückhaltender Handaufzugsuhren mit einer besonders ästhetischen Taschenuhrsekunde. Die Mayu-Uhren weisen eine Gangreserve von 80 Stunden auf. Wer wissen möchte, über wieviel Energie seine Uhr noch verfügt, muss durch das Saphirglasfenster auf die Werkseite schauen. Denn dort – auch ein Ausdruck von diskreter Raffinesse – befindet sich die Gangreserveanzeige. Eine „Mayu" kostet zwischen 8.200 und 18.700 Euro.

Die Uhren der Modellreihe „Monard" sind mit einem Durchmesser von 40,8 Millimetern etwas größer. Es handelt sich um klassische Drei-Zeiger-Uhren mit einem Doppelfederhaus für mindestens sieben Tage Gangdauer nach Vollaufzug. Das Uhrwerk der Monard – Cal. HMC 343.505 – ist ein eigenentwickeltes und nur bei Moser verwendetes Handaufzugswerk mit echten Kegelrädern. Die Preise liegen zwischen knapp 11.000 und rund 15.000 Euro. Für eine etwas höhere Investition bekommt der Uhrenfreund die „Monard" mit Datum („Monard Date"). Das Besondere dabei ist nicht nur die große und daher bequem ablesbare Datumsanzeige, sondern der ausgetüftelte Mechanismus der Aufzugskrone. Dank dieser „Double Pull Crown" lässt sich der Kalender über die Krone hin und zurück korrigieren. Dabei läuft der Nutzer nicht Gefahr, versehentlich die Uhrzeit zu verstellen, denn beim Ziehen rastet die Krone automatisch im Datummodus ein. Erst wenn die Krone kurz losgelassen und erneut bis an den Anschlag gezogen wird, gelangt man in die dritte Position, in der man die Zeiger verstellen kann. Der abschließende Druck auf die Krone befördert sie wieder in die Aufzugsposition. Die „Monard Date" bekommt der Uhrenfreund ab 14.200 Euro.

In der Modellreihe „Henry Double Hairspring" findet man Tonneau-Uhren mit rechteckigem Handaufzugs-Formwerk, die allesamt über die eingangs beschriebene Straumann Double Hairspring Hemmung verfügen. Die Roségold-Variante erhält der Uhrenliebhaber für 12.900 Euro, in der Palladium- und Platinausführung kostet die „Henry" 18.200 beziehungsweise 18.900 Euro.

Das Flaggschiff der Moser-Familie ist die Moser Perpetual 1 – der wohl einzige Ewige Kalender, den man nicht als solchen erkennt. Zumindest nicht beim ersten Hinsehen. Neben dem großen Datum (bei Moser legt man Wert darauf, nicht von „Großdatum" zu sprechen) wird der Monat mittels eines kleinen Pfeils aus dem Zentrum des Zifferblatts angezeigt. Weist er zum Beispiel in Richtung „5-Uhr"-Index, so bedeutet dies, es ist der fünfte Monat des Jahres, also Mai. Als einzige Moser-Uhr zeigt die Perpetual 1 die Gangreserve auf dem Zifferblatt an. Dafür gibt es auf der Werkseite eine andere Besonderheit: Dort befindet sich ein Stern mit dem Schaltjahreszyklus, der sich bei Bedarf mithilfe eines kleinen Stiftdrückers an der Außenseite des Gehäuses korrigieren lässt. Vorteil: Selbst wenn der Ewige Kalender aus irgendwelchen Gründen einmal irritiert sein sollte, kann es der stolze Besitzer der Perpetual 1 in den meisten Fällen selbst wieder richten. Bei anderen Uhren mit dieser aufwendigen Komplikation sind in der Regel größere und teure uhrmacherische Eingriffe erforderlich. Schon kurz nach ihrer Vorstellung wurde dieses Moser-Flaggschiff gleichsam in den Adelsstand erhoben: Die Perpetual 1 erhielt den Grand Prix d'Horlogerie de Genève und damit den renommiertesten und begehrtesten Preis der Schweizer Uhrenindustrie. Wer sich eine solche Uhr gönnen möchte, muss mindestens 23.800 Euro und etwas Geduld investieren, denn dieses Moser-Modell bekommt man nicht von heute auf morgen.

Kurzbewertung

Zweifellos handelt es sich um den „Rising Star" unter den Top-Armbanduhren. Da die Moser-Uhren der neuen Generation erst seit ein paar Jahren am Markt sind, lässt sich wenig über die Preisentwicklung sagen. Doch die Innovationskraft dieser Marke begeistert – und die Preise liegen unter denen für vergleichbare Modelle anderer Nobelmarken wie Lange & Söhne oder Patek Philippe.

Unser Rating:
● ● ● ● ● ● ● ● ● ● ● ● ● ● ● ● ● ● ●

D. Dornblüth & Sohn

Die Edlen aus Kalbe

Die Uhren aus dem Haus D. Dornblüth & Sohn galten lange Zeit als Geheimtipp für traditionsbewusste Freunde edler Zeitmesser. „Geheim" ist der Tipp mittlerweile dank zahlreicher Medienberichte zwar nicht mehr – aber dennoch exklusiv. Denn nur wenige Uhren verlassen als gefragte Einzelanfertigungen die kleine Werkstatt im altmärkischen Kalbe.

„Businesspläne, die uns genau vorschreiben, welchen Umsatz wir wann machen müssen ...?" Dirk Dornblüth winkt gelassen ab. „Damit haben wir uns gar nicht erst beschäftigt", sagt der Uhrenbauer aus Kalbe/Milde im nördlichen Sachsen-Anhalt. Und eines sei ebenfalls von Anfang an klar gewesen: Hohe Schulden wollten sich Dirk Dornblüth und sein Vater Dieter nicht aufbürden, um sich einen Wunsch zu verwirklichen, den viele wohl als reine Schnapsidee abgetan hätten. So investierten beide zwar nicht viel Geld, dafür aber umso mehr Leidenschaft für die Uhrmacherei und mindestens ebenso viel Improvisationstalent in den Aufbau des kleinen Familienunternehmens D. Dornblüth & Sohn, das heute Luxusuhren von zeitloser Eleganz herstellt, die in Europa ebenso Freunde finden wie im Fernen Osten, in Australien und in den

◄ *D. Dornblüth & Sohn Modell 99.2 mit Gangreserve-Anzeige bei „3 Uhr"*

USA. Uhrenexperten sind sich einig: Die Zeitmesser aus Sachsen-Anhalt sind durchaus auf Augenhöhe mit den Konkurrenten aus der Schweiz und Glashütte anzusiedeln. Mit einem Unterschied: Dornblüths Nobelticker sind individueller, zwischen Hersteller und Kunden besteht in den meisten Fällen ein direkter Kontakt. Ob es um bestimmte Gravuren, eine außergewöhnliche Zifferblatt-gestaltung oder andere Sonderwünsche geht – machbar ist vieles. Aber es gibt auch Ausnahmen: „Die Kunden schätzen nicht zuletzt unsere Geradlinigkeit. Wenn etwas partout nicht geht, dann sagen wir das dem Kunden in aller Freundlichkeit", berichtet Dirk Dornblüth.

Heute ist D. Dornblüth & Sohn ein erfolgreicher kleiner Familienbetrieb mit sechs Mitarbeitern, der pro Monat etwa elf Uhren herstellt. Wer sich einen dieser Zeitmesser aus Sachsen-Anhalt gönnen möchte, muss also Geduld aufbringen und sich über ein paar Monate hinweg mit der alten Lebensweisheit trösten, dass Vorfreude immer noch die schönste Freude ist. Dann, nach der Auslieferung, dürfte in der Regel Besitzerstolz dominieren, denn in dem Augenblick, da man eine Dornblüth ans Handgelenk legt, gehört man einem kleinen Kreis von Individualisten an, denen handwerkliche Leidenschaft, Qualität und zeitlose Eleganz wichtiger erscheinen als Marketing-Gags und ein hoher Protz-Faktor. Seit im Jahr 2002 die erste Dornblüth-Uhr auf den Markt kam, taucht das eher unscheinbare Unternehmen immer wieder in den überregionalen Medien auf. Keine Frage, es handelt sich um eine Erfolgsgeschichte, die nicht nur Journalisten interessiert. Wer sie hört, stellt sich früher oder später die Frage: Was wäre eigentlich gewesen, wenn ...? Die Konstruktion eines individuellen Uhrwerks ist – selbst wenn es auf einem Basiskaliber aufbaut – gemeinhin mit erheblichen Investitionen verbunden. Was wäre also gewesen, hätten Dieter und Dirk Dornblüth bei ihrer Hausbank einen Kredit zur Anschaffung von aufwendiger CNC-Technik zur Herstellung von Luxusuhren mit eigenem Dornblüth-Werk beantragt? Ohne Businesspläne und mit allenfalls vagen Vertriebsideen wollten zwei begeisterte Uhrmachermeister auf einem Markt reüssieren, auf dem zum Beispiel Marken wie IWC, Rolex, Glashütte Original und Jaeger-LeCoultre zu Hause sind. Von den Top-Herstellern Patek Philippe und Lange & Söhne ganz zu schweigen. Alles, was die beiden Dornblüths zu bieten hatten, waren ein paar alte Maschinen, Zeichnungen und den Ehrgeiz, ihre Pläne erfolgreich umzusetzen. Sicher zu wenig, um hohe Kredite aus der Sicht vorsichtiger Banker hinreichend abzusichern. So mancher Bedenkenträger – von denen es auch im Kreis von Unternehmern bekanntlich nicht wenige gibt – hätten die hochfliegenden Pläne vermutlich als Luftschlösser abgetan und sich wieder dem Alltagsgeschäft zugewandt. Immerhin nennt Dornblüth senior ein Uhrengeschäft in Kalbe sein Eigen.

Aber die Idee vom individuellen Uhrwerk – sie hatte schon beinahe etwas Magisches. Fast schien es, als sollte den Dornblüths bedeutet werden: „Eure Zeit ist gekommen, fangt endlich an damit". Und in der Tat klingt die Genese des Dornblüth-Kalibers immer noch ein wenig überraschend, obwohl sie schon etliche Male veröffentlicht wurde. Die Geschichte nimmt ihren Anfang im November 1959 in Chemnitz, das damals noch Karl-Marx-Stadt hieß.

Fasziniert vom außergewöhnlichen Taschenuhrwerk eines seiner Kunden, beginnt Dieter Dornblüth, sein erstes individuelles Kaliber zu entwickeln. Doch bald darauf kehrt er in seine Heimat, die Altmark, zurück, wo eine traditionsreiche Uhrmacherwerkstatt wieder mit Leben erfüllt werden soll. Fortan ist Dieter Dornblüth so sehr ins Tagesgeschäft eingebunden, dass er keine Zeit mehr findet, um an der Weiterentwicklung seines uhrmacherischen Traums zu arbeiten.

Erst sein 60. Geburtstag im Jahr 1999 sorgt für eine Wiederbelebung dieser kühnen Idee. Anlass dazu ist ein Geschenk der besonderen Art, das ihm Sohn Dirk überreicht: eine von ihm selbst entworfene Armbanduhr aus Edelstahl, basierend auf dem legendären Glashütter Kaliber 60.3. Das ist für den Vater Anlass genug, tief in die Schublade zu greifen und seine alten Zeichnungen wieder hervorzuholen. Vater und Sohn sind fortan entschlossen, die Idee eines individuellen Werks aktiv weiterzuverfolgen. „Wir wollten einfach mal probieren, ob's funktioniert. Das Risiko war überschaubar, schließlich hatten wir ein paar alte Maschinen und jede Menge Ehrgeiz."

Wer sich heute in der Werkstatt von Dirk Dornblüth umschaut, entdeckt größtenteils Fräs-, Dreh- und Graviermaschinen, die 20 Jahre oder älter sind. Manche hat der Uhrmachermeister bei Kollegen gebraucht gekauft, andere sogar bei eBay erstanden. „Mit diesen Maschinen wurden lange Zeit hervorragende Uhren hergestellt. Warum soll das heute nicht mehr möglich sein? Aber natürlich ist bei uns mehr handwerkliche Tradition gefragt als bei der computergesteuerten Großproduktion. Das ist es ja gerade, was unsere Kunden schätzen."

Eine D. Dornblüth & Sohn besteht aus bis zu 350 Einzelteilen, die natürlich nicht alle in der kleinen Werkstatt hergestellt werden. So kaufen die ambitionierten Uhrenbauer Teile aus der Schweiz hinzu. Außerdem kamen ihnen der Zufall und die im Laufe der Jahre gepflegten guten Kontakte zupass. „Ich habe mich häufig auf Uhrenmessen umgeschaut und dabei natürlich den einen oder anderen Uhrenfreund mit hervorragenden Verbindungen kennen gelernt. Eines Tages berichtete mir einer dieser Bekannten von einer Firma in Prag, die Pleite gegangen sei und über wirklich umfangreiche Ersatzteile aus der Schweiz und Russland verfüge. Ich habe damals spontan entschieden, diese Ersatzteile komplett zu kaufen", erinnert sich Dirk Dornblüth. Ziel der Uhrmachermeister war es, die Fertigungstiefe ihrer Nobelticker immer weiter auszubauen. Heute werden etwa 70 Prozent der Teile selbst gefertigt.

Was am 60. Geburtstag des Vaters begonnen hatte, wurde 2002 Wirklichkeit: Die erste „Dornblüth" wechselte ihren Besitzer. Es handelte sich um das Kaliber 99.2 mit einem dreirädrigen Kegelradmechanismus und einer indirekt angetriebenen „Kleinen Sekunde". Dieses Kaliber bildete die Basis für alle folgenden Dornblüth-Konstruktionen. Nicht nur technisch sollte die erste Uhr aus Kalbe überzeugen, sondern natürlich auch optisch. Die „Kleine Sekunde" bei „3 Uhr", die nach der ursprünglichen Planung als alleiniges Zusatzelement auf dem Zifferblatt erscheinen sollte, entsprach nicht dem ästhetischen Empfinden der Uhrenbauer.

Deshalb bekam die „99.2" als technisch aufwendige Lösung noch eine Gangreserveanzeige bei „9 Uhr" – und schon stimmte die Symmetrie. Später lancierten die Dornblüths die „99.3" mit Datumsanzeige. Hierfür wanderte die Gangreserveanzeige nach oben und steht bei „12 Uhr". Der Kalender wird etwas größer bei „3 Uhr" platziert.

Elegant und klassisch mutet das Kaliber „99.0" an, sozusagen das Einsteigermodell mit Drei-Zeiger-Werk und „Kleiner Sekunde". Eine Uhr ohne Schnörkel, aber mit dem unverkennbaren „Dornblüth-Gesicht". Nicht zuletzt auf Anregung eines langjährigen Freundes der Familie kam einige Zeit später das Kaliber „99.1" auf den Markt, das sich in einer kleinen, aber auffälligen Nuance von der „99.0" unterscheidet: die „Kleine Sekunde" ist bei dieser Uhr deutlich größer und reicht beinahe bis zur Mitte des Zifferblatts. Mit dem Kaliber „99.4" möchten die Dornblüths alle Freude der „99.1" ansprechen, die sich eine weitere Komplikation wünschen: Diese Uhr verfügt zusätzlich über ein Zeigerdatum mit gerader Tagesanzeige bei „3 Uhr". Die gleich große „Kleine Sekunde" befindet sich bei „9 Uhr".

Das Angebot an „Drei-Zeiger-Uhren" ergänzt schließlich die „Zentralsekunde" mit ihrer sehr klassischen und Understatement ausstrahlenden Zifferblattgestaltung – die „Drei-Zeiger-Uhr" schlechthin.

Im Jahr 2008 brachte „D. Dornblüth & Sohn" ein weiteres Modell auf den Markt, das sich an bestimmte Liebhaber wendet. Durch die Reparatur einer alten Präzisionspendeluhr ließen sich die beiden Meister zum Bau eines Regulators inspirieren – einer Uhr also, bei der die Minuten- und Sekundenanzeigen im Vordergrund stehen und daher zentral erfolgen. Die Stunde ist von einem Hilfszifferblatt bei „6 Uhr" abzulesen. Darüber hinaus erhält dieses Modell eine Gangreserve unter der „60-Minuten-Anzeige", was bei konventionellen Uhren „12-Uhr" entspricht.

Ganz gleich, für welches Modell sich der Uhrenfreund entscheiden mag, ein Blick durch den verschraubten Saphirglasboden ist allemal ein Genuss und lädt dazu ein, gleichsam „mit den Augen spazieren zu gehen": Dreiviertelplatine, Schwanenhals-Feinregulierung auf handgraviertem Unruhkolben, verschraubte Goldchatons, doppelter Sonnenschliff auf den Aufzugsrädern, Glucydur-Schraubenunruh mit Nivarox-1-Spirale – eben alles, was eine Luxusuhr ausmacht, die nicht nur von Marketingblasen getrieben wird. Die Dornblüth-Kaliber ticken in Edelstahl- oder Goldgehäusen. Entsprechend breit ist das Preisspektrum. Es beginnt bei knapp 3.000 Euro und reicht in der Spitze bis etwa 12.000 Euro.

Für Freunde außergewöhnlicher Zeitmesser, die etwas mehr investieren und einem guten Zweck dienen möchten, kommt eventuell die Dornblüth Gorch Fock I-Uhr in Betracht. Dieser limitierte Zeitmesser ist dem original Schiffschronometer des im Jahr 1933 bei Blohm + Voss vom Stapel gelaufenen ehemaligen Segelschulschiffs Gorch Fock nachempfunden, was sich in der detailverliebten Umsetzung der Schiffschronometerbox widerspiegelt, in der die Armbanduhr mit einem Durchmesser von 47 Millimetern auf der kardanischen Aufhängung durchschwingt. Wer eine solche Uhr für etwas mehr als 15.000 Euro ersteht, trägt mit 2.000 Euro zum Erhalt des schwimmenden Denkmals bei, das dem Verein Tall Ship Friends gehört und in Stralsund vor Anker liegt.

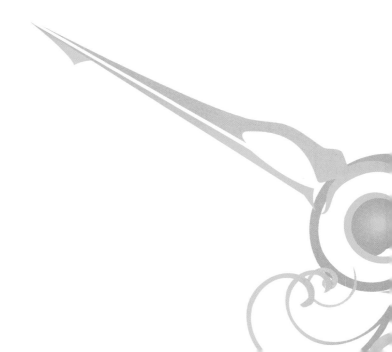

Kurzbewertung

In erstaunlich kurzer Zeit hat sich ein wahrer Dornblüth-Fanclub gebildet. Das kann nicht überraschen, denn in den Uhren steckt viel Handwerk und Liebe zum Detail. Außerdem nehmen sich die Preise noch vergleichsweise moderat aus. Wird die Markenpflege konsequent fortgesetzt, besteht durchaus Wertsteigerungspotenzial.

Unser Rating:

● ● ● ● ● ● ● ● ● ● ● ● ● ● ● ● ● ● ○ ○

Habring²

Raffinierte Uhren aus Kärnten

Kein schlechter Arbeitsplatz für kreative Köpfe: Vom lichtdurchfluteten Atelier im vierten Stock eines Hauses im Kärntner Städtchen Völkermarkt wandert der Blick über eine pittoreske Landschaft hinüber zu den von der Sonne strahlend in Szene gesetzten Karawanken. Gleich hinter dem nächsten Berg, der zum Greifen nahe scheint, beginnt Slowenien. Dann ist es nicht mehr weit zur Adria. Im Atelier hat es sich auch der Vierbeiner des Hauses hinter den großen Fenstern bequem gemacht, um die wärmenden Strahlen zu genießen.

Wir befinden uns in der vielleicht kleinsten Uhrenmanufaktur der Welt. Wie klein, darauf lässt bereits der Markenname schließen: Habring². Das Familienunternehmen besteht aus Richard Habring und seiner Ehefrau Maria Kristina – beide gleichberechtigte Partner, aber mit einer klaren Aufgabenteilung. Der Uhrmachermeister und Konstrukteur Richard Habring ist verantwortlich für den gesamten technischen Bereich und die Fertigung, seine Frau leitet die Geschäfte und kümmert sich um die Bereiche Marketing und Kundendienst.

Uhren aus Österreich? Für den einen mag das zwar etwas exotisch klingen, aber dennoch birgt es einen gewissen Charme.

◄ *Das Flaggschiff aus dem Hause Habring²: der Tourbillon*

Andere hingegen, die sich mit der Geschichte dieser Branche etwas intensiver beschäftigt haben, denken an die große Tradition der österreichischen Uhrmacherei, die ihre Wurzeln allerdings nicht in Kärnten, sondern in Graz, Wien und im Raum um das niederösterreichische Karlstein an der Thaya hatte. Heute ist dies nur noch ein Stück Wirtschaftsgeschichte, denn seit Ende des 19. Jahrhunderts spielt die Uhrenindustrie in Österreich keine Rolle mehr.

Das könnte sich nun zumindest im kleinen Umfang ändern: Seit 2004 bringen Richard und Maria Kristina Habring anspruchsvolle Armbanduhren auf den Markt, auf deren Zifferblättern nicht nur der Markenname Habring[2] prangt, sondern ebenfalls der dezente Hinweis auf die Provenienz: Austria. Die Jahresproduktion (sofern man in diesem Zusammenhang überhaupt von einer „Produktion" sprechen darf) ist mit 50 Uhren ausgesprochen überschaubar. „Wir wollen gesund wachsen und unseren Prinzipien treu bleiben", betont Maria Kristina Habring. Der Kreis der Träger dieser Uhren ist klein und daher höchst exklusiv. Von einer „Habring-Familie" spricht das Unternehmer-Ehepaar. Und die ist weit verstreut. Vor allem in Singapur sorgten Habring-Uhren von Anfang an für Aufmerksamkeit, mittlerweile erhielt die „Familie" jedoch auch Zuwachs aus Europa und den USA. Längst sind überdies in den einschlägigen Uhrenmagazinen umfassende Berichte über die Mikro-Manufaktur erschienen, wobei man natürlich trefflich darüber streiten kann, ob es sich im klassischen Sinne um eine Manufaktur handelt. Denn trotz erstaunlicher Fertigungstiefe kauft Habring[2] natürlich Teile hinzu, wie etwa Gehäuse, Zifferblätter oder

Zeiger. Im Inneren der Uhren ticken Werke, die als „Ebauches" (Rohwerke) geliefert, modifiziert und veredelt werden.

Wie kommt man auf die Idee, trotz des scharfen Wettbewerbs durch internationale Luxusuhrenkonzerne, die über millionenschwere Marketingetats verfügen, eine neue Uhrenmarke aus der Taufe heben zu wollen? Und vor allem: Mit welchem Konzept ist Habring[2] der durchaus erfolgreiche Start geglückt? Wie so häufig, kamen mehrere Faktoren zusammen. Bei Richard Habring war es zum einen die früh entdeckte Leidenschaft für uhrmacherische Finessen der besonderen Art. Während und nach seiner Ausbildung an der renommierten Uhrmacherschule in Karlstein an der Thaya baute Richard Habring schon tickende Meisterwerke. So zum Beispiel einen selbst entworfenen und realisierten Minutentourbillon in einem winzigen Stabwerk. „Während sich die Kollegen in ihrer Freizeit anderweitig vergnügten, machte es mir Spaß, Tourbillons zu bauen", sagt Habring.

Er stieg damit sehr früh in die Königsklasse der Uhrmacherkunst auf, was ihm den Weg zu einigen der ersten Adressen ebnete. In den folgenden Jahren kam es zu zwei geradezu schicksalhaften Begegnungen, ohne die es Habring[2] heute vermutlich gar nicht gäbe. Bei IWC in Schaffhausen, die damals gemeinsam mit Lange & Söhne und Jaeger-LeCoultre zum LMH-Konzern gehörte (heute Richemont-Group), arbeitete Habring in der Entwicklungsabteilung für Günter Blümlein – einen der prägendsten und innovativsten Köpfe der Uhrenindustrie in den vergangenen Jahrzehnten. Blümlein war es, der Habring nachdrücklich empfahl, sich selbstständig zu machen. Als dann der legendäre IWC-Chef viel zu früh im Jahr 2001 starb, kam es für Habring zur zweiten schicksalhaften Begegnung: Er war zwischenzeitlich bei Lange & Söhne in Glashütte zuständig für Schulungen und den Aufbau des weltweiten Kundendienst-Netzwerkes. In Dresden lernte er seine spätere Frau kennen. Schon bald hatte das junge Ehepaar die Idee, im wahrsten Sinne des Wortes gemeinsam etwas zu unternehmen. „Andere kaufen sich eine Eigentumswohnung, wir versuchten, eine Uhrenmarke aufzubauen." Allerdings folgten Richard und Maria Kristina Habring der bewährten Empfehlung, nicht alles auf ein Pferd zu setzen. So ruht die Firma Habring heute auf drei Säulen: Neben der Uhrenproduktion (Habring²) verdient das Kleinunternehmen sein Geld mit Uhren-Consulting für namhafte Hersteller und mit dem klassischen Großhandel mit Werkzeugen, Ersatzteilen und anderen Dingen, die Uhrmacher für ihre Arbeit brauchen.

Zwar hat sich Habring² als kleine Marke schon teilweise etabliert, strenggenommen aber handelte es sich zunächst um gar keine Marke, sondern um ein Konzept. Liebhaber exklusiver und technisch anspruchsvoller Uhren sind gemeinhin Individualisten. Warum also sollte man diesen Kunden nicht individuelle Zeitmesser anbieten? Keine Frage, auch große Hersteller erfüllen besondere Kundenwünsche, doch dafür muss der Betreffende meist sehr tief in die Tasche greifen und lange warten. Industriell und in größerer Auflage gefertigte Luxusuhren sind im Grunde für individuelle Modifikationen in der Regel nicht geeignet.

Richard und Maria Kristina Habring hingegen wollten zum „Maß-schneider" unter den Uhrenherstellern werden. Der Käufer einer Habring soll an seinem Zeitmesser 30 oder 40 Jahre Freude ha-ben, ohne dass ihm die Uhr langweilig oder seinen Bedürfnissen nicht mehr gerecht wird. „Wir bringen in jedem Jahr ein neues Standardmodell mit einer Basiskonfiguration heraus", erläutert Richard Habring. Darunter befand sich zum Beispiel die erfolgreiche Habring[2] „Springende Sekunde" mit Handaufzug oder Automatik-antrieb. Die fast vergessene Komplikation „Springende Sekunde" gibt es exklusiv bei Habring[2]. Der Kunde kann diese Drei-Zeiger-Uhr weiter „aufrüsten" lassen, zum Beispiel mit einer zweiten Zeit-zone oder einer Gangreserve-Anzeige.

„Es gab sogar Fälle, in denen Kundenwünsche am Anfang eines späteren Serienproduktes standen", berichtet Richard Habring. Ein Amerikaner war etwa vom Habring[2] Tourbillon sehr angetan, al-lerdings wünschte er sich ein Zifferblatt mit mehr optischer Tiefe. Auf diese Weise entstand mit dem Tourbillon 3D das aktuelle Flaggschiff der Habring[2]-Kollektion: Eine Uhr mit dreidimensiona-lem Zifferblatt, aufgebaut auf zwei Ebenen und mit halb sicht-barem Tourbillon. Der Preis dieses Top-Modells mit seinem auf-wendig von Hand gravierten und dekorierten Uhrwerk liegt derzeit bei 28.500 Euro. Der Habring[2] Tourbillon ohne 3D-Effekt kostet etwa 13.300 Euro – bemerkenswert günstig für eine Uhr mit dieser Komplikation.

Neben der „Springenden Sekunde" überraschte Habring vor eini-ger Zeit mit einer weiteren exklusiven technischen Finesse:

Er brachte einen Chronographen auf den Markt, dem man diese Funktion zumindest auf den ersten Blick nicht ansieht. Es fehlen Drücker, Tasten oder ähnliche Bedienelemente. Des Rätsels Lösung: Die Steuerung der Chronographen-Funktion erfolgt über die Aufzugskrone. Der Habring^2-Chronograph COS (COS steht für „Crown-operation-system") kostet mit Stahlgehäuse 5.500 Euro, in der Titan-Variante 6.500 Euro. Für die „Springende Sekunde" mit Handaufzug muss der Uhrenfreund 3.150 Euro investieren, die Automatik-Variante ist etwa 700 Euro teurer. Die Durchschnittspreise für Habring^2-Uhren liegen zwischen 3.000 und 4.000 Euro. „Wir achten auf ein faires Preis-Leistungs-Verhältnis und Nachhaltigkeit", betont Richard Habring. „Die Möglichkeit, dass der Fluggast neben Ihnen die gleiche Habring^2 trägt wie Sie, wird weiterhin künftig ebenso unwahrscheinlich sein wie ein Jackpot-Gewinn im Lotto", verspricht Maria Kristina Habring.

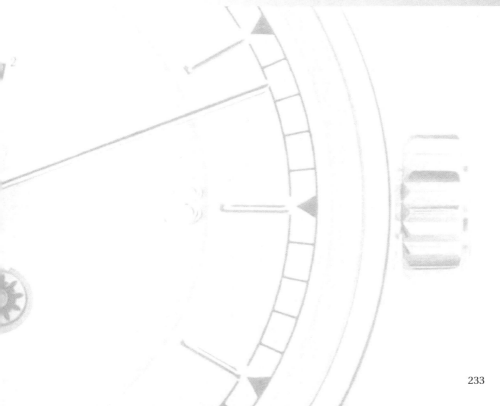

Kurzbewertung

Habring-Uhren wenden sich an den Liebhaber interessanter uhrmacherischer Finessen. Der Mini-Hersteller aus Kärnten überrascht die Fachwelt immer wieder mit beeindruckenden Innovationen. Es handelt sich aber um keine Manufaktur. Auch der noch geringe Bekanntheitsgrad dürfte das Wertsteigerungspotenzial in Grenzen halten. Allerdings gibt es Ausnahmen: das Habring-Tourbillon erscheint zum aktuellen Preis recht attraktiv.

Unser Rating:

● ● ● ● ● ● ● ● ● ● ● ● ● ● ● ● ● ○ ○ ○

Stefan Kudoke

Die Kunst des Skelettierens

Zu den wichtigsten Werkzeugen von Stefan Kudoke gehört seine kleine Uhrmachersäge, die einer Laubsäge sehr ähnelt. Mit ihrer Hilfe fertigt der Uhrmachermeister und studierte Betriebswirt in seinem kleinen Atelier am Stadtrand von Frankfurt an der Oder Uhren, die man ohne werbeträchtige Übertreibung als einzigartig bezeichnen darf. Immerhin handelt es sich bei jeder einzelnen um ein Unikat, in dem viel Arbeit und Kreativität stecken. Stefan Kudoke, Gründer des gleichnamigen Unternehmens, gehört zu den ganz wenigen in Europa, die sich auf das Skelettieren von Uhrwerken und Zifferblättern spezialisiert haben und dabei ausschließlich auf Handarbeit setzen. Dadurch entstehen kleine mechanische Kunstwerke, die eigentlich viel zu schade sind, um nur die Zeit anzuzeigen. Die von Kudoke mit viel Liebe zum Detail und entsprechend hohem Zeitaufwand veredelten Werke laden gleichsam ein, mit den Augen „spazieren zu gehen". Die Skelettierung von Werk und Zifferblatt sorgt für den nötigen Durchblick. Der Betrachter taucht ein in einen feinmechanischen Mikrokosmos aus Rädchen, Brücken, Federn, Kloben und gebläuten Schrauben. Damit nicht genug: Das skelettierte Uhrwerk erhält anschließend eine individuelle Gravur – ganz nach Kundenwunsch und natürlich ebenfalls von Hand. Diese Arbeit ist so filigran, dass Stefan Kudoke in der Regel ein spezielles Mikroskop einsetzen muss.

◀ *Filigranes Meisterwerk: die „Black Beauty" von Kudoke*

Die galvanische Behandlung am Ende des Veredelungsprozesses sorgt schließlich für die faszinierenden Farbeffekte, die von einer solchen individuellen Uhr ausgehen. Je nach Kundenwunsch, werden die Einzelteile mit Gold, Silber oder Rhodium galvanisiert. „Seit einiger Zeit ist Schwarzrhodium besonders gefragt", berichtet Kudoke. Und in der Tat: Das damit behandelte Uhrwerk lässt die erwähnten Farbeffekte, die von den Goldchatons, den gebläuten Schrauben und weiteren goldenen Akzenten ausgehen, besonders ästhetisch anmuten. Kaum verwunderlich also, dass die mit Rhodium galvanisierte Kudoke-Uhr den Namen „Black Beauty" trägt. Eine schwarze Schönheit ist sie allemal.

Wer zu Stefan Kudoke will, braucht entweder ein Navigationsgerät, dessen Kartenmaterial sich auf dem neuesten Stand befindet, oder aber einen Taxifahrer, der wirklich jeden versteckten Winkel in Frankfurt an der Oder kennt. Sicherheitshalber gibt der Kleinunternehmer seinen Besuchern vorab schon einmal eine Orientierungshilfe: Von der Hauptstraße in einen unscheinbaren Weg abbiegen, dann nach ein paar hundert Metern rechts auf ein gelb-rotes Haus achten. Dort wohnt und arbeitet Stefan Kudoke. Und sein Hund bewacht das Atelier. Unser Taxifahrer, dem wir am Hauptbahnhof von Frankfurt (Oder) unser gewünschtes Ziel nannten, schaute uns zunächst ratlos an und musste sich erst bei seinen Kollegen kundig machen. „Diese versteckte Lage hat durchaus Vorteile", schmunzelt Kudoke. Immerhin befinde man sich nicht exponiert auf einem Präsentierteller und wecke keine Begehrlichkeiten von Zeitgenossen, die nichts Gutes im Schilde führten.

Kudoke und die Uhren – ein Verhältnis der ganz besonderen Art. Es bestätigt einmal mehr die These, wonach jeder, der von der Begeisterung für edle Zeitmesser erst einmal infiziert wurde, ihr ein Leben lang verfallen ist. Kudoke, Jahrgang 1978, lernte sein Handwerk in einer klassischen Uhrmacherwerkstatt in seiner Heimatstadt. Dabei profitierte er vom Know-how zweier renommierter Uhrmachermeister. Als Landessieger Brandenburgs und Dritter des Bundeswettbewerbs der Handwerksjugend im Uhrmacherhandwerk wurde er in die „Bundesbegabtenförderung Berufliche Bildung" aufgenommen. Diese Referenzen öffneten ihm schon in jungen Jahren die Türen zu den namhaftesten Uhrenmanufakturen der Welt. Bei Glashütte Original – einem Unternehmen der Swatch Group – arbeitete er im Atelier für Komplikationen und Prototypenbau. Mit 22 Jahren legte er seine Meisterprüfung ab und studierte anschließend Betriebswirtschaftslehre in Deutschland und Irland mit den Schwerpunkten Marketing und Design. Wen kann es bei dieser Vita noch wundern, dass Stefan Kudokes Diplomarbeit mit Uhren zu tun hatte? Das Thema lautete: „Markt- und Wettbewerbsanalyse mechanischer Luxusuhren unter besonderer Berücksichtigung des Five Forces-Modells nach Porter".

Zusätzliche berufliche Erfahrungen sammelte Kudoke in New York bei Breguet, Blancpain und Omega, also weiteren „ersten Adressen" der Swatch Group. Doch so hilfreich ihm die Arbeit für einen der führenden Uhrenkonzerne der Welt auch war, so sehr reizte es ihn, eigene Uhren zu entwerfen. Damit begann er bereits parallel zu seiner Ausbildung – und legte den Grundstein für die spätere Gründung der Marke „Kudoke".

„Ziel des von mir gegründeten Unternehmens ist es, einen maß-geblichen Beitrag zur Ästhetisierung des Lebens zu leisten – mit unseren Produkten, unserer Kreativität und der Wertschätzung unserer Kunden. Die Freude an der Schönheit soll ihre Gefühlswelt erfassen, die hohe Qualität ihre Vernunft begeistern und ihr Leben ein Stück perfekter werden lassen", definiert Stefan Kudoke seinen Antrieb. Ein Statement – geeignet für jede Imagebroschüre. Wie werden diese ehrgeizigen Ziele umgesetzt, wie entstehen die im wahrsten Sinne des Wortes einzigartigen Kudoke-Uhren? Wir durften dem Meister ein wenig über die Schulter schauen. Am An-fang steht eine Skizze, in der natürlich die individuellen Wünsche des Kunden berücksichtigt werden – vorausgesetzt, dies ist rein technisch auch machbar. Denn beim Skelettieren eines Uhrwerks ist nicht alles erlaubt, was gefällt. Schließlich darf unter dem Aus-sägen nicht die Stabilität des Uhrwerks leiden. Im zweiten Arbeits-schritt zerlegt Stefan Kudoke das Basis-Uhrwerk. In der Regel greift er dabei auf bewährte ETA-Kaliber aus dem Konzern seines früheren Arbeitgebers Swatch Group zurück. Auf dem Uhrmacher-tisch liegen nun alle Einzelteile des Werks. Jetzt überträgt Kudoke seine Skizzen auf Platinen, Brücken und Kloben. Diese größeren Teile werden anschließend durchbohrt. Dann greift Stefan Kudoke zur eingangs erwähnten Uhrmachersäge und beginnt ganz lang-sam und mit viel Gefühl die Skelettierung entsprechend der über-tragenen Skizze. Entfernt werden kann alles, was die Präzision und Stabilität des Uhrwerks nicht beeinträchtigt, aber den „klaren Durchblick" des Betrachters behindert. Zurück bleibt – wie der Name schon sagt – ein Skelett, oder anders formuliert: ein völlig transparentes Uhrwerk.

Damit ist eine „Kudoke" aber noch lange nicht fertig. Es folgt der vierte Schritt nach Anfertigung der Skizze, Zerlegung des Uhrwerks und der Skelettierung. Nun gilt es, das Uhrwerk von Hand in Form zu feilen, jeglichen Grat zu entfernen und vor allem die Zierschliffe anzubringen. Anschließend werden sämtliche Kanten gefeilt, sodass eine sogenannte Brechungskante entsteht. Hat das Uhrwerk dann seine endgültige Form, erfolgt die Gravur. Ganz bestimmte Muster, Schriftzüge und besondere Zeichen werden eingraviert und unterstreichen die Einzigartigkeit einer „Kudoke" zusätzlich. Es folgt die Veredelung der Schrauben. Das heißt konkret, sie werden abgeschliffen, poliert und dann über einer offenen Flamme solange erhitzt, bis sich ihre Farbe verändert hin zu einem gleichmäßigen, dunklen Blau. Freunde edler Uhrwerke wissen um den ästhetischen Effekt der auf diese Weise gebläuten Schrauben. Es sind markante Farbtupfer in einem filigranen Meisterwerk. Am Ende des Werdegangs einer „Kudoke" steht die eingangs schon erwähnte galvanische Behandlung mit Gold, Silber oder Rhodium, bevor das Uhrwerk wieder zusammengebaut und eingeschalt werden kann.

Kreativität, Geduld und natürlich viel Erfahrung sind ferner gefragt, wenn die Zifferblätter einer Kudoke-Uhr hergestellt werden. Besonders interessant ist dabei das kunstvoll verzierte Zifferblatt des Modells „Mysticum", Im ersten Moment scheint es sich um eine Einzeigeruhr zu handeln. Doch wer näher hinschaut, entdeckt die ausgefallene Stundenanzeige in Form eines laufenden Dreiecks unter einem durchbrochenen Zifferblatt. Diese Uhr trägt ihren Namen „Mysticum" mithin nicht von ungefähr.

Das Zifferblatt für diese Uhr wird zunächst mit Hilfe einer Uhrmacherdrehmaschine in Form gebracht. Es folgen die Bohrungen zur späteren Platzierung der Indexe. Im nächsten Arbeitsgang greift Stefan Kudoke wieder zu seiner kleinen Uhrmachersäge. Nun gilt es, das Zifferblatt vorsichtig von Hand auszusägen. Auf diese Weise entstehen vier längliche Öffnungen, durch die später die Anzeige der Stunde zu erkennen sein wird. Im nächsten Schritt müssen die ausgesägten Öffnungen ausgefeilt werden, um die runden Formen zu perfektionieren und Grat zu entfernen. Um das Zifferblatt im Werk zu fixieren, befestigt Kudoke nun kleine Stifte auf der Rückseite des Blattes. Die Vorderseite wiederum wird anschließend mit einer aufwendigen Gravur dekoriert. Auch diese hochpräzise Arbeit erfordert den Einsatz eines speziellen Mikroskops. Die Stundeneinteilung in Form von runden Stahlindexen wird von Hand abgedreht, danach in mehreren Arbeitsschritten abgeschliffen, poliert und anschließend mit Hitze gebläut. Nach der galvanischen Behandlung des Zifferblatts werden die von Hand ausgedrehten, polierten und gebläuten Indexe darauf befestigt.

Bei soviel Perfektion versteht es sich eigentlich von selbst, dass auch für die Zeiger höchste Anforderungen gelten. Den leicht wellenförmigen Minutenzeiger der „Mysticum" sägt Stefan Kudoke ebenfalls von Hand aus, feilt und poliert ihn, bevor er über Hitze gebläut wird.

Neben der vollständig skelettierten „Black Beauty" und ihren mit Gold beziehungsweise Silber galvanisierten Varianten „HS1" und „HG1" sowie der erwähnten „Mysticum" entstehen im Atelier von

Stefan Kudoke überdies Uhren von klassischer Eleganz. Ihre Namen sind dabei Programm. Sie heißen „Classic 1" und „Classic 2". Wer die inneren Werte dieser Zeitmesser kennenlernen möchte, muss durch den Glasboden auf der Rückseite ins Werk schauen. Dort wird der Uhrenfreund dann eines wahren Meisterstücks ansichtig: eine handskelettierte Dreiviertelplatine, verschraubte Goldchatons, aufwendige Gravuren und natürlich gebläute Schrauben überzeugen den Uhren-Gourmet.

Mit der „ExCentro 1" und der „ExCentro 2" bietet Kudoke zwei Kreationen, die – wie auf den ersten Blick bereits erkennbar – ihren Namen zu Recht tragen. Das Uhrwerk wird in einen exzentrischen Werkhaltering gesetzt. Dieser kann nach allen Regeln der Kunst individuell verziert und gestaltet werden. „Dadurch entstehen ausgefallene Schmuckstücke, die nicht nur Exzentriker begeistern", zeigt sich Stefan Kudoke überzeugt.

Für ein hohes Maß an Aufmerksamkeit sorgte eine weitere Kreation des Uhrmachermeisters und Skelettkünstlers: Kudoke präsentierte eine erotische Armbanduhr in limitierter Auflage. Aus den Platinen formte er mit seiner Uhrmachersäge die Körper zweier Liebenden. Das Farbspiel von Gelbgold und Weißrhodium im Uhrwerk sowie die aufwendigen Handgravuren lassen die Figuren äußerst realistisch wirken. Dass besonderer Wert auf Details gelegt wurde, bezeigt das von Hand skelettierte und gebläute Sperrad auf der Rückseite der Uhr, in dem das männliche und weibliche Symbol miteinander verschmelzen.

Was eine „Kudoke" am Ende kostet, hängt natürlich von den individuellen Wünschen des Kunden ab. Besonders arbeitsintensive Gravuren, Skelettierungen oder Schliffe sowie der Besatz mit Edelsteinen haben selbstverständlich ihren Preis. Wer sich für die Basismodelle entscheidet, die ebenfalls von Hand aufwendig veredelt werden, zahlt zum Beispiel für die „Black Beauty" rund 5.000 Euro und für die ExCentro circa 3.500 Euro. Für die erotische Kreation aus dem Haus Kudoke muss man mit knapp 7.700 Euro rechnen, dafür ist diese Uhr auf 69 Exemplare limitiert.

Kurzbewertung

Auch sklettierte Uhren wenden sich an Liebhaber. Keine Frage, es handelt sich um ein Nischenprodukt. Wer sich für ein solches Unikat interessiert, kommt an Stefan Kudoke nicht vorbei. Die längerfristige Wertentwicklung lässt sich kaum einschätzen. Immerhin ist es gut möglich, dass Liebhaber für diese Zeitmesser der besonderen Art auch künftig gute Preise zahlen werden.

Unser Rating:

Der Klassiker: die Nomos „Tangente"

Nomos

Die „tan-geniale" Manufaktur aus Glashütte

Wer erfahrenen Auktionatoren die Frage stellt, bei welchen Uhrenmarken realistische Renditeaussichten bestünden, erhält eigentlich immer die gleichen Antworten: Regelmäßig erzielten bestimmte Modelle von Rolex und Patek Philippe die höchsten Gebote. Die Nobelticker von Lange & Söhne sowie Panerai entwickelten sich ebenfalls recht gut, hin und wieder erreichten auch Vacheron Constantin und Audemar Piguet interessante Preise. „Mag alles stimmen", sagt Roland Schwertner, aber mitunter überraschten eben die Produkte kleinerer Manufakturen mit einem bemerkenswerten Maß an Werthaltigkeit. Welche Marke er dabei konkret im Sinn hat, lässt sich unschwer erahnen. Der gebürtige Düsseldorfer ist Gründer von Nomos Glashütte. Und wer den Namen dieses Herstellers hört, der sich seit einigen Jahren als Manufaktur bezeichnen darf, und inzwischen von Uwe Ahrendt geleitet wird, denkt sofort an die Tangente, den Nomos-Klassiker schlechthin. Dass sich der Kauf einer solchen Uhr Anfang bis Mitte der 1990er-Jahre schon mittelfristig als ein durchaus wertstabiles Investment erwiesen habe, beweise ein Blick in die einschlägigen Verkaufsplattformen im Internet, sagt Roland Schwertner. In den Jahren nach ihrer Lancierung kostete die Tangente weniger als 1.000 D-Mark. „Heute werden die Uhren von damals zum Beispiel bei eBay für 500 Euro und mehr gehandelt. Selbst wenn der

Käufer kein Geld verdient hat, so entstand ihm zumindest kein Verlust", sagt Schwertner, der zusammen mit Uwe Ahrendt das Unternehmen leitet.

Noch mehr Grund zur Freude haben alle, die in der Vergangenheit in die Sondereditionen von Nomos investierten. Wie zum Beispiel in die 2004 auf den Markt gebrachte quietschbunte „Super30"-Reihe des Erfolgsmodells Tangente. Was zunächst provozierte und möglicherweise manchen Zeitgenossen sogar irritierte, geriet am Ende zur erfolgreichsten Sonderedition des Unternehmens, die in kürzester Zeit ausverkauft war. „Super30" stand für 30 Tangente-Uhren mit ziemlich farbenfrohen Zifferblättern. Nomos überraschte damals mit Zeitmessern, deren Farben zumindest ebenso ungewöhnlich waren wie ihre Namen: „Hausmausgrau" hieß zum Beispiel ein Modell. Wer mochte, konnte sich auch für die Tangenten „Melonengrün" oder „Stracciatellagelb" entscheiden. Es gab aber unter anderem die Varianten „Rotkreuzschwesterweiß", „Backfischrosa" und „Waldmeistergrün".

Alle Uhren dieser kunterbunten Sonderedition habe man damals auf einer Seite veröffentlicht und den Juwelieren präsentiert, berichtet Roland Schwertner. Sicher ein gewöhnungsbedürftiger Anblick. Doch ziemlich schnell erkannte der Markt die Chancen dieser auf jeweils 100 Stück limitierten Uhren mit ihren so eigenwilligen Namen. „Falls heute überhaupt noch eine Uhr aus dieser Reihe im Internet verkauft wird, liegt der Preis in der Regel deutlich über dem, den der Erwerber seinerzeit zahlte. Das hängt schlicht damit zusammen, dass es Sammler gibt, die ihre Super30-

Kollektion komplettieren wollen und bereit sind, für die noch fehlenden Varianten etwas tiefer in die Tasche zu greifen", sagt Roland Schwertner.

Die im Jahr 2009 lancierte Sonderedition des Modells Orion ist hinsichtlich der Limitierung noch einen Tick exklusiver, dafür aber weniger farbenfroh. Um präzise zu sein: Alle 20 Zeitmesser dieser Reihe sind auf 20 Exemplare limitiert und haben ein graues Zifferblatt. Damit feierte Nomos den 20. Jahrestag der deutschen Wiedervereinigung. Allerdings, wer die Uhren nebeneinander legt, erkennt sehr schnell die überraschenden Variationen von Grau. Ein faszinierendes Spiel mit farblichen Nuancen. Jedes dieser grauen Einheits-Modelle trägt den Namen einer ostdeutschen Stadt. Klar, dass die Orion „Glashütte" als einzige im Reigen der Stahluhren in ein Goldgehäuse eingeschalt wurde. Aufgrund der strengen Limitierung – in dieser Form einmalig in der Unternehmensgeschichte – dürfte sich die Orion Einheits-Nomos wohl nicht eben als graue Maus erweisen, sondern ebenso wie viele andere Sondereditionen wertmäßig im Laufe der Jahre eher zulegen.

Beinahe jede Uhrenmarke hat ihre Fanclubs, die sich im Internet austauschen oder sich sogar regelmäßig treffen. Am aktivsten dürften dabei die Paneristi sein, also die Freunde der in ihren Ursprüngen italienischen Marke Panerai. Auch Nomos verfügt über eine eingeschworene Fangemeinde mit informativen Foren im Internet. Die Uhren aus dieser Manufaktur, die ihren Hauptsitz im ehemaligen Bahnhof von Glashütte unterhält und ihre Zeitmesser in der Chronometrie in Halbhöhenlage über der sächsischen

Kleinstadt zum Leben erweckt, diese Uhren also genießen längst Kultstatus. Vor allem natürlich die unverkennbare Tangente.

Unzählige Male wurde die Erfolgsstory von Roland Schwertner erzählt und publiziert. Die Geschichte eines Pioniers aus Düsseldorf, der kurz nach dem Fall der Mauer in Glashütte die Firma Nomos gründete und in einer winzigen Wohnung ohne Telefonanschluss die ersten Modelle Tangente, Orion, Ludwig und Tetra fertigte. Die klassische Tangente verfügt über ein Handaufzugswerk und überzeugt die Uhrenfreunde mit einem sehr aufgeräumten, ja fast schon puristisch wirkenden Zifferblatt. Ihr Gehäusedurchmesser von 35 Millimetern ist für heutige Verhältnisse fast schon zierlich. Eine Uhr mit typischer Bauhaus-Anmutung, selbst wenn man den Begriff „Bauhaus-Uhr" bei Nomos nicht unbedingt gern hört. Wie auch immer, es bleibt die Frage, was ausgerechnet dieses Modell so unglaublich erfolgreich macht?

„Vielleicht hatte das ursprünglich etwas mit dem Erfolg der Bahnhofsuhr zu tun", sinniert Roland Schwertner über die Gründe dieser Karriere der besonderen Art. Viele Kunden hätten sich eine klare, funktionale Uhr, aber mit unverwechselbarem Design gewünscht. „Wir übernahmen das Prinzip der Bahnhofsuhr, boten aber gleichzeitig hohe Qualität. Und den Prinzipien des Deutschen Werkbundes folgend, dem wir angehören, achteten wir von Anfang an darauf, diese Qualität zu erschwinglichen Preisen anzubieten. Die Tangente wirkt mit ihrer Geradlinigkeit wie ein Logo für die Marke."

Die Tangente ist nach wie vor ein Bestseller und mittlerweile in einer Vielzahl von Varianten erhältlich. Da wäre zum Beispiel die robuste Tangente Sport zu nennen, oder aber die Tangenten mit Datum, Glasboden und Gangreserveanzeige. Verfügt die Tangente über ein automatisches Manufakturkaliber, so heißt sie Tangomat und weist einen etwas größeren Durchmesser auf.

Zu den Nomos-Uhren der ersten Stunde gehören ferner die quadratische und sehr flache Tetra, die Orion, die von der Seite betrachtet nach Ansicht des Herstellers einem Ufo gleicht und im Jahr 2009 als graue Einheitsuhr Furore machte, und schließlich die Modellreihe Ludwig mit römischen Ziffern, von der Roland Schwertner sagt, sie sei vor allem etwas für Traditionalisten. Später folgte dann die sportlich-markante Modellreihe Club. Auf die Präferenz vieler Kunden für Uhren mit etwas größeren Gehäusedurchmessern, reagierte Nomos kurz darauf mit dem neuen Modell Zürich. Groß, aber nicht protzig sollte diese Automatikuhr werden. Gezeichnet hat die Uhr der renommierte Gestalter Hannes Wettstein. Mit der Lancierung dieser Uhr drang Nomos zudem in eine höhere Preiskategorie vor. Die Zürich mit Datumsanzeige kostet rund 2.800 Euro und ist damit – sieht man von den Nomos-Modellen mit Goldgehäuse einmal ab – eine der teuersten Uhren aus der Glashütter Manufaktur. Dafür bietet ein Blick durch den Saphirglasboden einen besonders ästhetischen Genuss. Das Werk präsentiert sich in anthrazitfarbenem Schwarzgold. Und wenn Unternehmenschef Roland Schwertner im Zusammenhang mit dem Modell Zürich scheinbar versehentlich von „Schwarzgeld" statt

„Schwarzgold" spricht, dann ist das wohl weniger ein Freud'scher Versprecher als eher ein subtiler Marketinggag. Mittlerweile wurde die Modellpalette um den Tangomat GMT und das Flaggschiff Zürich Weltzeit erweitert.

Das Stichwort „Manufaktur" birgt bekanntlich allemal reichlich Brisanz. Und wer die Wirtschaftspresse in den vergangenen Jahren aufmerksam verfolgte, dem ist der heftige Streit zwischen Nomos und einem ebenfalls in Glashütte ansässigen Mitbewerber nicht verborgen geblieben. Es ging um wettbewerbsrechtliche Auseinandersetzungen und Vertragsstrafen in Millionenhöhe. Im Zentrum stand die Frage, welches Unternehmen seine Produkte mit dem renommierten Herkunftsnamen „Glashütte" schmücken darf. Der Nomos-Konkurrent geriet in die Insolvenz, konnte später das Verfahren aber wieder beenden und blieb am Markt. Bei vielen Wirtschaftsjournalisten hinterließ dieser unschöne Streit eher ambivalente Gefühle. Viele waren der Ansicht, Nomos sei zwar grundsätzlich im Recht, doch habe die Eskalation dieser Auseinandersetzung mit der akuten Existenzgefährung des Mitbewerbers auch etwas am guten Image von Nomos gekratzt. „Man hätte die Dinge anders und eleganter lösen können", urteilt ein Branchenkenner aus Dresden rückblickend.

Doch darüber wird heute kaum noch gesprochen. Viel wichtiger ist es für die Freunde des Unternehmens, dass sich Nomos mittlerweile zum erlauchten Kreis der Manufakturen zählen darf – und das mit absolut gutem Gewissen. Im Grunde begann die Entwicklung hin zur Manufaktur bereits im Jahr 1997 mit der Konstruktion eines Sekundenstopps für das damals auf einem Eta-Kaliber basierende Werk. Vier Jahre später stellte Nomos dann den ersten Datumsmechanismus vor, der ebenso patentiert wurde wie der Gangreservemechanismus zwei Jahre später. Heute legt Nomos großen Wert auf weitgehende Fertigungstiefe. Bis auf wenige Ausnahmen werden die Komponenten selbst hergestellt.

In den Nomos-Uhren ticken sechs unterschiedliche Werke, darunter die Handaufzugskaliber Alpha, Beta, Gamma und Delta. Die Werke Beta und Delta verfügen über eine Datumsanzeige und weisen dadurch einen etwas größeren Durchmesser (32,15 Millimeter) auf. Das Handaufzugskaliber Beta treibt zum Beispiel die Modelle Tangente Datum und Club Datum an, das Kaliber Delta erweist sich als zuverlässiger „Motor" in der Tangente Datum Gangreserve. Das kleinste Handaufzugswerk Alpha tickt unter anderem in der „Ur-Tangente", in einigen Tetra-Modellen sowie in allen Uhren der Reihe Orion.

Die Nomos-Kaliberfamilie wird komplettiert von den Automatikwerken Epsilon, Zeta und Xi. Der wesentliche Unterschied: Zeta verfügt zusätzlich über eine Datumsanzeige und treibt zum Beispiel den Tangomat Datum und Club Automat Datum an. Die Xi-Werke ticken im Tangomat GMT und in der Zürich Weltzeit.

Das innovative Kraftzentrum von Nomos ist nur ein paar Schritte vom Hauptgebäude entfernt im ehemaligen Stellwerk des Bahnhofs Glashütte untergebracht. Dort wird geforscht, entwickelt und konstruiert. Und zu den Resultaten zählen nicht nur die beiden patentierten Mechanismen, sondern überdies die Entwicklung und der Bau des ersten Automatikkalibers. Auch das Tourbillon für die Tonneau-Uhren der Wempe-Chronometerwerke wurde in diesem kleinen Innovationszentrum entwickelt.

Nicht nur die Uhren von Nomos sind unverwechselbar, sogar bei der Kommunikation wird nichts dem Zufall überlassen. Es gibt das, was auf Neudeutsch „Corporate Wording" genannt wird, sprich: Alle Texte kommen locker und unprätentiös daher, frei von barocken und bisweilen etwas schwülstigen Formulierungen, wie sie in manchen Katalogen und Büchern anderer Luxusuhrenhersteller zu finden sind. Manchem Mechanik-Freak mag das eine oder andere vielleicht zu flapsig klingen, leicht nachvollziehbar und spaßbetont sind die Nomos-Texte aber allemal.

Kurzbewertung

Bleibt schließlich die Frage aller Fragen: Sollte man Nomos-Uhren tatsächlich als Investment in Erwägung ziehen? Nüchtern betrachtet, lässt es sich sicher nicht bestreiten, dass die meisten Nomos-Käufer eine gute mechanische Uhr mit hohem Wiedererkennungseffekt und klarem Design zu vergleichsweise günstigen Preisen wünschen. Wenn dann bei einigen Sondermodellen im Laufe der Jahre noch eine Wertsteigerung zu verzeichnen ist – umso besser. Was beruhigt den Uhrenfreund, der für seine Zeitmesser sehr viel höhere Beträge ausgibt als der durchschnittliche Verbraucher, mehr als die Feststellung, sein Geld zumindest werterhaltend ausgegeben zu haben? Der Kultstatus von Nomos wirkt jedenfalls potenziell wertsteigernd, vor allem, wenn es sich um gesuchte Sondereditionen handelt.

Unser Rating:
● ● ● ● ● ● ● ● ● ● ● ● ● ● ● ● ○ ○ ○ ○

253

Komplikationen
als Werttreiber

Welcher Zeitgenosse – von esoterisch veranlagten Ausnahmen einmal abgesehen – braucht eigentlich eine Mondphase in seiner Armbanduhr? Wer verwendet schon die Chronographen-Funktion einer 10.000-Euro-Uhr, um bei einem sportlichen Wettstreit die Zeit zu stoppen? Wer benötigt ein Großdatum auf dem Zifferblatt seiner Armbanduhr, sieht man von Menschen mit Sehschwäche einmal ab? Und warum in aller Welt investieren Uhrenfreaks absurd hohe Summen für ein Tourbillon, das in modernen Armbanduhren eigentlich so überflüssig ist wie eine Telefonzelle im Handyzeitalter? Nüchtern betrachtet, braucht natürlich niemand diese technischen Finessen. Ebenso, wie der Mensch durchaus glücklich sein kann, selbst wenn kein Matisse sein Arbeitszimmer schmückt. Uhrenfreunden und Sammlern geht es aber bekanntlich nicht um den eigentlich trivialen Vorgang der Zeitmessung. Sie erfreuen sich vielmehr an den kleinen mechanischen Meisterleistungen und Finessen, die aus einer normalen Uhr ein Kunstwerk machen – ein Kunstwerk, das natürlich seinen Preis hat. Mit der Zahl der Komplikationen steigt der Wert der Uhr und die Aussicht auf eine langfristige Wertsteigerung. Auf den folgenden Seiten möchten ich Ihnen die wichtigsten Komplikationen kurz vorstellen. Sie sind die Werttreiber für hochwertige mechanische Uhren.

Der Chronograph
Einfach mal die Zeit anhalten

Man kann die Zeit nicht anhalten – weiß der Volksmund. Das stimmt, doch man kann sie stoppen. Schon zu Beginn des 19. Jahrhunderts gab es Taschenuhren mit Stoppfunktion. Sollte eine kurze Zeitspanne gemessen werden, startete der stolze Uhrenbesitzer den Sekundenzeiger und hielt ihn wieder an, sobald zum Beispiel der Sportler sein Ziel erreicht hatte. Nachteil: Mit dem Sekundenzeiger wurde das komplette Uhrwerk gestoppt. Das heißt, der Besitzer des Zeitmessers musste sein gutes Stück anschließend wieder genau stellen. Findige Uhrmacher suchten also nach einer Lösung, die es erlaubte, den Stoppuhrzeiger von den übrigen Funktionen des Werks unabhängig zu machen. Der österreichische Uhrmacher Thaddäus Winnerl präsentierte in den Dreißiger Jahren des 19. Jahrhunderts einen Chronographen mit zwei übereinander angeordneten Sekundenzeigern. Einer von ihnen markierte den Start eines Ereignisses, der andere das Ende. Damit war der Stopp-Mechanismus zwar von den anderen Funktionen des Werks entkoppelt. Allerdings ließen sich beide Zeiger nicht auf Null stellen, was das Ablesen der gestoppten Zeit erschwerte.

Ein paar Jahre später entwickelte der Uhrmacher und Firmenchef Adolphe Nicole das sogenannte Nullstellherz und befestigte es auf dem Sekundenrad. Dadurch war es möglich, nach der gestoppten Zeit das Sekundenrad per Knopfdruck wieder auf Null zurückzustellen. Doch blieb diese in der Folgezeit weiter perfektionierte Komplikation zunächst den Taschenuhren vorbehalten. Armbanduhren mit einer Chronographen-Funktion, wie wir sie heute kennen, gibt es erst seit den 1930er-Jahren.

Chronographen sind leicht zu erkennen: Sie verfügen neben der Krone über zwei Drücker bei zwei und vier Uhr. Mit dem oberen Drücker wird der Chronographen-Zeiger gestartet und gestoppt, mit dem unteren Drücker bringt man ihn wieder zurück in die Nullstellung, also auf zwölf Uhr. Wer's noch etwas komfortabler und uhrmacherisch komplizierter mag, entscheidet sich für einen Flyback-Chronographen. Bei diesen Uhren reicht ein einfacher Knopfdruck aus, um eine laufende Zeitmessung zu beenden und eine neue zu beginnen. Bei normalen Chronographen müssen die Drücker drei Mal betätigt werden. Das erste Mal, um den laufenden Chronographen-Zeiger zu stoppen, das zweite Mal, um den Zeiger wieder auf zwölf Uhr zurückzustellen, und das dritte Mal, um eine erneute Zeitmessung zu starten. Der Begriff „Flyback" oder auf Französisch „retour en vol" (Rückkehr im Fluge) hat also durchaus seine Berechtigung.

Noch größere Herausforderung stellt der Schleppzeiger- oder Doppelzeiger-Chronograph, häufig auch „Rattrapante" genannt, an die uhrmacherischen Fähigkeiten. Bei solchen Uhren starten auf

Knopfdruck zwei Chronographen-Anzeiger, von dem einer, der Schleppzeiger, gestoppt werden kann, während der andere weiterläuft. Dadurch lassen sich bequem Zwischenzeiten ablesen. Danach springt der kurzfristig angehaltene Schleppzeiger dem weitergelaufenen Chronographen-Anzeiger hinterher. Deshalb wurde dieser Mechanismus lange Zeit auch „nachspringende Sekunde" genannt.

Heute haben die meisten bedeutenden Manufakturen einen Schleppzeiger-Chronographen im Angebot, doch es gab eine Zeit, als diese Komplikation in Vergessenheit zu geraten drohte. In den 1970er-Jahren schien sich niemand mehr für den Rattrapanten zu interessieren. Der technische Aufwand zur Herstellung solcher Uhren war immens – und die Kosten lagen erheblich über dem der normalen Chronographen. Außerdem waren mechanische Zeitmesser zu dieser Zeit generell nicht sonderlich gefragt. Alle Welt fokussierte sich auf die günstigen und sehr genauen Quarzuhren. Es war die feine Schweizer Manufaktur Blancpain, die mit ihrem im Jahr 1989 auf der Schweizer Uhrenmesse vorgestellten Schleppzeiger-Chronographen dieser Komplikation eine Renaissance bescherte.

Zweifellos ist die Chronographen-Funktion für viele Uhrenfreunde die beliebteste Komplikation, nicht zuletzt, weil sie im Gegensatz zu anderen mechanischen Finessen nicht nur von uhrmacherischem Können zeugt, sondern als anspruchsvolle Stoppuhr am Handgelenk auch im Alltag nützliche Dienste verrichten kann – zum Beispiel beim Sport. Das am häufigsten gebaute Chronographen-Werk dürfte das Valjoux 7750 sein, das in vielen Uhren mit dieser Komplikation zuverlässig tickt.

Für die mobile Gesellschaft
Die zweite Zeitzone

Neben der Chronographen-Funktion kommt der „zweiten Zeitzone" beziehungsweise den Weltzeit-Referenzen der größte praktische Nutzwert unter allen Komplikationen zu, was in einer mobilen Gesellschaft nicht überraschen kann. Es ist eben außerordentlich nützlich, mit einem Blick aufs Handgelenk nicht nur festzustellen, wie viel die Uhr in Berlin, Wien oder Köln geschlagen hat, sondern welche Tages- oder Nachtzeit gerade in New York, Moskau oder Tokio herrscht. Es kann nicht überraschen, dass sich solche Uhren besonders bei Piloten großer Beliebtheit erfreuen. Es war denn auch das Management der schon vor Jahren zusammengebrochenen ehemaligen US-amerikanischen Fluggesellschaft Pan Am, das sich im Jahr 1953 mit einer ganz besonderen Bitte an Rolex-Gründer Hans Wilsdorf wandte. Die Airline-Chefs wünschten sich für ihre Piloten eine Uhr, die das gleichzeitige Ablesen zweier unterschiedlicher Weltzeiten ermöglichen sollte. Schon ein Jahr darauf hatte die Genfer Manufaktur die Lösung gefunden: Mit der GMT-Master begeisterte Rolex nicht nur die Piloten, sondern Uhrenfreunde in aller Welt – ganz gleich, ob Sie nun häufig oder eher selten unterwegs waren. Ab dem Jahr 1955 waren die GMT-Master-Uhren im Handel erhältlich. Sie gehören bis heute zu den Rolex-Klassikern und gleichen zumindest aus der Distanz der Submariner, weshalb beide Modelle von weniger erfahrenen Uhrenfreunden häufig verwechselt werden. Wer indessen genauer hinschaut, erkennt sofort die Unterschiede zwischen dem Taucher- und dem Piloten-Modell. Die GMT-Master verfügt über einen zweiten Stundenzeiger sowie eine entsprechende 24-Stunden-Drehlünette zum Einstellen der zweiten Zeitzone. Theoretisch würde natürlich eine Zwölf-Stunden-Skala für die zweite Zeit ausreichen – und so wird bei manchen einfacheren Modellen auch auf diese Lösung zurückgegriffen –, doch ist für den Nutzer in diesem Fall nicht ersichtlich, ob es sich bei der zweiten Anzeige um die Tages- oder Nachtzeit handelt.

Auf eine andere Technik greift Patek Philippe mit seinem ultraflachen Worldtimer GMT zurück (Referenz 5110). Ein ins Zifferblatt integrierter 24-Stunden-Ring dreht sich ein Mal täglich um seine Achse. Um diesen Ring herum sind verschiedene Städtenamen angeordnet. Der stolze Besitzer dieses kosmopolitischen Zeitmessers braucht nur die Ziffer auf dem in Bewegung befindlichen Ring der entsprechenden Zeit zuzuordnen und weiß sofort, wie spät es zum Beispiel in Caracas, Anchorage, Hongkong, Kairo oder Moskau ist.

Eine besonders raffinierte Lösung hat sich A. Lange & Söhne für die LANGE 1 ZEITZONE ausgedacht. Sie besteht aus zwei getrennten Zifferblättern und einem um das Zifferblatt herum angebrachten Ring mit den wichtigsten Städtenamen. Das kleine Zifferblatt bei fünf Uhr weist eine kleine Pfeilspitze auf. Wer nun zum Beispiel die Zeit in Caracas erfahren möchte, betätigt den Drücker bei acht Uhr so lange, bis der Name dieser Stadt gegenüber der

Pfeilspitze positioniert ist. Auf dem kleinen Zifferblatt kann man dann die aktuelle Zeit in der südamerikanischen Metropole ablesen. Und der Clou: Die auf dem kleinen Zifferblatt angezeigte Zeit lässt sich schnell und unkompliziert auf das große Zifferblatt übertragen. Dies ist besonders angenehm für Reisende, die sich länger in dieser Zeitzone aufhalten, denn auf diese Weise haben sie immer die aktuelle Uhrzeit groß vor Augen, während die Zeit im Heimatland auf dem kleinen Zifferblatt angezeigt wird. Wer sich für diese Lösung entscheidet, muss allerdings schon über 35.000 Euro investieren – und damit mehr als für den Patek-Philippe-Worldtimer, dessen Preis bei rund 20.000 Euro liegt.

So weit einige Beispiele für außergewöhnliche Weltuhren. Selbstverständlich haben auch andere bekannte Marken Weltzeituhren im Sortiment. Die drei ausgewählten Modelle freilich dürften aus heutiger Sicht die beste Wertentwicklung aufweisen.

Der Mond als Scheibe

Auf den ersten Blick scheint beides nicht recht zusammenzupassen: einerseits die fast fanatische Exaktheit der Feinmechanik in edlen Uhren, das Bestreben, die Zeit genau bestimmen und stoppen zu können, andererseits die Darstellung der Mondphase auf dem Zifferblatt. Eher prosaisch veranlagte Zeitgenossen können auf diese Indikation sicher verzichten, weil sie den angeblichen Einfluss des Mondes auf das Wohlbefinden und das Schicksal der Menschen mehr oder minder für esoterischen Hokuspokus halten.

Unbestritten ist aber, dass der Trabant durch seine Anziehungs-
kraft auf der Erde für Ebbe und Flut verantwortlich ist. Und im
bio-dynamischen Landbau richten sich die Zeiten der Aussaat vielfach nach den Mondphasen. Nicht wenige Menschen klagen zudem über Schlafstörungen bei Vollmond. Wie dem auch sei, jedenfalls ging vom Erdtrabanten schon in früheren Jahrhunderten eine
seltsame Magie aus. Selbst heute machen manche Menschen
wichtige Entscheidungen von der aktuellen Mondphase abhängig.

Ganz gleich, wie stark der Einfluss unseres Begleiters auf die Natur
nun wirklich sein mag, fest steht, dass sich Mondphasenuhren großer Beliebtheit erfreuen. Vielleicht genau deshalb, weil diese Indikation etwas Mystisches auf das Zifferblatt einer ansonsten eher nüch-
ternen Uhr zaubert. Doch mit der Mystik ist das bekanntermaßen so
eine Sache: Wer die Gelegenheit hat, einmal unter das Zifferblatt seiner Uhr zu schauen, stellt fest, dass die Mondphasenanzeige nichts
anderes ist als eine dunkelblaue Scheibe mit zwei gegenüberlie-
genden Monden – weit entfernt von der filigranen Mechanik zum
Beispiel eines Tourbillons. Diese Scheibe befindet sich auf einem
Zahnrad mit 59 Zähnen, das jeden Tag weitergeschaltet wird. Daraus ergibt sich pro Mondphase ein Zeitabschnitt von 29,5 Tagen.
Bei dieser Rechnung wird indessen großzügig abgerundet, denn eigentlich dauert eine Mondphase exakt 44 Minuten und 2,9 Sekunden länger. Über das Jahr gerechnet resultiert daraus eine Abweichung von weniger als neun Stunden. Doch selbst wer sehr genau
hinschaut, kann diese kleine Unkorrektheit bei der Stellung der
Mondscheibe im Fensterausschnitt des Zifferblatts nicht feststellen.
Und trotzdem gibt es Manufakturen, die selbst marginale Ungenau-

igkeiten nicht akzeptieren wollen. A. Lange & Söhne zum Beispiel entwickelte einen neuen Mechanismus, der lediglich eine Abweichung von 57 Sekunden pro Mondumlauf zur Folge hat. Das heißt im Klartext: Erst nach 122 Jahren (!) macht die Abweichung einen Tag aus. Noch penibler geben sich die Konstrukteure von der IWC: Die Mondphase im „Portugieser Ewiger Kalender" ist erst nach rund 577 Jahren um einen Tag „hinter der Zeit".

Für aufgeweckte Uhrenfreunde
Der Armbandwecker

Auf den Weckdienst im Hotel ist leider nicht immer Verlass. Ruhiger schläft, wer nach der bewährten Maxime handelt „Doppelt genäht hält besser". Hervorragend dafür geeignet sind die sogenannten Armbandwecker, die trotz ihres unbestreitbaren Nutzwerts für mehrere Jahre vom Markt fast verschwunden waren. Wer einen Wecker am Handgelenk erstehen wollte, musste auf ältere Modelle zurückgreifen. Entscheidend zur Renaissance dieser Komplikation beigetragen hat die Schweizer Manufaktur Jaeger-LeCoultre, die im Jahr 2002 auf der Genfer Uhrenmesse im Rahmen der traditionsreichen Modellreihe Memovox ein neues, bis hundert Meter wasserdichtes Modell vorstellte.

Doch der Reihe nach: Mechanische Uhren mit Weckeinrichtungen aller Art gab es schon vergleichsweise früh. So meldete der Hersteller Eterna bereits im Jahr 1908 einen Armbandwecker zum Patent an. Wenige Jahre später kamen die ersten Modelle auf den

Markt – und erfreuten sich zunächst reger Nachfrage. Es ist eben nützlich, sich tagsüber durch ein dezentes Signal an Termine erinnern und sich morgens aus den Träumen wecken zu lassen. Umso erstaunlicher, dass sich die Wettbewerber reichlich Zeit ließen, bis sie ebenfalls formschöne Wecker fürs Handgelenk lancierten. Jaeger-LeCoultre präsentierte im Jahr 1929 seinen ersten Armbandwecker in kleiner Auflage, das deutsche Unternehmen Junghans folgte 1951 mit der Minivox. Anfang der 1970er-Jahre brachte Omega schließlich die Memomatic auf den Markt.

Das bekannteste eidgenössische Weckerwerk für Armbanduhren ist das Kaliber AS 5008, das 1965 in Produktion ging und bis heute immerhin eine stolze Auflage von rund 180.000 Stück erreichte. Das Besondere an diesem Automatikkaliber sind sicher die vergleichsweise geringen Maße. Das AS 5008 bringt es eben gerade auf einen Durchmesser von 300 Millimetern und eine Bauhöhe von 7,25 Millimetern. Das Prinzip ist relativ einfach: Dreht sich der Automatikrotor in die eine Richtung, wird das Uhrwerk aufgezogen, bewegt er sich in die andere Richtung, kommt dies dem Weckerwerk zugute.

So richtig überzeugen konnte indessen keiner dieser „Wecker der frühen Stunde". Die Memomatic von Omega zum Beispiel war aufgrund der geringen Energiezufuhr aus dem Automatikwerk nur zu einem verhältnismäßig leisen Klingelton in der Lage – für Menschen mit einem gesunden Schlaf kein zuverlässiger Wecker. Später machten sich diese Uhren zwar vernehmlicher bemerkbar, doch ein akustischer Genuss war das nicht gerade, was der Träger vom Armbandwecker da hörte. Vielmehr erzeugten die Uhren ein recht mechanisch klingendes Schnarren.

Als Jaeger-LeCoultre vor einigen Jahren mit der neuen Memovox an den Markt kam, war klar: Die neuen Wecker mussten angenehmer klingen. Also erhielt die Master Compressor Memovox eine Tonfeder im Gehäuseboden, gegen das ein winziges Hämmerchen schlägt. Das Ergebnis ist ein geradezu melodisches Weckgeräusch.

Neben Jaeger-LeCoultre bieten unter anderem Maurice Lacroix und Fortis Uhren mit Weckfunktion an. Während in der Maurice Lacroix das erwähnte AS-Kaliber 5008 tickt und schnarrt, wird in den Fortis-Flieger-Chronographen B-2 Alarm das Fortis-Kaliber 2001 eingeschalt, das auf dem ETA/Valjoux-Werk 7750 basiert.

Die schönste „Sehhilfe"
Das Großdatum

Wer möchte schon seine Brille aufsetzen, um das Datum auf dem Zifferblatt seiner Uhr abzulesen? Vermutlich niemand. Und dennoch ist es mitunter kaum vermeidbar, denn die Ziffern im Datumsfenster der meisten Uhren fallen recht klein aus. Man muss schon über eine gute Sehkraft verfügen, um das angezeigte Datum exakt ablesen zu können. Um die Ablesbarkeit zu erleichtern, platziert Rolex bekanntlich eine Lupe auf dem Saphirglas über dem Zifferblatt, die mittlerweile längst zum Erkennungszeichen der

Marke avancierte. Dennoch weist diese Lösung zwei Nachteile auf: Erstens ist eine solche Lupe nicht jedermanns Geschmack – selbst unter Rolex-Freunden gehen die Meinungen oft auseinander – und zweitens ist sie für bestimmte Modelle, die für höchste Anforderungen konzipiert wurden, nicht geeignet. So muss die Rolex Sea-Dweller, wie an anderer Stelle bereits erwähnt, ohne Datumslupe auskommen.

A. Lange & Söhne lieferte am 24. Oktober 1994 eine höchst ansehnliche Alternative. Die sächsische Manufaktur präsentierte der Fachwelt und allen Uhrenfreunden rund um die Welt ihre ersten vier Modelle. Drei von ihnen – die legendäre LANGE 1, die ARKADE und die CABARET – verfügten über ein sehr gut ablesbares Großdatum. Das war zwar keine wirkliche Innovation, denn Armbanduhren mit großen Datumsanzeigen hatte es schon früher gegeben, dennoch hat A. Lange & Söhne dieser praktischen Komplikation zum Durchbruch verholfen. In Gold gerahmt erscheint das Großdatum auf der LANGE 1 und erleichtert nicht nur die Ablesbarkeit, sondern stellt gleichzeitig ein unverkennbares, ästhetisches Detail dieser begehrten Armbanduhr dar.

Tatsächlich dient das Großdatum nicht nur der Bequemlichkeit, sondern eignet sich hervorragend zur künstlerischen Gestaltung des Zifferblatts. Das haben längst auch andere Hersteller erkannt. Daher stehen die Freunde dieser im wahrsten Sinne des Wortes ansehnlichen Komplikation heute vor der Qual der Wahl. Der große Konkurrent von A. Lange & Söhne vor Ort, die Glashütter Uhrenbetrieb GmbH, reagierte mit dem Panoramadatum. Bei den

Uhren der PanoMatic-Serie ist das Großdatum bei fünf Uhr platziert, während es bei der LANGE 1 rechts oben zwischen ein und zwei Uhr zu finden ist. Im Gegensatz zum Lange-Flaggschiff weisen PanoMatic-Uhren darüber hinaus keinen Steg zwischen der Einer- und Zehnerziffer auf. Der Grund: Die für die Anzeige eines Großdatums immer erforderlichen beiden Zifferscheiben, die Einer- und Zehnerstellen, liegen konzentrisch ineinander und können damit auf gleicher Höhe positioniert werden.

Die GMT Big Date von Ulysse Nardin weist ebenfalls eine Besonderheit auf: Wo bei anderen Zeitmessern langes Drücken oder Drehen erforderlich ist, lässt sich bei dieser Uhr das Großdatum über eine patentierte Mechanik in beide Richtungen und über alle Zehnersprünge hinweg schnell und einfach einstellen. Ein absolutes Schmuckstück unter den Uhren mit Großdatum stellt die Girard-Perregaux Vintage 1945 dar – einer der sehr wenigen rechteckigen Zeitmesser mit großer Datumsanzeige. Während bei allen anderen Uhren sofort erkennbar ist, dass sich das Großdatum aus zwei nebeneinander platzierten Ziffern, eben den Zehner- und Einerstellen zusammensetzt, gewinnt man beim Betrachten der Girard-Perregaux den Eindruck, es handle sich um eine einteilige Anzeige. Der Trick dabei: Die Scheibe mit den Einerstellen ist durchsichtig. Man muss schon sehr genau hinschauen, um dieser Finesse auf die Spur zu kommen.

Die „intelligente" Komplikation
Der Ewige Kalender

Die frommen Herren hatten genau nachgerechnet – und kamen zu einem für die Kirche absolut inakzeptablen Ergebnis. Würde man es bei dem bis dato geltenden Kalender belassen, der alle durch vier teilbare Jahre ein Schaltjahr mit einem zusätzlichen Tag vorsah, dann würde Ostern schon bald im Hochsommer gefeiert werden. Denn nach dieser Rechnung hatte das Jahr im Durchschnitt 365,25 Tage. Das tropische Jahr indessen, also die Zeit, die die Erde benötigt, um ein Mal die Sonne zu umkreisen, dauert nur 365,2422 Tage. Nur Pedanten würden sich normalerweise über diese minimale Abweichung aufregen, die sich erst nach 128 Jahren zu einem vollen Tag summiert. Doch die gläubigen Herren dachten schon mehrere Jahrhunderte weiter und mochten sich die langfristigen Folgen dieser vermeintlich marginalen Ungenauigkeit gar nicht ausmalen. Immerhin könnte der gesamte Kirchenkalender durcheinander geraten. Auf dem Konzil zu Konstanz im Jahr 1414 wurde daher eine Kalenderreform beschlossen. Allerdings ließ man es durchaus langsam angehen. Etwa 140 Jahre später wurde der Beschluss auf dem Konzil zu Trient erneut bestätigt, und erst am 24. Februar 1582 erließ Papst Gregor XIII. eine Bulle, wonach in diesem Jahr auf den 4. Oktober gleich der 15. Oktober folgen sollte. Damit hatte man die bis dahin aufgelaufene Zeitverschiebung ausgeglichen. Gleichzeitig verfügte der Papst, dass volle Jahrhunderte fortan keine Schaltjahre mehr seien, obgleich deren Zahl durch vier teilbar ist. Doch offenkundig galt schon damals, dass es keine Regel ohne Ausnahme gibt. Sofern nämlich das volle Jahrhundert durch 400 teilbar ist, handele es sich ausnahmsweise doch um ein Schaltjahr. Konkret spürten wir die komplizierten Regelungen des Gregorianischen Kalenders im Jahr 2000. Eigentlich hätte dieses Jahr ein Schaltjahr sein müssen, da es durch vier teilbar ist. Allerdings war es eben auch ein volles Jahrhundert. Also kein Schaltjahr? Doch, denn 2000 lässt sich bekanntlich durch 400 dividieren. Und so wurde uns im symbolträchtigen Jahr 2000 mit dem 29. Februar ein zusätzlicher Tag geschenkt.

Angesichts dieser komplizierten Regelungen erscheint die Frage berechtigt, ob es einen Ewigen Kalender in einer Uhr tatsächlich geben kann. Ist es möglich, all diese Besonderheiten in einem filigranen Mechanismus zu berücksichtigen? Um die Antwort gleich vorwegzunehmen: Ein wirklicher Ewiger Kalender ist in keiner Armbanduhr zu finden – und mag sie noch so kompliziert sein. Dennoch darf der Ewige Kalender sicher mit Fug und Recht als die „intelligenteste" Komplikation bezeichnet werden. Im Gegensatz zum „Jahreskalender", einer ebenfalls schon sehr aufwendigen mechanischen Lösung, berücksichtigen Ewige Kalender nämlich die Schaltjahre. Das Datum braucht also nicht spätestens alle vier Jahre neu eingestellt zu werden, der Ewige Kalender zeigt verlässlich Datum, Wochentag und Monat an. Bei einigen Modellen, wie der legendären Da Vinci von der IWC, kommen noch die vierstellige (!) Jahreszahl und eine Mondphase hinzu.

Die Gesetzmäßigkeiten des Gregorianischen Kalenders bringen es mit sich, dass die vermeintliche Ewigkeit des Ewigen Kalenders maximal noch bis zum 29. Februar 2100 währt. Diesen Tag würde die Uhr anzeigen, denn die Jahreszahl ist durch vier teilbar. Gleichzeitig handelt es sich aber um ein volles Jahrhundert, das nicht durch 400 teilbar ist. Insofern wird es den 29. Februar 2100 nicht geben. Wer immer von seinen Vorfahren einen Ewigen Kalender erbt und so pfleglich behandelt, dass er in über 90 Jahren noch funktionstüchtig ist, muss mithin spätestens am 28. Februar 2100 einen versierten Uhrmacher aufsuchen, der dem irritierten Kalender wieder auf die Sprünge hilft.

Doch selbst wenn die Erkenntnis, dass nichts auf Erden ewig hält, naturgemäß auch auf einen Ewigen Kalender zutrifft, tut dies der Faszinationskraft dieser Komplikation keinen Abbruch. Es ist in der Tat Ausdruck faszinierender Uhrmacherkunst, auf kleinstem Raum ein zuverlässiges mechanisches Gedächtnis zu konstruieren, das über Jahrzehnte hinweg das Datum, den Wochentag, den Monat sowie teilweise sogar das Jahr und die Mondphase anzeigt. Das heute an sich überflüssige Tourbillon mag aus ästhetischen Gründen als die Krönung aller Komplikationen gelten, der Ewige Kalender freilich ist und bleibt ein faszinierender Geniestreich, was die damit ausgestatteten Uhren besonders werthaltig macht. Ewige Kalender sind folglich bei den meisten Herstellern von Nobeluhren zu finden. Die Palette reicht unter anderem von der IWC, A. Lange & Söhne, Glashütte Original und Vacheron Constantin bis hin zu Chopard, Blancpain und Chronoswiss.

Meisterhaftes Geläut
Repetitionsuhren am Handgelenk

Besonders aufgeweckten Zeitgenossen attestiert man mitunter, sie wüssten, was die Uhr geschlagen habe. Doch eigentlich wurden die akustischen Zeitsignale eher für etwas verschlafene Menschen konzipiert. In Zeiten, da es weder leuchtende elektronische Uhren noch Leuchtmasse auf den Zeigern gab, war es ein äußerst mühsames Unterfangen, nächtens die Zeit zu bestimmen. Elektrisches Licht auf Knopfdruck war noch Zukunftsmusik, und deshalb musste jeder, der aus dem Schlaf erwachte und wissen wollte, wie spät oder früh es war, entweder eine Kerze anzünden und schlaftrunken zur nächsten Uhr wanken, oder aber er vertraute einfach auf den Gongschlag. Dabei gab und gibt es jedoch feine Unterschiede: Manche Zeitmesser schlagen nur die volle Stunde, andere melden sich viertelstündlich.

Erwies sich die Konstruktion eines Schlagwerks schon für Großuhren, wie Stand- und Stutzuhren, als recht anspruchsvoll, so schien es zunächst unvorstellbar, einen solchen Mechanismus in eine Taschenuhr einzubauen. Doch schon Ende des 17. Jahrhunderts gelang zwei englischen Uhrmachern das scheinbar Unmögliche: Daniel Quare und Edward Barlow erfanden die Viertelstundenrepetition für Taschenuhren. Auf Knopfdruck schlug ein kleines Hämmerchen gegen ein Mini-Glöckchen und machte damit akustisch deutlich, in welchem Stundenquartal man sich gerade befand. Doch die Sache mit der kleinen Glocke war sicher nicht der Weisheit letzter Schluss. Sie nahm trotz ihrer Miniaturisierung relativ viel Platz im Inneren einer Uhr in Anspruch – und ihr Klang war alles andere als ein Ohrenschmeichler. Erst der geniale Uhrmacher und Erfinder Abraham-Louis Breguet, dem die Uhrenfreunde neben dem Tourbillon unter anderem auch die nach ihm benannte Unruh-Spirale zu verdanken haben, präsentierte im Jahr 1783 die Lösung. Fortan schlug das kleine Hämmerchen nicht mehr gegen eine eher blecherne Glocke, sondern gegen eine wohlklingende, winzige Tonfeder.

Grande oder Petite Sonnerie?

Während Repetitionsuhren nur „nach Aufforderung" – zum Beispiel durch das Betätigen eines Drückers oder Schiebers – ein akustisches Zeitsignal geben, melden sich Uhren mit Selbstschlagwerken gleichsam automatisch. Zu unterscheiden sind dabei die vor allem bei wertvollen Großuhren oft anzutreffende Grande Sonnerie – auch „Wiener Schlag" genannt – und die Petite Sonnerie.

Die Grande Sonnerie schlägt sowohl die Stunde als auch die Viertelstunde in unterschiedlichen Tönen. Die Besonderheit: Sie wiederholt vor jedem Viertelstundenschlag die vergangene volle Stunde. Angenommen, es ist 9.45 Uhr. In diesem Fall würde eine Grande Sonnerie zunächst neun Mal die Stunde schlagen und danach in einem anderen Ton drei Mal die Viertelstunde.

Die Petite Sonnerie funktioniert etwas einfacher. Sie schlägt nur die volle Stunde. Manche schlagen überdies die Viertelstunde, ohne zuvor die volle Stunde zu wiederholen.

Wenn das Schlagwerk schon in den Mechanismus einer Taschenuhr integriert wurde, dann konnte der Weg ins Innere einer Armbanduhr nicht weit sein. Es war die renommierte Manufaktur
Audemars Piguet, die im Jahr 1892 die ersten Armbanduhren mit
Schlagwerk auf den Markt brachte. Heute präsentieren die bekanntesten Marken der Welt eine kleine, aber höchst exklusive
Palette von Repetitionsuhren fürs Handgelenk. Wer sich einen solchen Zeitmesser gönnen möchte, muss freilich oft schon den Gegenwert eines Einfamilienhauses, zumindest aber einer Eigentumswohnung investieren. Die Minutenrepetition von Breguet
(Referenz 5447PT/1E/9V6) etwa kostet laut Liste über 220.000
Euro (Stand 2007). Das vergleichbare Modell von Audemars Piguet (Jules Audemars, Referenz 26050 OR.00 D.2CR.01) bringt es
sogar auf 285.100 Euro. Allerdings geht es auch deutlich günstiger. Die Répétition à quarts von Chronoswiss mit Viertelstundenrepetition ist in der Goldvariante für knapp 19.000 Euro erhältlich, in Stahl kostet diese Uhr rund 12.000 Euro, ist mit etwas
Verhandlungsgeschick des Käufers aber oft schon für einen vier-
stelligen Betrag zu haben. Der kleine deutsche Hersteller Nivrel
aus Saarbrücken schließlich bietet eine Stahluhr mit ETA-Kaliber
und Fünfminutenrepetition für den sagenhaften Preis von rund
4.400 Euro an.

Dass Uhren mit Schlagwerk, die daneben meist noch eine Reihe anderer wertsteigernder Komplikationen aufweisen, preislich überwiegend im sechsstelligen Bereich angesiedelt sind, kann nur den
überraschen, der den extremen Arbeitsaufwand bei der Herstellung
einer solchen Uhr unterschätzt. „Tatsächlich besteht der Schlag-

werkmechanismus aus vielen winzigen Teilchen, darunter viele schnelldrehende Elemente, Rast- und Stufenscheiben", erläutert Kilian Eisenegger, seines Zeichens Technischer Direktor bei der Nobelmanufaktur IWC. Alle diese Teilchen müssen außerordentlich präzise eingebaut werden. Dabei kommt es auf Hundertstelmillimeter an. Eine solchermaßen diffizile Arbeit will gelernt sein. Von den knapp 130 Uhrmachern bei IWC beherrschen gerade mal acht den Zusammenbau eines Repetitionsmechanismus.

Wer eine solche Uhr unter dem Aspekt der Kapitalanlage ersteht, sollte bedenken, dass im Fall eines Wiederverkaufs nur eine sehr kleine Zielgruppe von Interessenten infrage kommt. In der Regel ist die Veräußerung nur über international agierende Auktionshäuser, etwa Antiquorum in Genf, möglich.

Faszinierender Wirbelwind
Das Tourbillon

Erinnern Sie sich noch an unsere Frage zu Beginn dieses Kapitels: Braucht der vernünftige Mensch eigentlich eine Uhr mit Komplikationen? Die Antwort setzt zunächst voraus, den Begriff „Vernunft" zu definieren. Wem es nur darum geht, eine zuverlässige Uhr am Handgelenk zu tragen, der bekommt schon für ein paar hundert Euro ausgezeichnete Ware. Sammlern und Liebhabern indessen geht es um mehr, um die Kunst der Feinmechanik, um raffinierte und wertsteigernde Details, um das erhabene Gefühl, das Kostbarste im Leben – eben die Zeit – auch kostbar zu messen. Uhren

mit Tourbillons (französisch für „Wirbelwind") gelten als das Nonplusultra der Uhrmacherkunst und sind daher bei Sammlern sehr
begehrt. Entsprechend hoch sind die Preise. Nicht jeder Uhrenfreund ist geneigt, der in den vergangenen Jahren grassierenden
Tourbillon-Euphorie zu folgen. Der Autor zum Beispiel bringt dem
oben beschriebenen Schlagwerkmechanismus und dem Ewigen Kalender mehr Achtung entgegen. Sei es, wie es will, die meisten
Uhrenfreunde bekommen glänzende Augen, wenn sie eines Tourbillons ansichtig werden. Kein Wunder, denn der filigrane Käfig,
der sich da gut sichtbar dreht, ist allemal ein Augenschmaus. Technische Bedeutung kommt ihm allerdings nicht zu. Drastisch ausge-
drückt: Ein Tourbillon in einer Armbanduhr ist so überflüssig wie
ein Kropf.

Gedacht war diese anspruchsvolle mechanische Lösung eigentlich
für Taschenuhren. Und da machte ein Tourbillon in der Tat auch
Sinn. Denn während eine Armbanduhr ständig in Bewegung ist
und jede Handbewegung ihres Trägers mitmacht, ruhen Taschenuhren doch – wie der Name schon sagt – meist in einer Westenta-
sche. Größtenteils ruhende Uhren erweisen sich jedoch als anfällig
für den Einfluss der Schwerkraft, was auf Kosten der Ganggenauigkeit geht. Der bereits mehrfach erwähnte geniale Uhrmacher
Abraham-Louis Breguet erfand daher um 1800 das sogenannte
Tourbillon, um die Auswirkungen der Schwerkraft auf Taschenuhren auszugleichen.

Bei einem Tourbillon werden das Ankerrad, der Anker und die Unruh auf eine kleine Platte in einem Drehgestell verbaut, das auf

einer Welle des Sekundenrads sitzt und einem Käfig gleicht. Das Tourbillon dreht sich also mit der Sekunde ein Mal pro Minute um die eigene Achse. Dadurch treten Lagen- und Schwerpunktfehler nicht mehr auf oder werden ein Mal pro Minute ausgeglichen.

Der Däne Bonniksen modifizierte das Tourbillon etwas. Er bediente sich des Federhauses als Rotationslager und lagerte das Laufwerk und die Unruh auf einem drehbaren Karussell. Diese Lösung ist aufgrund ihrer komplizierten Fertigung noch weitaus aufwendiger als das normale Tourbillon.

Wie gesagt, ein Tourbillon ist allemal ein Augenschmaus, weshalb die entsprechende Stelle auf den Zifferblättern dieser wertvollen Uhren freigelegt wird. Patek Philippe als „Altmeister" des Understatement schaffte es vor wenigen Jahren sogar, eine Uhr mit verstecktem Tourbillon auf den Markt zu bringen (Referenz 5101 P, 10 Jours Tourbillon). Im Klartext: Der Käfig dreht sich im Verborgenen und wird nur dann sichtbar, wenn man den Gehäuseboden öffnet. Offiziell hieß es, damit wolle man das empfindliche Teil vor der Sonneneinstrahlung schützen. Nicht wenige sahen darin aber „Snobismus pur".

Das Wichtigste auf einen Blick

1. Chronographen – nicht zu verwechseln mit Chronometern – dienen dazu, die Zeit zu stoppen. Diese Komplikation ist am weitesten verbreitet. Schleppzeiger- oder Doppel-Chronographen sowie Flyback-Chronographen stellen noch höhere Anforderungen an den Feinmechaniker.

2. Die „zweite Zeitzone" ist eine nützliche Komplikation für Piloten und andere Globetrotter.

3. Mondphasen gelten bei Uhrenfreunden als eine eher mystische Komplikation, die sich aber großer Beliebtheit erfreut.

4. Nachdem sie jahrelang kaum noch eine Rolle spielten, kamen in jüngerer Vergangenheit wieder verstärkt Armbandwecker auf den Markt – eine Komplikation mit praktischem Nutzwert.

5. Uhren mit Großdatum gibt es mittlerweile nicht nur aus Glashütte. Die großen Ziffern erleichtern nicht nur die Ablesbarkeit des Datums, vielmehr eignen sie sich hervorragend zur optisch anspruchsvollen Gestaltung des Zifferblatts.

6. Der Ewige Kalender ist die vermutlich „intelligenteste" Komplikation und nur in der Spitzenliga der Uhrmacherkunst anzutreffen.

7. Repetitions-Armbanduhren verfügen über eine äußerst aufwendige Mechanik. Diese Komplikation ist die mit der schwierigsten und zeitintensivsten Fertigung. Entsprechend hoch fallen die Preise aus.

8. Das Tourbillon gilt vielen als das Nonplusultra der Uhrmacherkunst. Praktischen Nutzen weist der sich drehende Käfig indessen – zumindest bei Armbanduhren – nicht auf.

Was das Uhrensammler-Herz

höherschlagen lässt

Wenn sich Uhrensammler über ihre Leidenschaft austauschen – und das tun sie gern und vor allem ausführlich –, kann ein Außenstehender, der lediglich eine ganz pragmatische Einstellung zu seinem Zeitmesser am Handgelenk hat, allenfalls noch sehr eingeschränkt folgen. Da wird zum Beispiel über Ébauches diskutiert, über die Finissierung oder Dekoration des Werks, über den Genfer Streifenschliff und die Genfer Punze, über Lagersteine in verschraubten Goldchatons, gebläute Schrauben, über Schwanenhälse und die Schraubenunruh. Mitunter parlieren die Uhrenfreunde über so vermeintlich prosaische Themen wie die Stoßsicherung der Unruh, Breguet-Spiralen und die besonderen Vorzüge einer Glucydur-Unruh. Und falls Sie glauben, damit sei der Gesprächsstoff von Uhrenfreaks weitgehend erschöpft, unterschätzen Sie vermutlich die Vielschichtigkeit dieses faszinierenden Themas. Wenn Sie sich einmal die Beschreibungen in den dickleibigen Katalogen renommierter Auktionshäuser anschauen, dürften Sie auf viele der genannten Begriffe stoßen. Denn sie alle stehen für ganz besondere Qualitätsmerkmale von hochwertigen mechanischen Uhren.

Neben der Zugkraft der Marke und des Designs sowie den sogenannten Komplikationen entscheiden nicht zuletzt die vielen vermeintlichen Kleinigkeiten über den Wert einer Uhr. Für Zeitgenossen, die keine ausgeprägte Liebe zu ausgefallenen Uhren empfinden, mag es schwer nachvollziehbar sein, dass Uhrwerke mit großem Aufwand verziert werden, obgleich manche dieser Arbeiten dem stolzen Besitzer mitunter immer verborgen bleiben. Verfügt die Uhr über keinen Glasboden, muss man schon das Gehäuse öffnen, um sich am aufwendig dekorierten Werk einer Luxusuhr zu delektieren. Uhrenfreunde indessen sehen dies naturgemäß anders. Sie schätzen die inneren Werte ihrer Uhr, weil sie ihr einen besonderen, außergewöhnlichen Charakter geben. Sie machen in einer Zeit der Massenfabrikation und der Schnelllebigkeit die Uhr zu einem Stück hochwertiger Handwerkskunst, die zwar ebenfalls nicht ohne High Tech auskommt, die aber von viel Liebe selbst zu kleinsten – und häufig sogar unsichtbaren – Details geprägt wird.

Auf den folgenden Seiten möchte ich Ihnen die besonderen Raffinessen eines edlen Uhrwerks vorstellen und darüber hinaus die Frage beantworten, welche Kriterien über den Wert und natürlich die Wertentwicklung einer Nobel-Armbanduhr entscheiden. Dabei geht es um scheinbare Kleinigkeiten, denen die Uhrenfreunde aus aller Welt jedoch eine hohe Wertschätzung entgegenbringen.

Das Material: Platin, Gold und Stahl

Sprechen wir, bevor wir auf die inneren Werte des Werks eingehen, zunächst ein etwas umstrittenes Thema an. Natürlich entscheidet das Material des Gehäuses mit über den Wert einer Uhr – wenngleich nicht unbedingt über deren Werthaltigkeit. Ein exzellentes Werk gehöre in ein edles Gehäuse eingeschalt, meinen die einen und plädieren mindestens für Gold oder sogar für Platin. Und in der Tat bringt ein Nobeluhrenhersteller wie Patek Philippe fast ausschließlich Zeitmesser in Gehäusen aus Edelmetall auf den Markt. Eine Ausnahme macht nur die Sportuhr Nautilus, die auch in Edelstahl erhältlich ist.

In den vergangenen Jahren stieg der Goldpreis auf lange Zeit in nicht für möglich gehaltene Höhen. Gleiches gilt für das noch teurere Platin. Es liegt daher auf der Hand, dass eine Uhr mit 18-karätigem Goldgehäuse und vielleicht noch einem Armband aus Gold erheblich mehr kostet als die Stahlvariante. Genau darin liegt allerdings der Nachteil von Gold- oder Platinuhren. Denn unter Renditegesichtspunkten hat es der Uhreninvestor in diesem Fall gleich mit zwei Unbekannten zu tun. Zum einen hofft er, dass der Sammlerwert der Uhr im Laufe der Jahre steigt, weil zum Beispiel die Auflage gering und die spätere Nachfrage hoch sein wird. Ein Beispiel hierfür ist die an anderer Stelle bereits erwähnte Paul-Newman-Daytona von Rolex – eine reine Stahluhr. Zum anderen macht der Uhreninvestor sich abhängig von der Entwicklung der Preise für Edelmetalle. Im Klartext: Befinden sich die Preise für

Kleine Goldkunde

1. Farbe

Gelbgold: Gelbgold ist die bekannteste Variante des glänzenden Edelmetalls, die farblich dem Feingold (Barrengold) sehr nahekommt. Für Uhrengehäuse und Uhrenarmbänder wird meist 18-karätiges Feingold verwendet. Es handelt sich um eine Legierung aus Feingold, Kupfer und Silber.

Rotgold: Diese Legierung besteht aus Feingold und Kupfer. Rotgold erfreut sich insbesondere in Asien großer Beliebtheit. In den vergangenen Jahren kamen immer mehr Uhren in rotgoldenen Gehäusen auf den Markt, da diese Farbe zum Beispiel in Verbindung mit schwarzen Zifferblättern und Lederarmbändern sehr edel wirkt. Rotgold erhöht in der Regel die Verkaufschancen in Staaten des Mittleren und Fernen Ostens.

Weißgold: Diese farblose, überwiegend aus Feingold, Palladium und Nickel bestehende Legierung diente Anfang des vergangenen Jahrhunderts vorübergehend als Platinersatz für Schmuckstücke. Viele wertvolle Uhren sind für die Liebhaber des Understatements in Weißgold-Varianten erhältlich, teilweise sogar mit Weißgold-Armbändern. In Frankreich heißt diese Legierung übrigens Graugold („or gris").

2. Gewicht

24 Karat = 99,9 Prozent Feingold, erhältlich unter anderem in Barrenform und Münzen (Wiener Philharmoniker, Maple Leaf, Panda usw.). Für Uhrengehäuse nicht geeignet.

18 Karat = Legierung, die zu 75 Prozent aus Feingold besteht und überwiegend für Uhrengehäuse und Armbänder verwendet wird.

14 Karat = Legierung, die zu 58,5 Prozent aus Feingold besteht und häufig für Schmuck, seltener für Uhren verwendet wird.

8 Karat = Legierung, die zu 33,3 Prozent aus Feingold besteht, für einfacheren Schmuck eingesetzt und bisweilen leicht despektierlich als „Kaufhausgold" bezeichnet wird. Für Uhren ungeeignet. In vielen Staaten darf eine solche Legierung nicht als „Gold" bezeichnet und gepunzt werden, da dort ein Mindestgehalt an Feingold von 37,5 Prozent gefordert wird.

Gold oder Platin auf hohem Niveau, wie etwa Anfang 2007, steigt der Käufer beim Erwerb einer Uhr, deren Gehäuse und eventuell sogar das Band aus einem dieser Edelmetalle besteht, relativ hoch ein. Fallen die Rohstoffpreise wieder, macht sich dies zwangsläufig auch beim Wert der Uhr bemerkbar.

Puristen unter den Uhrenfreunden stehen goldenen Zeitmessern aus einem zweiten Grund skeptisch gegenüber: Sie verweisen auf den „Protzcharakter" einer goldenen Uhr und darauf, dass man solche edlen Teile allenfalls zu ganz besonderen Anlässen tragen kann, um nicht den weitverbreiteten Neid seiner lieben Mitmenschen zu provozieren. Nach dem Motto „Mehr sein als scheinen" konzentrieren sich diese Sammler konsequenterweise auf Uhren aus Edelstahl oder eventuell Titan. Andere wählen den im wahrsten Sinne des Wortes goldenen Mittelweg: Sie entscheiden sich für Bicolor-Uhren, das heißt für einen Mix aus Gold und Edelstahl.

Dass Stahluhren günstiger zu haben sind als Gold- oder Platinvarianten trifft zwar in der Regel, aber nicht immer zu. Letztlich entscheiden die erwähnten inneren Werte und die Komplikationen der Uhr. Der Tourbillon-Regulateur von Chronoswiss aus Edelstahl zum Beispiel ist wesentlich teurer als manch goldene Rolex.

Die Königsklasse der Uhrmacherkunst ist in der Regel in Gehäuse aus Platin eingeschalt, so zum Beispiel die Grande Complications von der IWC. Aufgrund seiner Seltenheit und der hohen Nachfrage – etwa für den Bau von Fahrzeug-Katalysatoren – ist der Preis für dieses widerstandsfähige Edelmetall in den vergangenen Jahren stark gestiegen. Allerdings ist die Volatilität, also die Schwankungsintensität, des Platinpreises recht hoch. Sie übertrifft sogar jene des Goldes. Zudem gibt es im industriellen Bereich Bestrebungen, das teure Platin durch das etwas günstigere Palladium zu ersetzen. Kurzum: Uhren mit Platingehäuse werden zwar immer sehr wertvoll bleiben, hinsichtlich des Wertsteigerungspotenzials sollte der Uhrenfreund allerdings eher auf das „Innenleben" des Zeitmessers als auf das teure Edelmetall setzen.

Sie sehen also, ob Sie sich für Stahl oder Edelmetalle entscheiden, ist vorrangig eine Frage Ihres persönlichen Geschmacks. Allzu großen Einfluss auf die künftige Wertentwicklung sollten Sie diesem Kriterium nicht beimessen.

Von rein praktischen Erwägungen hängt schließlich ab, ob Sie sich für ein Metall-, Leder- oder Kautschuk-Armband entscheiden. Wichtig: Goldene Uhren verfügen in der Regel auch über goldene Schließen. Für die sehr nützlichen Faltschließen, bei denen im Unterschied zu den einfacheren Dornschließen nicht die Gefahr besteht, dass Ihnen die Uhr beim Anlegen vom Handgelenk fällt, muss relativ viel Gold verarbeitet werden, was den Preis der Uhr naturgemäß erhöht.

Praxistipp

Sollten Sie eine Uhr mit Lederarmband verkaufen wollen, gönnen Sie Ihrem Zeitmesser ein neues Original-Band. Armbänder von anderen Herstellern sind zwar überwiegend von vergleichbar hoher Qualität, die meisten Uhrenfreunde wünschen sich aber eine in jeder Hinsicht authentische Uhr.

Manufakturwerk und Rohwerk

Unternehmer, die Arbeitsplätze schaffen, sind immer willkommen. Heute ebenso wie vor mehr als 150 Jahren. Damals berichtete die in Bern erscheinende Schweizer Tageszeitung „Der Bund" über die ambitionierten geschäftlichen Aktivitäten dreier Herren in Grenchen – einer kleinen Gemeinde im Westen der Eidgenossenschaft, in der sich damals noch Fuchs und Hase gute Nacht sagten. Von einem „prachtvollen Gebäude" inmitten des Dorfes schwärmten die Berichterstatter. Und davon, dass die Firma Girard Frères & Kunz 200 Arbeitsplätze geschaffen habe. Hinter dem jungen Unternehmen standen drei Männer, die unterschiedlicher nicht hätten sein können: Josef Girard war ein in seiner Gemeinde recht angesehener Arzt, sein Bruder Euseb Girard hingegen galt als kauziger Einzelgänger. Der Dritte im Bunde war der Rechtsanwalt F. Kunz. In ihrem im Jahr 1853 aus der Taufe gehobenen Unternehmen fertigten die Mitarbeiter Rohwerke für Uhren, sogenannte Ébauches.

Neu war diese Idee nicht, denn bereits Ende des 18. Jahrhunderts wurden Rohwerkehersteller gegründet. Aber immerhin erscheint sie bis heute sehr modern. Es handelte sich um eine weitsichtige Form der Arbeitsteilung. Weshalb sollten die Uhrenhersteller das Rad gleichsam immer wieder neu erfinden und viel Geld in die Entwicklung und Herstellung von Werken investieren? Schon damals galt das ökonomische Einmaleins: Wer in großen Mengen produzieren kann, reduziert seine Stückkosten erheblich. Was den

Ébauches-Herstellern von dazumal recht war, ist zum Beispiel den Automobilherstellern von heute billig. Nicht jeder Fahrzeugproduzent entwickelt eigene Motoren, oft greift man auf Produkte der Konkurrenz zurück.

Aber natürlich geht die Rechnung nicht immer auf. Das in der Presse so euphorisch gefeierte Unternehmen Girard Frères & Kunz geriet nicht einmal zwei Jahre nach seiner Gründung in wirtschaftliche Turbulenzen. Der Eigenbrötler Euseb Girard schied aus der gemeinsamen Firma aus. Hinzu kamen der heftige Konkurrenzdruck sowie die Auswirkungen des Krimkriegs. Schon im Jahr 1856 wurde das Unternehmen wieder liquidiert. Doch der Mediziner Josef Girard versuchte eine wirtschaftliche Wiederbelebung und verbündete sich ausgerechnet mit dem Schulmeister Urs Schild, dem nur die wenigsten ökonomischen Sachverstand zugetraut hätten. Fortan hieß das Unternehmen „Fabrique d'Ebauches, Finissages et Echappements Dr. Girard & Schild". Im Jahr 1864 trat Adolf Schild-Hugi, ein Bruder des Lehrers, in das Unternehmen ein. Ende des 19. Jahrhunderts machte sich Urs Schild selbstständig und gründete seine eigene Rohwerke-Fabrik AS. Damit legte er den Grundstein für den späteren Uhrenhersteller Eterna und den bis heute führenden Ébauches-Produzenten ETA SA Manufacture Horlogère Suisse. Das Unternehmen gehört zur Swatch Group und beschäftigt an elf Standorten rund 8.000 Mitarbeiter.

In den vergangenen Jahren kam es auf dem Markt für Uhren-Rohwerke zu einem Konzentrationsprozess, als dessen Konsequenz die Machtstellung von ETA immer weiter ausgebaut wurde. Andere

Stichwort Ébauche (Rohwerk)

Zum Rohwerk einer Uhr gehören die Basiskomponenten eines mechanischen Werks oder eines Quarzwerks. Dazu zählen vor allem Platten und Brücken, das Räderwerk, der Aufzugsmechanismus und weitere Teile. Die Rohwerke werden vom Produzenten in losem Zustand ausgeliefert und vom Uhrenhersteller ergänzt, modifiziert und/oder optisch aufgewertet und dann in das Uhrengehäuse eingeschalt.

bedeutende Hersteller wie Valjoux und Piguet kamen ebenfalls unter das Dach der Swatch Group. ETA beliefert somit nicht nur die eigenen Marken, zum Beispiel Omega, sondern auch die Konkurrenz, welche die Abhängigkeit von dem Giganten in der Vergangenheit oft zu spüren bekam. Unabhängig sind hingegen die Manufakturen, die eigene Uhrwerke herstellen, unter anderem A. Lange & Söhne, Patek Philippe, Rolex, seit einiger Zeit wieder IWC sowie Hublot, Breitling und Nomos. Daneben gibt es Manufakturen wie Jaeger-Le-Coultre, die sowohl für ihre eigenen Uhren Werke produzieren als auch für andere Hersteller. In hohem Ansehen steht ferner das Chronographen-Werk El Primero von Zenith.

Manche Hersteller versuchten in der Vergangenheit, eigene Kaliber zu konstruieren und zu bauen. Dazu zählt zum Beispiel Chopard. Das macht diese Manufakturuhren einerseits zwar wertvoller und das Unternehmen unabhängiger, andererseits sind hierfür aber erhebliche Investitionen von mindestens drei bis vier Millionen Euro erforderlich. Diesen Aufwand können sich kleinere Hersteller mit einer überschaubaren Zahl an verkauften Uhren nicht leisten. Oder aber, der Preis für ihre Zeitmesser müsste drastisch steigen, was wiederum die Kunden abschrecken dürfte.

Es liegt auf der Hand, dass Uhren mit Manufakturwerken generell teurer sind, gleichzeitig aber meist ein höheres Wertsteigerungspotenzial aufweisen als Zeitmesser mit standardisierten oder allenfalls modifizierten Werken „von der Stange". Ein edles Manufakturwerk macht eine Uhr besonders werthaltig. Daher sollte jeder, der in einer Uhr auch ein alternatives Investment sieht,

Einige Beispiele für stark verbreitete Uhrwerke aus dem Hause ETA

Bezeichnung	Art des Werks	Durchmesser x Höhe
ETA 2000-1	Automatikwerk	19,4 x 3,6 mm
ETA 2824-2	Automatikwerk	25,6 x 4,6 mm
ETA 2892-2	Automatikwerk	25,6 x 3,6 mm
ETA-Peseux 7991	Handaufzug	wird nicht mehr produziert
ETA-Valjoux 7701	Chronograph	29,5 x 7,9 mm

vorrangig solche Modelle erwerben, selbst wenn der Einstiegs-
preis recht hoch ausfallen dürfte. Wer sich hingegen eine zuverlässige mechanische Uhr für den eigenen Bedarf zulegen möchte,
ist selbstverständlich mit einer Uhr gut bedient, in der ein Kaliber
von ETA & Co. tickt.

Allerdings sei abschließend betont, dass ein standardisiertes Werk
natürlich so formvollendet aufbereitet werden kann, dass es sogar
bei Uhrenfreunden glänzende Augen hervorruft. Letztlich kommt
es auf die Finissierung des Rohwerks an. Die Palette der Möglichkeiten reicht von kunstvollen Schliffen und Vergoldung bis hin zur
Handgravur. Eine besonders aufwendige und augenfällige Form
der Finissierung stellt die sogenannte Skelettierung dar. Hierzu
werden die Brücken, Platinen, das Zifferblatt und der Rotor so
weit wie möglich ausgesägt. Dadurch wird der Blick durch das
Uhrglas und den Glasboden frei auf das filigrane Werk. Skelettierungen erfolgen heute meist computergesteuert. Teilweise gibt es
aber sogar manuell gefertigte Skelettuhren, die als Unikate entsprechend hohe Preise erzielen. Um den optischen Gesamtein-
druck abzurunden, werden skelettierte Werke häufig noch mit feinen Gravuren und Ziselierungen geschmückt.

Im Falle eines Falles: Die Stoßsicherung

Die meiste Zeit dürften die besonders edlen Uhren wohl auf einem Uhrenbeweger im Tresor lagern – besonders dann, wenn das gute Stück später einmal mit Aussicht auf Gewinn verkauft werden soll. Doch irgendwann möchte man bei entsprechenden Anlässen seinen Nobelticker gern den staunenden – und oftmals auch neidischen – Blicken der Mitmenschen präsentieren. Und dann ist es schnell passiert: Eine ungeschickte Handbewegung – und die Uhr fällt zu Boden. Oder der Träger schlägt versehentlich mit dem Handgelenk gegen den Türrahmen. Solche Stöße nehmen insbesondere die feinen Unruh-Zapfen übel. Die Folge können aufwendige und teure Reparaturen sein.

Das bereits mehrfach erwähnte Uhrmacher-Genie Abraham-Louis Breguet dachte schon vor rund 200 Jahren über eine Lösung nach und erfand eine relativ einfache Stoßsicherung. Er lagerte die feinen Unruh-Zapfen in einem Rubin, der mit einer Feder fixiert wurde und so plötzliche Stöße abfangen konnte. An diesem Grundprinzip hat sich bis heute nichts geändert. Bei fast allen Stoßsicherungen wird diese elastische Steinlagerung verwendet. Die bekanntesten Systeme sind die Kif- sowie die Incabloc-Stoßsicherung. Technisch interessierte Leser erhalten detaillierte Informationen im Internet unter www.incabloc.ch beziehungsweise www.kif-parechoc.ch.

Vereinfacht dargestellt, besteht zum Beispiel die Incabloc-Stoßsicherung aus jeweils einem Rubin-Deckstein und Rubin-Lochstein sowie einer Stoßsicherungsfeder. Bei einem Stoß weichen Loch- und Deckstein zurück, bis der stabilere Ansatz der Unruhwelle die Belastung absorbiert hat. Den Unruh-Zapfen wird dadurch gleich- sam „kein Haar gekrümmt". Die meisten Uhren verfügen heute über Incabloc-Stoßsicherungen.

Wertsteigernde Dekorationen

Uhrenfreunde gehen beim Betrachten ihres Zeitmessers gleich- sam „mit den Augen spazieren". Das Dekor dient der Verschöne- rung von Zifferblatt und Uhrwerk. Wie gesagt, es geht eben nicht nur um einen vergleichsweise profanen Vorgang wie die Zeitmes- sung. Nobel-Armbanduhren sind in jeder Hinsicht kleine Kunst- werke.

Das am häufigsten verwendete Dekor für das Zifferblatt ist die Guillochierung. Diese Gravur hat die verschiedensten Formen und ganz unterschiedliche Zeichenmuster. Wertvoll und nur noch rela- tiv selten anzutreffen sind Zifferblätter aus Email, deren Herstel- lung aufgrund der Empfindlichkeit des Materials mit einer hohen Ausschussquote verbunden ist. Zu den Herstellern, welche die Tradition der Email-Zifferblätter besonders pflegen, gehört Chro- noswiss in München.

Werfen wir nun einen kurzen Blick in das Werk, das sich mittler- weile bei vielen Uhren durch den Glasboden beobachten lässt. Als Dekor hochwertiger Uhren ist oft der sogenannte Genfer Streifenschliff unter anderem auf den Platinen und Brücken anzutreffen. Dabei handelt es sich um eine Abfolge paralleler und wellenförmiger Streifen.

Zu unterscheiden ist der Genfer Streifenschliff vom Genfer Siegel, mitunter auch Genfer Punze genannt. Mit diesem Qualitätssiegel der Stadt Genf dürfen sich nur Uhrwerke schmücken, die eine Reihe von Normen zur exakten Verarbeitung und Einstellung von Werkteilen erfüllen. Ausschließlich Uhren, deren Zusammenbau und Reglage im Kanton Genf erfolgen, kommen für das Genfer Siegel infrage.

Als Dekor häufig eingesetzt wird die Parlierung, die aus winzigen, dicht beieinanderliegenden Kreisen besteht, die sich mitunter überdecken. Als Anlage bezeichnet man einen Schnitt im Winkel von 45 Grad am Rand der Brücken. Sofort ins Auge fallen jedoch die gebläuten Schrauben – ein weiteres Merkmal für ein aufwendig gestaltetes Uhrwerk. Die blaue Farbe dient dabei ausschließlich optischen Gründen. Diese Schrauben bestehen aus Stahl, die auf etwa 290 Grad Celsius erhitzt werden und beim Abkühlen eine tiefblaue Farbe erhalten. Das klingt in der Theorie einfacher als es sich in der Praxis umsetzen lässt. Immerhin kommt es buchstäblich auf Sekunden an. Werden die Schrauben zu lange über der Flamme gehalten, verfärben sie sich in ein hässliches Grau.

Recht einfach zu erkennen lässt sich darüber hinaus eine Schwanenhals-Feinregulierung. Wie der Name schon vermuten lässt, dient sie der Feinregulage einer Uhr, das heißt, damit lässt sich ihr

Gangverhalten optimieren. Diese Reguliervorrichtung besteht aus einer schwanenhalsförmigen Stahlfeder, einem Rücker und einer Stellschraube. Durch Drehen an der Stellschraube lässt sich der Gang der Uhr in sehr feinen Schritten regulieren. Neu ist diese feinmechanische Lösung indessen nicht. „Schwanenhälse" finden sich bereits in hochwertigen alten Taschenuhren.

Als weitere optische „Delikatesse" gelten Lagersteine, die in goldene Fassungen, sogenannte Goldchatons, eingelassen sind. Die Steine verringern die Reibung der Räder und Triebe sowie der Schraubenunruh. Damit erhöht man einerseits die Ganggenauigkeit der Uhr, zum anderen wird der Verschleiß reduziert. Bei der Schraubenunruh handelt es sich um ein weiteres kleines Highlight in einem hochwertigen Uhrwerk. Dabei befinden sich im Unruhreif Schrauben, die Einfluss auf das Trägheitsmoment der Uhr haben können.

Ebenfalls dem uns mittlerweile bestens bekannten Uhrmachermeister Breguet verdanken die Uhrenfreunde eine weitere Innovation aus dem Jahr 1795. Die nach ihm benannte Breguet-Spirale erhöht die Ganggenauigkeit einer Uhr erheblich. Dazu bog Breguet den letzten Spiralumgang doppelt knieförmig nach oben. Bis heute ist die Breguet-Spirale ein Qualitätsmerkmal für ein hochwertiges Uhrwerk.

Nicht fehlen darf in der Aufzählung der kleinen, aber feinen technischen Finessen teurer Uhrwerke schließlich die Glucydur-Unruh. Bei Glucydur handelt es sich um eine äußert harte Legierung aus

Kupfer und circa zwei bis drei Prozent Beryllium. Daraus werden neben der Unruh auch Hemmungsteile und Spiralen hergestellt. Der Vorteil von Glucydur liegt in dessen Widerstandsfähigkeit. Das Material oxidiert nicht, wirkt nicht magnetisch und weist bei normalen Temperaturen nur eine geringe Ausdehnung auf. Darüber hinaus lässt sich die Glucydur-Unruh sehr präzise feinregulieren. All diese Vorteile zusammen erhöhen die Ganggenauigkeit eines Zeitmessers. Die Glucydur-Unruh trat bei hochwertigen Uhren an die Stelle der bimetallischen Kompensationsunruh.

Das Wichtigste auf einen Blick

1. Neben der starken Marke und den Komplikationen entscheiden eine Reihe scheinbarer Kleinigkeiten über den Wert und die Werthaltigkeit einer Uhr.

2. Gehäuse aus Edelmetall machen eine Uhr zwar teurer, doch sollten Sie bedenken, dass Gold- und Platinpreise recht volatil sind.

3. Faltschließen sind sicherer als Dornschließen – und bei Uhrenfreunden daher gefragt.

4. Uhren mit eigenem Manufakturwerk erzielen höhere Preise als solche mit modifizierten Rohwerken.

5. Incabloc- und Kif-Stoßsicherungen sind die bekanntesten Systeme für hochwertige Uhren.

6. Wertsteigernde Dekorationen und Finessen zeichnen außergewöhnliche Uhren aus und erhöhen ihren Wert.

Wo Sie Uhren
günstig kaufen können

– und wo besser nicht

Der Kauf einer edlen Armbanduhr ist in hohem Maße Vertrauens-
sache. Wer einen vier- oder gar fünfstelligen Betrag in einen Zeitmesser investiert, erwartet eine seriöse Gegenleistung. Ganz
gleich, ob es sich um eine neue oder eine gebrauchte Uhr handelt.
Die immer raffinierter arbeitenden Fälscherbanden stellen ein erhebliches Risiko dar, zumal die wirklich sehr guten Fakes sogar
von manchem Fachmann nicht auf den ersten Blick als solche ent-
larvt werden können.

Der Kauf beim Konzessionär

Wer auf Nummer sicher gehen möchte, kauft seine Uhr daher
beim Konzessionär, also bei einem Juwelier, der die betreffende
Uhrenmarke vertreiben darf. Nur er ist berechtigt, die Papiere
ordnungsgemäß auszufüllen – eine wichtige Voraussetzung für
eventuelle Garantieansprüche des Kunden. Viele Uhrenfreunde

legen darüber hinaus Wert auf fachkundige Beratung und das luxuriöse Ambiente eines renommierten Juweliers. Der Kauf einer teuren Uhr ist für viele ein sinnliches Erlebnis, das sie nicht missen möchten.

Der Nachteil: Sie müssen als Käufer oft tief in die Tasche greifen, denn der Konzessionär orientiert sich an den hohen Preisempfehlungen der Hersteller. Dennoch sollten Sie geschickt verhandeln. Die Erfahrung zeigt, dass manch ein Konzessionär großzügiger ist als andere. Ein kleiner Juwelier in einer strukturschwachen Region wird Ihnen bei bestimmten Modellen vermutlich weiter entgegenkommen als die Niederlassung einer der großen Juwelierketten in kaufkraftstarken Großstädten. Eine Preisrecherche lohnt sich allemal, denn auf diese Weise lassen sich mehrere hundert oder gar tausend Euro sparen. Die Vorgehensweise ist einfach: Sie besorgen sich die Liste mit den Konzessionären in Ihrem Land. Diese erhalten Sie zusammen mit dem gesamten Prospektmaterial direkt vom Hersteller. Häufig kann das Verzeichnis der Konzessionäre zudem von der Homepage des betreffenden Unternehmens abgerufen werden.

Allerdings müssen Sie genau wissen, welche Uhr Sie begehren. Prospektmaterial, die einschlägigen Uhrenmagazine und ein Besuch bei Ihrem Konzessionär vor Ort – Sie müssen ja dort nicht unbedingt kaufen – helfen Ihnen weiter. Anschließend mailen oder faxen Sie eine Standardanfrage an alle Konzessionäre im Umkreis von etwa 100 bis 200 Kilometern. Dabei hilft Ihnen unser Musteranschreiben:

Juwelier
Tom Tourbillon
Unruhallee 45
12345 Bad Schwanenhals   Glashütte, den 12.2.20007

Sehr geehrte Damen und Herren,

bitte teilen Sie mir Ihren Hauspreis für folgende Herren-Armbanduhr mit:

IWC, Ingenieur, Referenz 3227, Edelstahl.

Ich habe die Absicht, diese Uhr zu erwerben. Sollte mir Ihr Angebot zusagen,
würde ich mir die IWC persönlich abholen und bar bezahlen. Weitere Details
können wir gern telefonisch besprechen. Sie erreichen mich am besten
nach 17 Uhr unter der Rufnummer … .

Mit freundlichen Grüßen
Jean Rattrapante

Natürlich müssen Sie Ihre Uhr nicht unbedingt persönlich abholen
und dafür unter Umständen mehrere hundert Kilometer mit dem
Auto oder Zug zurücklegen. Die Konzessionäre verschicken die
Uhren auch per Wertversand, in der Regel allerdings nur gegen
Vorkasse. Wer diesem Verfahren indessen nicht traut, sollte den

Kauf seiner Uhr zum Beispiel mit einem Tagesausflug verbinden: Morgens der Erwerb eines edlen Zeitmessers, ein kleiner Stadtbummel, danach ein schickes Essen – das hat etwas, obgleich ein Teil des gesparten Kaufpreises auf diese Weise wieder investiert werden muss. Dennoch kann sich die Fahrt lohnen, denn die Praxiserfahrung des Autors zeigen: Je nach Uhrenmarke können Preisnachlässe zwischen 20 und 30 Prozent realisiert werden. Verständlich, dass die betreffenden Konzessionäre derlei Geschäfte gern diskret abwickeln. Man sollte dies respektieren und sich über einen kräftigen Preisnachlass freuen, statt dem gesamten Kollegen- und Freundeskreis von diesem „Schnäppchen" zu berichten.

Wie viel Sie durch eine gezielte Preisrecherche sparen können, lässt sich im Voraus kaum abschätzen. Dies hängt zum einen natürlich von der Höhe der Unverbindlichen Preisempfehlung (UVP) und zum anderen davon ab, wie gefragt die jeweilige Uhr ist. Bei einer Armbanduhr, deren UVP zum Beispiel bei über 20.000 Euro liegt, können bei bestimmten Marken schon mal 4.000 Euro möglich sein. Bei Modellen zwischen 5.000 und 10.000 Euro können Sie zwischen 1.000 und 2.000 Euro sparen.

Eine Alternative besteht darin, einen kostenlosen Suchagenten im Internet einzuschalten. Gute Erfahrungen habe ich in der Vergangenheit mit www.uhren-schmuck.de gemacht. Dort geben Sie in eine Suchmaske Ihren konkreten Uhrenwunsch ein, also die Marke, das Modell, eventuell die Referenznummer oder das Material. Diese Anfrage wird automatisch an die angeschlossenen Juweliere im In- und teilweise im benachbarten Ausland weitergeleitet. Ihr Vorteil: Sie brauchen nichts weiter zu unternehmen und warten einfach auf die Angebote. Eine solche Preisrecherche ist natürlich unverbindlich. Nicht alle Händler und Juweliere, die sich melden, sind allerdings Konzessionäre der gewünschten Marke. Deshalb empfiehlt es sich, vor einem Kauf noch einmal gezielt nach den zur Uhr gehörenden Papieren zu fragen. Denn beim Verkauf einer Uhr mit nicht ausgefüllten Papieren von einem anerkannten Konzessionär muss mit deutlichen Preisabschlägen gerechnet werden.

Der Nachteil des Suchagenten im Internet: Oft gehen Angebote von weit entfernten Juwelieren und Händlern ein. Wer sein gutes Stück aus Sicherheitsgründen persönlich abholen möchte, muss mithin einen entsprechend hohen Zeitaufwand einkalkulieren. Der Versand gegen Nachnahme oder Vorkasse ist nicht jedermanns Sache, da selbst bei einer gründlichen Recherche der Hintergründe des Verkäufers ein gewisses Restrisiko nie ausgeschlossen werden kann. Bei etablierten Juwelieren, die vielleicht sogar Konzessionäre der betreffenden Uhren sind, besteht normalerweise keine Gefahr. Letztlich muss freilich der Käufer entscheiden, welches Risiko er für einen deutlich günstigeren Preis eingeht.

Graumarkt- und Gebrauchtuhrenhändler

Als Folge des Uhrenbooms und dank der Möglichkeiten des Internets schossen in den vergangenen Jahren Graumarkt- und

Gebrauchtuhrenhändler wie Pilze aus dem Boden. In dieser Gruppe gilt es, die Spreu vom Weizen zu trennen. Seriösen Händlern mit einem guten Namen stehen hier und da recht dubiose Adressen im Internet gegenüber, die zum Teil Uhren in sehr schlechtem Zustand verkaufen. Grundsätzlich gilt daher: Schauen Sie sich die Ware sehr genau an, bevor Sie sie kaufen. Seriöse Händler haben dagegen nichts einzuwenden. Nur wenn Ihnen der Anbieter bereits bekannt ist und Sie idealerweise schon gute Erfahrungen gesammelt haben, sollten Sie per Internet ordern. Innerhalb dieser Kategorie sind folgende Händler zu unterscheiden:

1. Anbieter von überwiegend gebrauchten Armbanduhren:
Hierzu gehören zum Beispiel Andreas Grimmeissen in Heilbronn oder Dirk Benedikt Biermann in Dortmund. Diese Unternehmen kaufen gebrauchte Armbanduhren von Kunden an, die sich von ihren edlen Zeitmessern trennen wollen. Das können fast neue Armbanduhren sein, die erst wenige Wochen zuvor gekauft und selten getragen wurden – vergleichbar ist dies mit der preismindernden Tageszulassung eines Autos; mitunter handelt es sich aber auch um ältere Modelle, die bei Sammlern besonders begehrt sind.

Renommierte Gebrauchtuhrenhändler beschreiben die Ware sehr genau und sprechen Mängel offen an. Als gewerbliche Händler unterliegen sie der zwölfmonatigen Gewährleistungspflicht – sprich: Hat die Uhr Macken, auf die der Händler nicht ausdrücklich hingewiesen hat, muss er den Fehler auf eigene Kosten beseitigen lassen. Kunden, die ihre Uhr telefonisch oder per Internet bestellen, können die Ware innerhalb von 14 Tagen nach Erhalt wieder an den Händler zurückgeben – selbst dann, wenn die Uhr technisch und optisch einwandfrei sein sollte (Widerrufsrecht). Insofern gelten die gleichen Regeln wie zum Beispiel beim Einkauf in einem Versandhaus. Abgesehen von Auktionen und Uhrenmessen lassen sich oft nur bei Gebrauchtuhrenhändlern ganz bestimmte ältere Modelle beziehen.

2. Juweliere, die neben eigenen Konzessionsmarken auch Uhren anderer Manufakturen oder Hersteller anbieten:

Beispielhaft seien an dieser Stelle die Firmen Miquel Schmuck & Uhren GmbH im bayerischen Teuschnitz oder Ralf Häffner in Stuttgart genannt. Diese Händler bieten in der Regel sowohl gebrauchte als auch neue Uhren an. Die neuen Zeitmesser stammen häufig von einem offiziellen Konzessionär der betreffenden Marke, der die Uhr nicht unter eigenem Namen mit deutlichem Preisnachlass verkaufen möchte und daher den Weg über einen Dritten wählt.

Für Sie als Käufer besteht meist keinerlei Risiko, da Sie in den Genuss der vollen zweijährigen Herstellergarantie kommen. Wurde die Garantiekarte von einem offiziellen Konzessionär der Marke ausgefüllt, dürfte es keine Probleme geben, eventuelle technische Mängel innerhalb der zweijährigen Gewährleistung reparieren zu lassen. Ansonsten wenden Sie sich direkt an den Hersteller. Der Preisvorteil gegenüber dem Kauf beim Konzessionär ist abhängig von der Marke – und ein wenig natürlich von Ihrem Verhandlungsgeschick. Er schwankt zwischen zehn und 20 Prozent, in Einzelfällen kann der Abschlag sogar bis 30 Prozent ausmachen. Bei einer Armbanduhr mit einer UVP im oberen fünfstelligen Bereich kann sich also der zeitliche Aufwand für eine gezielte Preisrecherche durchaus lohnen. Sollten Sie Ihre Uhr telefonisch, per E-Mail oder aber schriftlich bestellen, gilt natürlich ebenfalls das bereits beschriebene Widerrufsrecht.

Der Kauf über eBay

Das virtuelle Auktionshaus hat sich längst zu einem höchst aktiven und umsatzstarken Marktplatz für den Kauf und Verkauf von Uhren entwickelt. Dort sind billige Zeitmesser ebenso zu finden wie wertvolle mechanische Meisterstücke aus namhaften Manufakturen.

Dass Armbanduhren im fünfstelligen Preissegment über eBay ihre Eigentümer wechseln, ist keine Seltenheit. Dennoch ist der weitgehend anonyme Kauf einer so kostbaren Ware über eine Plattform, die bekanntermaßen einmal als „elektronischer Flohmarkt" startete, sehr heikel und verlangt neben ausgeprägten Produktkenntnissen viel Erfahrung beim Handel über eBay. Wer erst seit wenigen Monaten oder Jahren des Uhrenhobbys frönt, sollte diesen Marktplatz meiden. Zu groß ist die Gefahr, dass er schlechte oder sogar gefälschte Waren ersteht. Ich selbst habe in den vergangenen Jahren mehrere Uhren bei eBay ge- und verkauft und dabei insgesamt gute Erfahrungen gesammelt. Und tatsächlich ist die eBay-Gemeinde überwiegend seriös. Doch überall dort, wo schnell sehr viel Geld gemacht werden kann – und diese Chance besteht beim Verkauf hochwertiger Markenuhren sehr wohl –, tummeln sich schwarze Schafe.

Die entscheidenden Nachteile beim Kauf über eBay sind die Anonymität des Verkäufers – viele verstecken sich hinter Phantasienamen – sowie die Praxis, den Kaufpreis vorab zu überweisen. Vorkasse verlangen zwar auch die meisten Gebrauchtuhrenhändler, doch ist es bei etablierten Händlern normalerweise einfacher, sich von deren Seriosität zu überzeugen und gegebenenfalls eine Bankauskunft einzuholen. Im Internet indessen tummeln sich jede Menge „Wohnzimmerhändler", die Uhren aus zum Teil äußerst dubiosen Quellen feilbieten, manchmal sogar mit kriminellem Hintergrund.

Gehen Sie zudem nicht davon aus, dass Sie bei eBay besonders günstig hochwertige Uhren kaufen können. Im Gegenteil: Oft ist die Ware absolut überteuert. Händler, die ihre Uhren über eBay verkaufen, schlagen in der Regel die fällige Gebühr dem eigentlichen Kaufpreis hinzu, sodass es meist sinnvoller ist, die Homepage des Händlers – sofern vorhanden – zu besuchen und dort direkt zu ordern. Aber natürlich weist ein riesiger Uhrenmarkt wie der bei eBay auch Vorteile auf: Wer auf der Suche nach einer ganz bestimmten Uhr ist, hat gute Chancen, sie bei eBay zu finden. Es gibt eben keinen aktuelleren und größeren Marktplatz für Zeitmesser aller Art. Wenn Sie aber den Weg über das virtuelle Auktionshaus wählen, empfehle ich Ihnen, die folgenden praxisbewährten Ratschläge zu beachten:

Zehn goldene Regeln für den Uhrenkauf bei eBay

1. Kaufen Sie nur dann, wenn Sie sich bereits mit Uhren auskennen und bei Unklarheiten vor der Abgabe Ihres Gebots den Anbieter gezielt fragen können.

2. Schauen Sie sich das Bewertungsprofil des Verkäufers genau an. Eine „gute Verkäufer-Biographie" lässt sich leicht aufbauen, zum Beispiel durch den Kauf oder Verkauf von Billigprodukten. Prüfen Sie, ob der Verkäufer schon früher hochwertige Ware verkauft hat und wie diese Transaktionen bewertet wurden.

3. Nehmen Sie vor Ihrem Gebot Kontakt mit dem Verkäufer auf. Lassen Sie sich seinen Namen und seine Telefonnummer (Festnetz- und Handynummer) geben.

4. Setzen Sie sich ein Kaufpreislimit und halten Sie diszipliniert daran fest.

5. Vereinbaren Sie mit dem Verkäufer die persönliche Abholung der Uhr. Seriöse Anbieter haben dagegen nichts einzuwenden, im Gegenteil, denn sie sparen die aufwendige Versandabwicklung.

6. Seriöse Verkäufer – ganz gleich, ob gewerbliche oder private – räumen dem Höchstbieter ein Rückgaberecht ein, wenn die Ware nicht der Beschreibung entspricht. Vorsicht, wenn sich ein Anbieter kategorisch weigert, Ihnen ein solches Recht einzuräumen.

7. Falls es aus der Beschreibung nicht hervorgeht, sollten Sie den Verkäufer vor Ihrem Gebot fragen, ob sämtliche Papiere

vollständig ausgefüllt vorliegen. Wichtig ist darüber hinaus die Frage nach dem Armband: Verfügt die Uhr über ein Original-Lederband der Marke oder wurde das Produkt eines anderen Herstellers angebracht? Ein Armband eines anderen Herstellers kann sich wertmindernd auswirken.

8. Falls Sie die ersteigerte Uhr nicht persönlich abholen können, sprechen Sie mit dem Verkäufer den Versand ab. Akzeptieren Sie hierfür keine „Mondpreise". 40 Euro und mehr sind absolut inakzeptabel.

9. Lassen Sie sich vom Käufer schriftlich versichern, dass die Uhr frei ist von Rechten Dritter.

10. Geben Sie Ihr Gebot erst wenige Minuten oder gar Sekunden vor Ablauf der Auktion ab. Frühzeitige Gebote treiben nur den Zuschlagspreis in die Höhe.

Traditionelle Auktionshäuser
und Uhrenmessen

Ihre Namen sind nicht nur Uhrenfreunden bekannt: Antiquorum, Sotheby's und Christie's gehören zu den ersten Adressen unter den weltweit agierenden Auktionshäusern. Schon das Blättern in den kostbar aufgemachten Auktionskatalogen stellt für viele ein sinnliches Erlebnis dar. Das 1974 von Osvaldo Patrizzi in Genf gegründete Auktionshaus Antiquorum hat sich dabei auf zeitgenössische und antike Uhren spezialisiert und organisiert mehrfach pro Jahr gut besuchte Auktionen in Genf, New York und Hongkong, wo nicht selten Rekordpreise erzielt werden. Gerade bei der Suche nach älteren Uhren wird man darüber hinaus häufig bei weniger bekannten, aber dennoch nicht minder renommierten Auktionshäusern fündig, zum Beispiel bei Dr. Crott in Mannheim, Michael Zeller in Lindau am Bodensee, im Wiener Dorotheum und – in der mittleren Preiskategorie – bei Henry's in der Nähe von Speyer.

Der Vorteil dieser Auktionshäuser liegt auf der Hand: Die von den Verkäufern eingelieferten Uhren werden von unabhängigen Fachleuten geprüft, beschrieben und mit einem Limitpreis versehen. Sie können also sicher sein, eine wirklich authentische Uhr zu kaufen. Die Beschreibung in den Katalogen freilich erfordert bisweilen schon ein hohes Maß an sprachlichem Einfühlungsvermögen. Heißt es dort zum Beispiel „gehfähig", lässt dies nicht etwa auf einen befriedigenden Zustand der Uhr schließen. Auch ein Mensch mit einem gebrochenen Bein ist „gehfähig" – allerdings auf Krücken. Analog dazu bedeutet dieses Adjektiv, dass die Uhr zwar grundsätzlich in Ordnung ist, aber meist einer Revision oder Reparatur bedarf.

Ein weiterer Vorteil besteht darin, dass Sie vor der Auktion die Gelegenheit haben, die Uhr in Augenschein zu nehmen. Andererseits übernimmt der Auktionator in aller Regel keine Gewährleistung. Weist die Uhr nach ein paar Wochen einen technischen Schaden auf, müssen Sie das gute Stück auf eigene Rechnung reparieren lassen. Das Gleiche gilt natürlich beim Kauf auf Uhrenmessen.

Dort können Sie mit etwas Glück so manche Rarität finden und mitunter relativ günstig erwerben, doch sollten Sie in diesem Fall Fachwissen mitbringen, um den Erhaltungszustand der Uhr einigermaßen zuverlässig einschätzen zu können. Eine der größten und renommiertesten Uhrenmessen findet jährlich in Furtwangen statt.

Eigentlich unnötig zu erwähnen, dass Sie in einem solchen Fall die Ware mit großer Wahrscheinlichkeit weit über dem eigentlichen Wert einkaufen und nur sehr geringe Chancen haben werden, die Uhr jemals mit Gewinn zu verkaufen. In Einzelfällen hat sich in der Vergangenheit zwar gezeigt, dass so mancher Auktionsrekord einige Jahren später schon wieder übertrumpft wurde, doch das sind absolute Ausnahmefälle, auf die Sie nicht spekulieren sollten. Vergessen Sie darüber hinaus nicht, dass Sie bei einer Auktion zusätzlich zum Zuschlagspreis noch ein Aufgeld an das Auktionshaus zahlen müssen. Dieses liegt in der Regel zwischen 15 und 20 Prozent des erzielten Preises. Eine Uhr, die Sie zum Beispiel für 8.000 Euro ersteigert haben, kostet Sie unter dem Strich somit rund 9.600 Euro – die Fahrtkosten zur Auktion nicht mitgerechnet.

Kauf von privat

Die Leidenschaft zu Uhren verbindet Menschen und führt häufig sogar zu Freundschaften über tausende von Kilometern hinweg. Von einem vertrauenswürdigen Zeitgenossen, der mit Ihnen die

„Bietergefechte" können teuer enden

Auktionen bergen ein nicht zu unterschätzendes Risiko. So mancher leidenschaftliche Sammler geht mit dem festen Entschluss zur Versteigerung, eine bestimmte Uhr oder ein bestimmtes Kunstwerk besitzen zu wollen. Möglicherweise fehlt das Objekt seiner Begierde zur Komplettierung seiner Sammlung. In diesem Fall ist ein hohes Maß an Emotionalität im Spiel. Sind dann noch andere Bieter an dem betreffenden Stück interessiert, klettern die Preise schnell in völlig unangemessene Höhen. Die Interessenten liefern sich regelrechte „Bietergefechte", in denen es um Prestige, Leidenschaft und den unbedingten Willen zum Erwerb des Stückes geht. Rationale Überlegungen treten in den Hintergrund. So mancher hat schon Haus und Hof verpfändet, nur um am Ende der Auktion als Sieger hervorzugehen.

Leidenschaft zu edlen Zeitmessern teilt, eine gebrauchte Uhr zu erstehen, sollte eigentlich nur ein geringes Risiko bergen – vorausgesetzt, man einigt sich in aller Freundschaft auf einen fairen Preis und geht nicht nach dem Motto vor „Wenn's ums Geld geht, hört die Freundschaft auf". Haben Sie in Ihrem Freundes-, Verwandten- oder Kollegenkreis niemanden, der sich für Uhren interessiert und für Sie zu einem Handelspartner werden könnte, bleibt die Suche in einschlägigen Fachmagazinen oder in Internet-Foren. In den führenden Fachzeitschriften wie „Chronos", das „Uhren Magazin" oder „ARMBANDUHREN" erscheinen regelmäßig Kleinanzeigen sowohl von privaten Käufern als auch von gewerblichen Händlern. Die Auswahl nimmt sich allerdings eher bescheiden aus. Es wäre schon ein großer Zufall, wenn Sie dort kurzfristig die von Ihnen gewünschte Uhr zu einem akzeptablen Preis fänden. Abgesehen davon wissen Sie auch in diesem Fall von vornherein nie genau, von wem Sie eigentlich kaufen. Handelt es sich um einen seriösen Sammler, der sich von dem einen oder anderen Stück trennen möchte, um sich einen anderen Uhrentraum zu erfüllen, oder steht hinter der Anzeige ein eher dubioser Zeitgenosse, der im schlimmsten Fall vielleicht auf kriminellen Wegen in den Besitz der Uhr gekommen ist?

Vereinbaren Sie daher zunächst ein etwas ausführlicheres Telefongespräch, um sich ein Bild von Ihrem Handelspartner zu machen. Versuchen Sie, Informationen über ihn zu bekommen – mit etwas Glück hilft die Eingabe des Namens in die Suchmaschine Google schon weiter. Lassen Sie sich gegebenenfalls die Papiere wie Zertifikate, Kaufbelege oder die Nachweise für regelmäßig vorgenommene Wartungen vorab per Fax zusenden. Vor allem aber: Kaufen Sie niemals die Katze im Sack. Sollten Sie von der Seriosität des Verkäufers überzeugt sein, bitten Sie um einen persönlichen Gesprächstermin, um den Zeitmesser näher unter die Lupe nehmen zu können. Ziehen Sie im Zweifelsfall einen Uhrmachermeister oder Juwelier hinzu. Die Kosten für ein fachmännisches Gutachten nehmen sich durchaus überschaubar aus – und Sie kaufen mit dem beruhigenden Gefühl, auf der sicheren Seite zu sein.

Das Wichtigste auf einen Blick

1. Am sichersten kaufen Sie Ihre Uhr bei einem Konzessionär der betreffenden Marke. Der Nachweis, den Zeitmesser bei einer „ersten Adresse" erworben zu haben, kann sich bei einem späteren Verkauf preissteigernd auswirken. Holen Sie vorab unbedingt bei mehreren Konzessionären Vergleichsangebote ein. Fragen Sie diskret nach dem „Hauspreis". Auf diese Weise können Sie in vielen Fällen ein paar hundert, bei teuren Uhren durchaus ein paar tausend Euro sparen. Dafür lohnt sich die Fahrt zu einem 50 oder 100 Kilometer entfernten Konzessionär allemal.

2. Hilfreich sind Suchagenten im Internet. Doch überzeugen Sie sich von der Seriosität der Anbieter und seien Sie vor allem vorsichtig bei Angeboten aus dem Ausland.

3. Graumarkthändler bieten Ihnen zwar neue Uhren zu deutlich günstigeren Preisen an, doch meist mit Blankopapieren. In diesem Fall müssen Sie bei einem eventuellen späteren Verkauf mit Abschlägen rechnen. Darüber hinaus könnte es Probleme beim Service geben.

4. Gegen den Kauf einer gebrauchten Armbanduhr bei einem renommierten Händler ist nichts einzuwenden. Allerdings sind die Preise dort eher gesalzen und solche Uhren weisen kaum Wertsteigerungspotenzial auf.

5. Vorsicht bei Auktionen: Renommierte Auktionshäuser sind zwar vertrauenswürdig, doch besteht immer die Gefahr, dass eine besonders begehrte Uhr in geradezu atemberaubende Größenordnungen hoch gesteigert wird.

6. Ein Kauf bei eBay oder „von privat" sollte nur infrage kommen, wenn Sie sich in Sachen Uhren auskennen. Vereinbaren Sie immer eine persönliche Abholung der Ware. Die Bezahlung per Vorkasse ist ausnahmsweise nur dann akzeptabel, wenn Sie den Verkäufer bereits gut kennen und positive Erfahrungen gesammelt haben.

Sicher verkaufen

und gute Preise realisieren

Die Kunst besteht nicht nur darin, Uhren zu einem guten Preis zu erwerben, sondern sie bei günstigen Gelegenheiten zu einem attraktiven Preis wieder veräußern zu können. Bevor wir tiefer in die Materie einsteigen, sollten Sie sich darüber im Klaren sein, aus welchen Gründen Sie sich von dem einen oder anderen wertvollen Stück trennen möchten. Da die meisten Leser dieses Buches Sammler sein dürften, gelten für sie andere Kriterien als für Händler, die von ihrer Gewinnspanne leben müssen. Überdies dürfte sich ein Sammler nur von ganz bestimmten Uhren trennen, denn jeder, der eine Passion für dieses Hobby entwickelt hat, kann nachvollziehen, dass man sich von manchen Zeitmessern aus emotionalen Gründen nie trennen wird. Sei es, da es sich um besonders rare Stücke handelt, mit denen der Eigentümer sehr persönliche Erinnerungen verbindet, oder sei es aufgrund einer ausgeprägten Liebe gepaart mit Besitzerstolz. Daher wird der Sammler nur verkaufen, wenn ihm ein äußerst attraktives Angebot gemacht wird und ihm die Uhr nicht besonders „ans Herz gewachsen" ist.

Oder er will sich von einer Uhr trennen, weil sie ihm aus ganz individuellen Gründen nicht mehr gefällt. Möglicherweise möchte er eine neue Uhr erwerben und die Verkaufserlöse seiner älteren zur teilweisen „Refinanzierung" der in der Regel nicht ganz billigen neuen Investition verwenden. Vielleicht schwebt dem Uhrenliebhaber aber auch die Umstrukturierung seiner Sammlung vor, in die die einst erworbene Uhr nicht mehr passt. Oder er befindet sich in einer persönlichen Notlage und muss sich gezwungenermaßen von seinen Schätzen trennen.

Je nachdem, welcher der genannten Gründe den Verkäufer dazu veranlasst, sich von einer Uhr zu trennen, ergeben sich unterschiedliche Zeitperspektiven. Wer in der „Sturm-und-Drang-Phase" seiner Sammlerleidenschaft ganz spontan Uhren anschaffte, die ihm rein optisch zusagten, dürfte früher oder später sein Portfolio bereinigen und ganz individuelle Schwerpunkte setzen, indem er zum Beispiel fortan nur noch Chronographen, Fliegeruhren oder Produkte einer ganz bestimmten Marke erwirbt. Diese Sammler denken längerfristig und können sich in Ruhe von der einen oder anderen Uhr trennen, die nicht mehr in das neue Portfolio passt.

Schwieriger stellt sich die Situation für Uhrenfreunde dar, die sich bereits einen anderen teuren Zeitmesser bestellt haben und nun eine ältere Uhr unbedingt kurzfristig zu Geld machen möchten. Am stärksten unter Druck stehen freilich jene Sammler, die aus wirtschaftlichen Gründen gezwungen sind, sich von ihrer kompletten Uhrensammlung oder Teilen davon zu trennen. Für Uhren gilt – wie für fast alle Formen des Kunstinvestments – ein langfristiger Zeithorizont. Natürlich trifft es zu, dass man eine Rolex eigentlich immer in beinahe allen Ländern der Erde verkaufen kann, doch stellt sich die Frage nach dem realisierbaren Preis. Fast jeder Sammler, der sich ab und zu von der einen oder anderen Uhr trennt, hat schon mal schmerzliche Verluste hinnehmen müssen. Aber richtig ist eben auch: Die Gefahr, an der Börse 70 bis 80 Prozent Miese einzufahren oder sogar einen Totalverlust hinnehmen zu müssen, kann niemand ausschließen. Die Krise der sogenannten New Economy zeigte vor einigen Jahren sehr deutlich, wie einst von Analysten hochgelobte und zum Kauf empfohlene Papiere in kurzer Zeit zu Pennystocks degenerierten. Das kann dem Eigentümer einer Rolex oder eine Patek Philippe nie passieren. Im Grunde erweisen sich solche Uhren als konjunkturunabhängig, weil die Nachfrage nach extravaganten Zeitmessern in vielen Teilen der Erde boomt. Anders formuliert: Käufer gibt es immer. Wenn schon nicht in Europa, dann in den arabischen Ölstaaten oder in den wachstumsstarken Ländern des Fernen Ostens.

Doch zurück zur Kernfrage: Sie haben sich entschieden, sich von einer oder mehreren Uhren zu trennen. Wie sollten Sie vorgehen, um Ihre Ware möglichst sicher und zu einem bestmöglichen Preis zu verkaufen? Grundsätzlich stehen Ihnen sieben Wege offen:

1. Sie verkaufen an Bekannte, Freunde oder Kollegen, die mit Ihnen die Leidenschaft für edle Uhren teilen.
2. Sie schalten Anzeigen in den Uhrenfachmagazinen oder in speziellen Foren im Internet.

3. Sie bieten Ihre Uhr bei einer elektronischen Auktionsplattform an, wie beispielsweise bei eBay.
4. Sie kaufen eine neue Uhr und geben Ihre alte bei Ihrem Juwelier in Zahlung.
5. Sie lassen Ihre Uhr bei einem renommierten Auktionshaus versteigern.
6. Sie verkaufen Ihren Zeitmesser an einen Gebrauchtuhrenhändler.
7. Sie versuchen auf Uhrenbörsen Ihr Glück.

Schauen wir uns auf den folgenden Seiten jeden einzelnen der genannten Verkaufskanäle etwas genauer an und fragen wir nach den Vor- und Nachteilen, die damit verbunden sind.

An Bekannte oder Freunde verkaufen

Wohl dem, der einen großen Freundes- oder Kollegenkreis mit vielen überzeugten Uhrenfreaks hat und sich regelmäßig mit ihnen austauscht. Geplante Verkäufe können dann schon frühzeitig angekündigt werden. In vielen Fällen findet sich ein interessierter Käufer, der das gute Stück meist bereits kennt und dem Verkäufer vertraut. Und genau dies ist der entscheidende Vorteil eines Verkaufs im engeren Freundes- oder Kollegenkreis: Man kennt sich und vertraut einander – falls nicht, würde man erst gar nicht ins Geschäft kommen. Der Käufer weiß in den meisten Fällen, dass der Verkäufer seine Uhren äußerst pfleglich behandelt, die Automatikmodelle regelmäßig auf einen Uhrenbeweger spannt, um das

Werk in Bewegung zu halten, und dass er nicht zuletzt seine Uhren regelmäßig zur Wartung gibt. Der Verkäufer kann sich wiederum sicher sein, dass seine Uhr in gute Hände kommt und das Geschäft ohne Risiko, also ohne Falschgeld oder eine andere Formen des Betrugs, abgewickelt wird.

Allerdings birgt der Verkauf innerhalb des Freundes- oder Kollegenkreises einen nicht zu unterschätzenden Nachteil: Häufig lassen sich keine befriedigenden Preise durchsetzen. Freunde erwarten nun einmal „Freundschaftspreise". Gewinnen Sie später den Eindruck, übervorteilt worden zu sein, kann es schnell vorbei sein mit der Freundschaft oder dem kollegialen Verhältnis. Es ist eben in der Tat so: Bei Geld hört die Freundschaft auf. Und genau dieser Aspekt stellt ein starkes Argument für den Verkauf an einen fremden Erwerber dar.

Anzeigen in Fachmagazinen oder im Internet

Um einen potenziellen Käufer zu finden, wählen viele immer noch den konventionellen Weg und schalten Anzeigen in den einschlägigen Fachmagazinen, wie „ARMBANDUHREN", „Uhren Magazin" und „Chronos", oder auch in Wochenzeitungen, wie etwa der „Welt am Sonntag", wo fast regelmäßig Uhren angeboten werden. Mit solchen Anzeigen treffen Sie natürlich sehr genau Ihre Zielgruppe. Wer solche Magazine liest oder in den betreffenden Rubriken der Wochenzeitungen schmökert, weist eine hohe Affinität zu exklusiven Zeitmessern auf. Eine Alternative besteht darin, die angebotene Uhr auf entsprechenden Internet-Marktplätzen anzubieten, zum Beispiel bei www.chrono24.com. Dadurch erreichen Sie sogar potenzielle Interessenten im Ausland.

Ganz gleich, ob Sie nun eine traditionelle Anzeige vorziehen oder den Weg über das Internet wählen, in jedem Fall sollten Sie sich immer des erhöhten Sicherheitsrisikos bewusst sein. Sie verhandeln mit einem Ihnen bis dahin unbekannten Interessenten, der nicht unbedingt nur Gutes im Schilde führen muss. Bedenken Sie: Sie präsentieren sich einer breiten Öffentlichkeit als Sammler teurer Uhren und machen damit auch Zeitgenossen mit kriminellem Hintergrund auf sich aufmerksam. Deshalb wählen viele Verkäufer den Weg einer Chiffreanzeige. Dem Interessenten bleibt dadurch die Identität des Anbieters zunächst verborgen. Er nimmt über den Verlag der betreffenden Publikation Kontakt mit dem Verkäufer auf – und dieser kann sich zunächst einmal in aller Ruhe anschauen, wer ihm da schreibt. Kommt ihm irgendetwas verdächtig vor, braucht er auf die Offerte nicht einzugehen. Allerdings birgt eine Chiffreanzeige den Nachteil, dass sie in aller Regel den Verkauf erschwert. Denn die Kontaktaufnahme mit einem zunächst anonymen Käufer stellt oft eine Hürde dar, zumal der Interessent gar nicht weiß, ob das Objekt seiner Begierde überhaupt noch verfügbar ist. Andere Verkäufer geben ihre Handynummer an, sodass der Interessent nicht feststellen kann, in welcher Stadt der Anbieter wohnt. Eine Festnetznummer lässt sich hingegen einfacher der betreffenden Adresse zuordnen. Der Handykontakt vorab erscheint sicher empfehlenswert, selbst wenn er wiederum beim Interessenten einen zwiespältigen Eindruck hinterlässt.

Auf jeden Fall sollten beide Parteien zunächst ein ausführliches Telefonat führen, um sich besser kennenzulernen. Erst wenn beide von der Seriosität des jeweils anderen überzeugt sind, kommt ein persönliches Treffen mit Besichtigung der zum Verkauf stehenden Uhr infrage. Wählen Sie nach Möglichkeit einen neutralen Treffpunkt, zum Beispiel bei einem Juwelier, der die Uhr auf Kosten des Interessenten dann auch gleich begutachten und die Echtheit bestätigen kann. Auch ein Hotel oder ein Büroraum Ihres Unternehmens kommen in Betracht – sofern Ihr Arbeitgeber damit einverstanden ist. Vermeiden Sie es unbedingt, einen Fremden in Ihre Wohnung zu lassen, wo Sie eventuell noch weitere kostbare Uhren aufbewahren. Eine gesunde Portion Misstrauen hat schon so manchen vor bitteren Erfahrungen bewahrt.

Sprechen Sie schon beim telefonischen Erstkontakt ganz offen über den Preis und machen Sie deutlich, wo Ihr persönliches Limit liegt. Versucht der Interessent, weitere Preisnachlässe durchzusetzen, beenden Sie höflich, aber bestimmt das Telefonat. Sitzt Ihnen der potenzielle Käufer nämlich erst einmal gegenüber und winkt mit den Banknoten, könnten Sie möglicherweise in Versuchung geraten, Ihr gutes Stück unter Wert zu verkaufen. Spätestens am Tag danach werden Sie sich vermutlich ärgern.

Private Uhrengeschäfte werden üblicherweise bar abgewickelt. Eine Banküberweisung vorab, wie bei eBay-Auktionen, stellt für den Käufer einer hochwertigen Uhr ein unkalkulierbares Risiko dar und bietet sich deshalb grundsätzlich nicht an. Bei höheren Beträgen empfiehlt es sich, gemeinsam mit dem Verkäufer eine

Bankfiliale aufzusuchen und dort die Noten einzuzahlen, um das Falschgeldrisiko zu minimieren. Und noch einen zweiten Punkt gilt es bei der Barabwicklung zu beachten: Nach Ansicht der Finanzbehörden haben sich Luxusarmbanduhren in den vergangenen Jahren immer stärker zu einem Instrument der Geldwäsche entwickelt. Sie als Verkäufer braucht das nicht weiter zu beunruhigen, denn schließlich können Sie den Banknoten nicht ansehen, um es sich um Schwarzgeld handelt oder nicht. Vorsicht ist erst geboten, wenn Sie Ihre Uhren auffallend häufig an denselben Käufer veräußern und hohe Bargeldsummen entgegennehmen. Im schlimmsten Fall könnten Ihnen die Finanzbehörden unterstellen, Teil einer „Geldwasch-Anlage" zu sein.

Verkäufe über eBay

Alles, was wir auf den vorangegangenen Seiten bereits zum Thema Uhrenkäufe über eBay gesagt haben, gilt gleichermaßen für Verkäufe. Der Vorteil dieser virtuellen Auktionsplattform liegt auf der Hand: Sie erreichen eine große Zahl von potenziellen Interessenten. Eine so breite Zielgruppe im In- und Ausland können Sie mit keiner Zeitschriftenanzeige ansprechen. Bei Uhrensammlern gilt eBay mittlerweile sogar als gute Informationsquelle und Preisindikator. Tatsächlich gibt es nur wenige Nobeluhren, die über eBay nicht zu beziehen wären. Die Erfahrung zeigt aber, dass gerade private Verkäufer, die nicht über hochwertige Präsentationstechniken verfügen und ausgezeichnetes Fotomaterial auf die Internet-Seite einstellen können, kaum Chancen haben, einen wirklich guten Preis zu realisieren. Bei eBay sind die Preisdrücker und Schnäppchenjäger unterwegs, die hinter jedem Uhrenangebot einen Notverkauf wittern und zum Teil unseriöse Preise für einen „Sofortkauf", also einen Kauf ohne Auktion, bieten. Unser Tipp: Ignorieren Sie solche Anfragen!

Nicht außer Acht lassen sollten Sie auch bei Verkäufen über eBay das Sicherheitsrisiko. Bei wirklich hochwertigen Uhren werden Anbieter und Käufer in aller Regel eine persönliche Übergabe der Ware und Barzahlung vereinbaren. Bedenken Sie: Der Käufer weiß, dass Sie zumindest über eine hochwertige Uhr verfügen, was wiederum auf ein überdurchschnittliches Einkommen schließen lässt. Letztlich wissen Sie nicht, wem Sie die Tür öffnen. Versuchen Sie daher im Vorfeld, nähere Informationen über den Käufer zu bekommen, etwa über ein persönliches Telefongespräch oder die Eingabe des Namens bei Google, und schauen Sie sich das Bewertungsprofil des Käufers bei eBay an: Ersteht er häufiger teure Uhren oder handelt es sich um einen Einzelfall? Vorsicht, wenn sich der Käufer „künstlich" eine vermeintlich gute Reputation aufgebaut hat. Dies geschieht unter anderem dadurch, dass die entsprechende Person mehrere Transaktionen zu ganz geringen Preisen abwickelt, zum Beispiel jeweils unter fünf Euro. Das unseriöse eBay-Mitglied wird seine billigen Käufer sehr schnell bezahlen und eventuell verkaufte Ware ebenso zügig versenden. Das bringt ihm sehr schnell 20 oder 30 positive Bewertungen und somit ein scheinbar vertrauenswürdiges Profil. Mancher muss nicht einmal 20 Euro investieren, um sich mithilfe kleinerer Käufe und Verkäufe eine auf den ersten Blick überzeugende „eBay-Biographie" aufzubauen. Schauen Sie also genau hin, ob Ihr Käufer in der Vergangenheit bereits wertvolle Ware erstanden hat und wie diese Transaktionen bewertet wurden.

Wird die Uhr persönlich übergeben, zahlt der Käufer den vereinbarten Preis üblicherweise in bar. Das kann nicht zuletzt aus steuerlicher Sicht von Vorteil sein, sofern Sie das Geld nicht für jeden nachvollziehbar auf Ihr Girokonto einzahlen. Denn wie an anderer Stelle bereits erwähnt, wittern deutsche Finanzbeamte in solchen Fällen bei Freiberuflern und Gewerbetreibenden gern versteckte Betriebseinnahmen oder sogar Geldwäsche. Zumal sich inzwischen herumgesprochen hat, dass hochwertige Armbanduhren von einer bestimmten Klientel tatsächlich als Instrument benutzt werden, um „schmutziges Kapital" in den legalen Geldverkehr zu schleusen. Für den durchschnittlichen Finanzbeamten ist es schwer nachvollziehbar, dass ein seriöser Mensch 10.000 Euro oder mehr für eine Armbanduhr ausgibt oder solche Preise erzielt. Kommt dann noch der Neid hinzu, der eine nicht zu unterschätzende Rolle spielt, gerät ein harmloser Uhrensammler schnell in Verdacht. Durch eine Barabwicklung lässt sich solches Ungemach vermeiden. Vorausgesetzt natürlich, der eBay-Verkauf lässt sich nicht direkt zuordnen. Dafür aber laufen Sie Gefahr, Falschgeld entgegenzunehmen. Das Geld im Beisein des Käufers auf ein Bankkonto einzuzahlen, erweist sich zwar als probates Mittel, um dieses Risiko auszuschalten, doch dann tauchen plötzlich hohe Bareinzahlungen auf Ihrem Bankkonto auf, was wiederum den bereits erwähnten Argwohn des Fiskus wecken kann.

Auf jeden Fall ist es empfehlenswert, einen unbeteiligten Dritten, zum Beispiel einen Freund oder einen Kollegen, zu bitten, bei der Transaktion anwesend zu sein. Im Problemfall verfügen Sie dadurch über einen Zeugen und Sie erhöhen außerdem Ihre Sicherheit. Bei einem seriösen Handelspartner mag mancher auf ein „Handschlaggeschäft" vertrauen, dennoch rate ich Ihnen, in jedem Fall einen Kaufvertrag abzuschließen.

Diese Details gehören in jeden Kaufvertrag:

*   Name und Anschrift von Käufer und Verkäufer. Lassen Sie sich nach Möglichkeit den Ausweis des Käufers zeigen!
*   Genaue Beschreibung der Uhr und des Lieferumfangs (Box, Zertifikate usw.).
*   Eventuelle Schäden. Diese sollten Sie unbedingt ausdrücklich im Vertrag erwähnen.
*   Kaufpreis.
*   Hinweis, dass es sich um einen privaten Verkauf handelt und dem Käufer keine Gewährleistungs- oder Rückgabeansprüche zustehen.

Die Uhr optimal in Szene setzen

Haben Sie sich schon einmal gefragt, weshalb alle in den ein-schlägigen Fachmagazinen und Katalogen abgebildeten Uhren die gleiche Zeit anzeigen? Immer stehen die Zeiger auf zehn Minuten nach zehn. Wie das? Ist für die Designer die Zeit stehen-geblieben? Keineswegs, vielmehr folgen sie den Vorgaben der Marketing-Strategen, die der festen Überzeugung sind, eine Uhr müsse „lächeln". Und die Uhrzeit 10.10 Uhr zaubert angeblich ein Smiley aufs Zifferblatt. Hingegen gelten 16.40 Uhr als „grimmig" und 18 Uhr als „neutral". Uhren hätten nun einmal ein Gesicht, also müsse der Verkäufer für ein Lächeln sorgen, wenn er den Zeitmesser an den Mann oder die Frau bringen wolle, schreiben uns die Werber ins Stammbuch. Obgleich nicht wenige uhrenbe-wegte Zeitgenossen die Theorie vom lächelnden Zifferblatt eher als albern empfinden, halten sich fast alle Hersteller und Auktions-häuser an diese Empfehlung: Ihre Uhren zeigen stets 10.10 Uhr. Offenkundig eine nachgerade magische Zeit.

Wie immer man dazu stehen mag, eine Tatsache ist immerhin, dass eine optimale Präsentation die Verkaufschancen der Uhr deutlich erhöht und in aller Regel einen besseren Preis erwarten lässt. Das gilt natürlich vor allem, wenn die Uhr im Internet ver-kauft werden soll. Dann sind ausdrucksstarke Fotos unverzichtbar. So sollte der Zeitmesser in Frontalaufnahmen von vorn und hin-ten präsentiert werden. Empfehlenswert ist darüber hinaus die eine oder andere Makroaufnahme von besonderen Details der Uhr. Statt eines direkten Lichts sollten Sie indirektes und somit „weicheres" Licht einsetzen. Tipp: Richten Sie einen Strahler auf eine weiße Pappe. Diese reflektiert das Licht gleichmäßig auf die Uhr. Ich rate außerdem davon ab, die Uhr am Handgelenk zu fotografieren. Dadurch verstärkt sich beim Interessenten der Eindruck, er kaufe gebrauchte Ware, also etwas „Getragenes".

Mit einfachen Kameras lassen sich meist keine befriedigenden Ergebnisse erzielen. Bei wirklich teuren Uhren lohnt es sich, einen professionellen Fotografen zu beauftragen. Die wenigen hundert Euro sind sinnvoll investiertes Geld, denn Sie erzielen mit guten Fotos fast immer einen höheren Verkaufspreis.

Verkauf über ein Auktionshaus

Der Verkauf einer Uhr über einen renommierten Auktionator hat eine ganze Reihe von Vorteilen: Der (Noch-)Besitzer eines edlen Zeitmessers liefert sein gutes Stück bei einem Auktionshaus ein – und braucht sich fortan um nichts mehr zu kümmern. Ein Gutachter nimmt die Uhr unter die Lupe und verfasst die Beschreibung, die in der Regel auch eine Einschätzung des Erhaltungszustands enthält. Danach wird dem Verkäufer der Limitpreis mitgeteilt. Unter dieser Summe kommt das Geschäft nicht zustande. Ein Interessent muss also ein Mindestgebot in Höhe des Limits abgeben. Können sich Einlieferer und Auktionshaus nicht über einen Mindestpreis verständigen, zieht der Verkäufer sein Angebot zurück und zahlt meist nur die Gutachterkosten, eine geringe Bearbeitungsgebühr und die Kosten für die versicherte Rücksendung der Uhr.

Stimmt der Einlieferer zu, kümmert sich der Auktionator um eine angemessene Präsentation in den meist sehr aufwendigen Katalogen. Er lässt die Uhr professionell ablichten und eine fachmännische Beschreibung verfassen. Ein weiterer Vorteil: Die Kataloge gehen an eine exklusive Zielgruppe mit einer starken Affinität für hochwertige Produkte. Das Angebot richtet sich also direkt an eine interessante und interessierte Klientel. Wird die Uhr versteigert, erfolgt die gesamte Abwicklung ebenfalls über das Auktionshaus. Nach einigen Wochen erhält der Verkäufer seinen Scheck und braucht eventuelle Reklamationen des Käufers normalerweise nicht zu fürchten.

So weit die Vorteile eines Verkaufs über ein Auktionshaus. Die Kehrseite der Medaille: Der Einlieferer erhält nicht die volle Summe des Versteigerungsbetrags, sondern muss zum Teil erhebliche Abschläge in Kauf nehmen. Für seine Dienstleistung berechnet der Auktionator meist 20 Prozent des Versteigerungserlöses. Angenommen, der Hammer fällt bei 5.000 Euro, so zieht der Auktionator hiervon immerhin 1.000 Euro (= 20 Prozent) ab, während der Käufer ein 20-prozentiges Aufgeld, also insgesamt 6.000 Euro, zahlen muss. Das Auktionshaus erzielt somit einen Ertrag von 2.000 Euro. Doch damit nicht genug. Der Einlieferer muss die bereits erwähnten Schätzkosten, den Aufwand für die Versicherung der Ware und eine mehr oder minder happige Bearbeitungsgebühr bezahlen. Manche Auktionshäuser berechnen zusätzlich eine Kostenpauschale für die Einstellung in den Katalog. Der Verkäufer wird bei einem Versteigerungserlös von 5.000 Euro also am Ende maximal 3.800 bis 4.900 Euro erhalten. Bequemlichkeit hat mithin ihren Preis.

Namhafte Auktionshäuser für Uhrenverkäufer:

Antiquorum:

Mehrfach pro Jahr Auktionen in Genf, New York und Hongkong. Schon die Kataloge sind absolute Leckerbissen für Uhren-Gourmets. Kontakt: 2, rue du Mont-Blanc, CH-1211 Genf, www.antiquorum.com

Dr. Crott:

Ebenfalls eine der ersten Adressen für Uhrenauktionen. Inhaber Stefan Muser gehört sicher zu den führenden Uhrenexperten.

Kontakt: Friedrichsplatz 19, D-68165 Mannheim, www.uhren-muser.de

Henry's Auktionshaus:

Eines der größten deutschen Auktionshäuser im pfälzischen Mutterstadt bei Speyer. Pro Jahr mehrere Uhren-Spezialauktionen.

Kontakt: An der Fohlenweide 12–14, D-67112 Mutterstadt, www.henrys.de

Auktionshaus Michael Zeller:

Veranstalter der internationalen Bodensee-Kunstauktionen. Uhren bilden zwar keinen Schwerpunkt, doch werden immer wieder einige exklusive Stücke versteigert.

Kontakt: Bindergasse 7, D-88131 Lindau (Bodensee), www.zeller.de

Verkauf an einen Händler

Wer aufmerksam den Anzeigenteil in den Wochenendausgaben der überregionalen Tageszeitungen sowie den Kunstmarkt der Sonntagszeitungen studiert, stößt auf verlockende Angebote. Gleich mehrere Händler und Juweliere suchen darin nach Nobeluhren. Sie versprechen Höchstpreise und „Sofortabwicklung in bar". Und tatsächlich handelt es sich dabei überwiegend um seriöse und vertrauenswürdige Unternehmen. Oft klafft indessen eine erhebliche Lücke zwischen dem, was der Händler unter „Höchstpreisen" versteht, und den Vorstellungen des potenziellen Verkäufers. Der Grund ist einfach nachvollziehbar: Der Händler muss den Kauf der Uhr vorfinanzieren, er bindet Kapital und muss gegebenenfalls Zinsen zahlen. Zudem weiß er normalerweise nie so recht, wann er das gute Stück wieder mit einem Gewinnzuschlag verkaufen kann. Der Händler wird also einen mehr oder weniger deutlichen Abschlag vom Marktpreis vornehmen, um sich eine angemessene Marge zu sichern und seine Risiken zu minimieren.

Wer es nicht besonders eilig hat mit dem Verkauf seines Nobeltickers, sollte seine Uhr einem seriösen Händler in Kommission übergeben. In diesem Fall übernimmt der Händler kein Risiko und muss beim Ankauf nicht in Vorlage treten. Verkauft er die Uhr, erhält der ehemalige Eigentümer den erzielten Preis abzüglich einer Provision. Dadurch lässt sich in den meisten Fällen ein höherer Preis erzielen als beim direkten Verkauf an einen Händler. Allerdings kann es eine Weile dauern, bis das gute Stück einen Käufer

gefunden hat. Unter Umständen erweist sich die Uhr sogar als un-
verkäuflich.

Kurzum: Der Weg über einen Händler ist zwar bequem und mit
keinerlei hohen Risiken verbunden, doch wer auf einen Veräuße-
rungsgewinn spekuliert, sollte lieber direkt verkaufen oder die
Ware von einem renommierten Auktionshaus versteigern lassen.

Verkauf auf Uhrenbörsen

Bleibt schließlich noch der Weg über eine der zahlreichen Uhrenbörsen im In- und Ausland. Die aktuellen Termine findet man im
Internet oder in den einschlägigen Fachzeitschriften. Die Zielgruppe ist ohne Frage interessant: Wer einen oft weiten Weg in Kauf
nimmt, um eine Uhrenbörse zu besuchen, muss schon eine hohe
Affinität zu extravaganten Zeitmessern haben. Allerdings sind auf
Uhrenbörsen in erster Linie ältere Uhren und Ersatzteile gefragt.
Für den Verkauf von Nobel-Armbanduhren kann dieser Weg daher nur bedingt empfohlen werden. Wer aber ältere Modelle, vor
allem auch Taschen- und Standuhren veräußern möchte, sollte
sein Glück durchaus versuchen. Auf jeden Fall wird man dort auf
viele Sammler stoßen, die ebenfalls vom Uhrenvirus infiziert sind,
was immerhin interessante Gespräche erwarten lässt.

Das Wichtigste auf einen Blick

1. Vermeiden Sie es, Uhren „unter Druck" zu verkaufen. Das bringt in der Regel nur hohe Verluste ein. Bei Liquiditätsbedarf lassen sich Luxusuhren beleihen, das heißt, sie werden als Sicherheitsleistung für einen Kredit akzeptiert.

2. Es kann Monate, vielleicht sogar Jahre dauern, bis sich ein Interessent findet, der bereit ist, einen guten Preis für Ihre zum Verkauf stehende Uhr zu zahlen. Sie sollten daher auf jeden Fall über einen langen Atem verfügen.

3. Am sichersten ist natürlich der Verkauf an befreundete Uhrenfreaks. Doch bedenken Sie: Bei Geld hört die Freundschaft oft auf. „Freundschaftspreise" sollten Sie nicht akzeptieren.

4. Der Verkauf über Anzeigen in Fachmagazinen oder über eBay birgt erhöhte Sicherheitsrisiken. Wer zudem über eBay häufiger Uhren verkauft, kann ins Visier des Finanzamts geraten und als gewerblicher Händler eingestuft werden. Die Verkaufsaktivitäten bei eBay sind für die Finanzbehörden gleichsam ein offenes Buch.

5. Am sichersten und unkompliziertesten ist der Verkauf über ein renommiertes Auktionshaus. Allerdings fallen die Abschläge auf den erzielten Verkaufserlös oft recht happig aus: 20 Prozent Provision für den Auktionator, dazu Schätzkosten, Versicherungsprämien, Einstellgebühren usw.

6. Wer im Internet einen guten Preis für seinen Zeitmesser erzielen will, muss ihn optimal mit Fotos präsentieren. Schnappschüsse reichen nicht aus.

Vorsicht Falle!

Fälschungen und Diebstahl

Der Uhrensammler Manfred K. ist ein vorsichtiger und vor allem realistischer Zeitgenosse. Nie wäre es ihm in den Sinn gekommen, auf einem fernöstlichen Flohmarkt eine angebliche Nobel-Armbanduhr zu erstehen und sich der Illusion hinzugeben, es könnte sich dabei tatsächlich um ein Schnäppchen handeln. Doch einmal wurde er schwach: Auf einem thailändischen Trödlermarkt entdeckte er eine ziemlich heruntergekommene Patek Philippe. Jedenfalls glaubte er, dass es sich um einen Zeitmesser der Genfer Edelmanufaktur handelte. Dass der Verkäufer offenkundig nicht sonderlich daran interessiert war, dieses gute Stück zu veräußern und seinem potenziellen Kunden stattdessen etwas obskure „Omega-Uhren" empfahl, bestärkte Manfred K. nur in der Einschätzung, die angebliche Patek sei ein authentisches Produkt. Der Straßenhändler lieferte gleich die passende Story dazu: Ein hochverschuldeter Spieler aus einer illegalen Spielhölle in Bangkok habe ihm in höchster Not diese Uhr verkauft. Wenn überhaupt, dann sei diese zwar stark überholungsbedürftige, aber dennoch edle Uhr aus den

1950er-Jahren nur für ein paar hundert Euro zu haben. Und im Übrigen sei die Patek ohnehin reserviert, spannte der eloquente Händler seinen Kunden aus Deutschland auf die Folter. Dieser besorgte sich einen Gehäuseöffner und inspizierte das Werk. Und ihm gefiel, was er da sah: gebläute Schraubenköpfe, Brücken mit Ziergravuren, eingravierte Nummern und Kürzel und alle Markenzeichen, die auf eine echte Patek hindeuteten. Ein wahres Meisterwerk. Obwohl gewisse Zweifel blieben, glaubte Manfred K. allmählich an die Echtheit der Uhr und kaufte sie für umgerechnet 200 Euro. In Bangkok suchte er den nächsten Patek-Philippe-Konzessionär auf und ließ die Uhr begutachten. Die Verkäufer waren von dem Zeitmesser ebenfalls angetan, murmelten etwas von einem kostbaren Stück, das etwa 50.000 Euro wert sei, und riefen ihren Uhrmachermeister, der vor Zeugen die angebliche Patek öffnete. Der Chef betrachtete sich das Werk mehrere Minuten durch seine Uhrmacherlupe, schaute sich jedes Detail an und meinte schließlich anerkennend: „Eine so exzellente Fälschung habe ich bisher noch nie gesehen." Selbst wenn es sich um keine Patek handele, so sei die Uhr wegen ihrer technischen Finessen allemal 200 Euro wert, tröstete der Experte den Käufer.

Diese kurze Geschichte beweist zweierlei: Erstens ist die Qualität mancher Fälschungen so ausgezeichnet, dass selbst erfahrene Uhrmachermeister das Schwindelmodell nicht auf Anhieb erkennen. Und zweitens gibt es wohl nirgendwo auf der Welt eine echte Patek – ganz gleich in welchem Erhaltungszustand – für nur 200 Euro.

Der schwunghafte Handel mit Fakes

Mit Nobel-Armbanduhren lässt sich viel Geld verdienen. Sie symbolisieren Wohlstand und Geschmack, steigern das Prestige ihrer Träger. Das haben obskure Geschäftemacher und Kriminelle längst erkannt und setzen mit gestohlenen oder gefälschten Uhren jährlich weltweit Milliarden um. Straßenhändler im Fernen Osten bieten billige Kopien von Edelmarken feil, verkaufen eine vermeintliche Rolex für 20 oder 30 Euro an den geltungssüchtigen Europäer, der sich eine echte Uhr aus dieser Manufaktur nicht leisten kann oder will. Nun gut, wer sich für den Gegenwert eines einfachen Abendessens eine sogenannte Rolex kauft, muss allein schon wegen des Preises wissen, dass es sich um eine Fälschung handelt. Damit muss jeder selbst leben. Man könnte sagen, wer wissentlich eine Nachahmung erwirbt, ist selbst schuld. Und der Verkäufer bedient lediglich die Nachfrage.

Dennoch: Der Verkauf von Raubkopien bleibt illegal, selbst wenn der Käufer wissen muss, dass er keine echte Uhr der betreffenden Marke ersteht. Sobald nämlich ein bestimmter Markenname missbräuchlich benutzt wird, handelt es sich um kriminelle Nachahmungen. Andererseits gibt es Uhren deutscher Provenienz, deren Design den Rolex-Sportuhren wie der GMT, Submariner und Yachtmaster bis ins kleinste optische Detail nachempfunden ist. In diesen Fällen handelt es sich um keine illegalen Kopien, da der Hersteller die Zifferblätter seiner offenkundigen Plagiate mit einem anderen Namen schmückt.

Wie groß der Markt für gefälschte Nobel-Armbanduhren wirklich ist, lässt sich schwerlich abschätzen. Experten glauben, dass mehrere Millionen gefälschter Zeitmesser von vermeintlich großen Marken angeboten werden. Dabei ist das Geschäft keineswegs so neu, wie Sie vielleicht vermuten. Schon Uhren des „Altmeisters" Abraham-Louis Breguet waren begehrte Vorbilder für Fälscherbanden.

Billige Fälschungen – schnell erkannt

Wie können Sie sich vor bösen Überraschungen schützen? Einfache Fälschungen lassen sich – abgesehen vom oft unrealistisch geringen Preis – sehr schnell entlarven. Diese sind meist mit einem billigen Quarzwerk ausgestattet, erkennbar am springenden Sekundenzeiger. Mittlerweile werden aber auch einfache mechanische Werke in Billigfälschungen eingesetzt, doch können diese keine zusätzlichen Komplikationen ausführen. Werden mithin von einem fernöstlichen Straßenhändler zum Beispiel Chronographen angeboten – also Uhren mit Stoppuhr-Funktion –, so gibt es zwei Möglichkeiten: Entweder es handelt sich um ein Quarzwerk, das leicht zu erkennen ist, oder aber der Chronograph funktioniert nicht. Jedenfalls ist es schlechterdings unmöglich, für ein paar Euro ein mechanisches Werk mit Komplikationen herzustellen.

Erfahrene Uhrenfreunde können sogar an der Fließbewegung des Sekundenzeigers eines Mechanikwerks feststellen, ob eine Fälschung vorliegt. Bei einem hochwertigen Uhrwerk läuft der Zeiger sehr ruhig und gleichmäßig. Dies hängt mit der hohen Frequenz der Halbschwingungen der Unruh zusammen. Hingegen bewegt sich die Unruh eines Billigwerks deutlich langsamer. Die Konsequenz: Der Sekundenzeiger bewegt sich unruhiger. Statt gleichsam über das Zifferblatt zu gleiten, ist seine Bewegung fast ruckartig. Nehmen Sie sich daher Zeit, für zwei oder drei Minuten den Lauf des Sekundenzeigers zu beobachten.

Viele der Billigfälschungen lassen sich sogar auf den ersten Blick erkennen. Hochwertige Zeitmesser werden zum Beispiel mit Saphirglas über dem Zifferblatt ausgestattet. Manche Uhren verfügen zudem über einen Glasboden, durch den der Kenner die Finessen des Werks bewundern kann. Auch hierfür verwenden Nobelhersteller das harte und kratzfeste Saphirglas, das in einem aufwendigen Verfahren beidseitig entspiegelt wird. Billigkopien weisen hingegen Mineralglas auf, also einfaches Fensterglas.

Praxistipp

Wer das Objekt seiner Begierde nicht bei einem Konzessionär oder einem anderen absolut vertrauenswürdigen Händler erwirbt, sollte einen „Licht-Test" vornehmen. Dabei lässt man das Licht aus verschiedenen Richtungen auf das Zifferblatt einfallen. Handelt es sich um entspiegeltes Saphirglas, wird das Zifferblatt in jeder Position mühelos erkennbar sein. Ist die Sicht zum Beispiel beim schrägen Lichteinfall behindert, dürfte es sich mit großer Wahrscheinlichkeit um eine Fälschung handeln.

Auch das Gehäuse und das Armband verraten sehr schnell eine Billigfälschung. Teure Werke erhalten Gehäuse aus Edelstahl, Gold oder Platin. Die Bänder sind ebenfalls aus diesen Materialien beziehungsweise aus Leder oder Kautschuk gefertigt. Für die Billigkopien aus Fernost verwenden die Hersteller illegaler Ware hingegen einfaches Blech. Verarbeitungsmängel oder ein unsauber gearbeitetes Zifferblatt sind weitere eindeutige Indizien für eine Fälschung. Es ist auf jeden Fall ratsam, das Zifferblatt der angebotenen Uhr mit einem großformatigen Foto des Originals zu vergleichen und jedes Detail genau unter die Lupe zu nehmen.

Mitunter machen es Ihnen die Fälscher sogar sehr einfach, die Fakes zu erkennen. Zum Beispiel, wenn der Markenname falsch geschrieben wurde. Eine besondere Hürde scheint dabei Patek Philippe darzustellen. Bei billigen Plagiaten schleichen sich oft Fehler ein, wie „Pathek Philips" oder „Patek Pillip". Manche Fälscher tun sich zudem mit den Markenlogos schwer. Doch derlei selbstentlarvende Hinweise sind natürlich nur bei den sehr plumpen und billigen Fälschungen anzutreffen.

Beachten Sie bitte ferner, dass Sie wirkliche Vergleiche nur dann anstellen können, wenn Sie das Original ziemlich genau kennen. Wer der entsprechenden Uhr bislang nur in Magazinen oder Katalogen begegnet ist und sie vielleicht einmal kurz bei seinem Konzessionär in Händen hielt, dürfte sich schwertun, eine geschickte Fälschung als solche zu identifizieren.

Die einfachste Möglichkeit, auf derlei Schwindel nicht hereinzufallen, ist natürlich, einen großen Bogen um fragwürdige Straßenhändler zu machen. Aber selbst bei scheinbar seriösen Verkäufern, zum Beispiel angeblichen Sammlern, sollte man auf der Hut sein. Andererseits spricht natürlich nichts dagegen, bei einem offiziellen Konzessionär der betreffenden Marke in Hongkong, Taiwan oder anderswo im Fernen Osten eine Uhr zu kaufen. Die Namen und Adressen ihrer Konzessionäre haben die meisten Hersteller auf ihrer Homepage veröffentlicht.

Für ein geschultes Auge
Die raffinierten Fälschungen

Wie gesagt, wer für 20 oder 30 Euro eine angebliche Rolex und für 50 Euro eine vermeintliche IWC kauft, kann mit Sicherheit davon ausgehen, dass es sich um eine Fälschung handelt. Wer damit

Vorsicht! Fälschungen im Internet

Sie müssen nicht unbedingt ins ferne Ausland reisen, um auf Uhrenfälschungen hereinzufallen. Ein Ausflug in die virtuellen Welten des Internets reicht aus. Bei eBay & Co. finden Sie zahlreiche Nachahmungen, die dort unter den beschönigenden Begriffen „Replika" oder „Repliken" feilgeboten werden. Oder geben Sie bei Google einfach mal den Begriff „Uhren-Repliken" ein. Sie werden sich über die Vielzahl von Fundstellen wundern ...

keine Probleme hat – o.k.! Sehr viel ärgerlicher ist es aber, wenn der Käufer im Glauben, eine echte Nobeluhr zu erwerben, viel Geld ausgibt und dafür eine raffinierte Nachahmung bekommt. Tatsächlich stieg die Qualität der Fälschungen in den vergangenen Jahren deutlich an. In manchen Plagiaten ticken heute sogar einfache Schweizer Uhrwerke. Derlei perfekte Fälschungen entsprechen den Originalen nicht selten so weitgehend, dass sogar Uhrmacher Probleme haben, echte Markenuhren von professionellen Fälschungen zu unterscheiden. In diesem Fall schaffen nur ein Blick ins Werk sowie eine genaue Prüfung der Papiere letzte Klarheit. Es gibt sogar Fälle, in denen besonders geschickte Fälschungen erst beim Hersteller der Marke erkannt wurden. Wer daher Zweifel an der Echtheit einer angebotenen Uhr hegt, sollte vor dem Kauf das Geld nicht scheuen und den Zeitmesser in der Werkstatt eines Konzessionärs prüfen lassen. Ein seriöser Verkäufer dürfte dagegen nichts einzuwenden haben.

Jede Luxusuhr stellt die Fälscher vor große Herausforderungen. Wer die Besonderheiten und schwer nachzuahmenden Merkmale der einzelnen Modelle kennt, kommt Plagiaten sehr schnell auf die Spur. Die Rolex Yachtmaster zum Beispiel weist einen im Vergleich zum Stundenzeiger etwas dickeren Minutenzeiger auf. Sind beide Zeiger gleich dick, handelt es sich höchstwahrscheinlich um eine Fälschung. Auch an der typischen Rolex-Datumslupe (Zyklop) scheitern viele Fälscher. Die Lupen nachgemachter Rolex-Zeitmesser vergrößern das Datum oft nur unwesentlich, nämlich nur 1,5- bis 2-fach, die Original-Lupe vergrößert 2,5-fach. Wer sich über die Besonderheiten und die Echtheitsmerkmale der wichtigsten

Uhrenmodelle informieren möchte, dem sei der „Luxusuhrenreport" empfohlen, der unter www.luxusuhrenreport.de als Buch oder CD-ROM erhältlich ist.

Uhren im Visier von Dieben und Räubern

Erinnern Sie sich noch an Margarethe Schreinemakers? Als Fernsehmoderatorin feierte die Soziologin in der ersten Hälfte der 1990er-Jahre wahre Triumphe. In ihrer Sendung in Sat.1 auftreten zu dürfen, kam für nicht wenige mehr oder minder mitteilungsbedürftige Zeitgenossen einem medialen Ritterschlag gleich. Doch dann geriet die Moderatorin unversehens ins Visier der Finanzbehörden. Als sie 1996 versuchte, sich in ihrer Sendung gegen den Verdacht der Steuerhinterziehung zu wehren, brach Sat.1 kurzerhand die laufende Sendung ab. Ein einmaliger Fall in der deutschen Fernsehgeschichte.

Im Jahr 2001 sorgte Margarethe Schreinemakers erneut für Schlagzeilen, vor allem in der Boulevard-Presse. Dieses Mal waren ihre Gegner jedoch nicht Finanzbeamte, sondern ganz reale Räuber. Sie stiegen in ihr Landhaus beim belgischen Lüttich ein und erbeuteten neben kostbarem Schmuck zahlreiche Nobel-Armbanduhren der Spitzenklasse, darunter Zeitmesser der Marke Rolex und Cartier. Wert insgesamt 425.000 Euro. Die Uhren lagerten zu diesem Zeitpunkt eher zufällig im Haus, da sie wenige Tage später von einem Gutachter geschätzt werden sollten. „Ich werde nur noch Swatch-Uhren kaufen. Dann ist bei mir nix mehr zu holen", wurde Margarethe Schreinemakers damals in der Hamburger Morgenpost zitiert. Swatch-Erfinder Hayek dürfte sich über diese Ankündigung mächtig gefreut haben.

Uhrensammler und Juweliere indessen finden das alles andere als amüsant. Sie klagen seit Jahren über eine zunehmende Zahl von Diebstählen und Einbrüchen. Besonders begehrt: edle Armbanduhren. Da die teuerste Ware der Juweliere nachts im Tresor lagert, kommen die Räuber immer häufiger tagsüber zu den üblichen Geschäftszeiten und gehen dabei oft mit brutaler Gewalt vor. Im Frühjahr 2005 zum Beispiel stürmten drei Männer die Räume eines renommierten Juweliers auf der Düsseldorfer Kö, schossen mit Maschinenpistolen in die Decke, verletzten einen Angestellten, zertrümmerten die Vitrinenscheiben und erbeuteten Uhren und Schmuck im Verkaufswert von über zwei Millionen Euro. Wenige Wochen später drangen im österreichischen Leonding Einbrecher in das Ladengeschäft eines bekannten Juweliers ein und stahlen Uhren im Wert von über 500.000 Euro. Bei einem Top-Juwelier in Bremen erbeuteten Räuber Zeitmesser zu einem Verkaufswert von über einer Million Euro, darunter eine Patek Philippe im Wert von über 63.500 Euro. Experten aus der Juwelierbranche sind überzeugt: Die Banden haben es ganz gezielt auf bestimmte hochwertige Markenuhren abgesehen. Das lässt darauf schließen, dass die Kriminellen nach Auftrag arbeiten – vergleichbar mit den Autodiebstahlbanden. Die gestohlene Ware landet dann direkt beim Auftraggeber irgendwo in Osteuropa oder Asien. Außerdem suchen die Banden nach Alternativen zu Banken, die inzwischen so gut gesichert sind, dass ein Überfall mit extrem hohen Risiken für die Täter verbunden ist.

Milliardenschäden durch Produkt- und Markenpiraterie

Gucci, Ray-Ban, Rolex – je prestigeträchtiger die Marke, desto lukrativer das Geschäft der internationalen Fälscherbanden. Nach Schätzungen der Europäischen Union und der OECD entfallen zwischen fünf und sieben Prozent des gesamten Welthandels auf plagiierte Produkte. Der weltweite volkswirtschaftliche Schaden wird auf jährlich rund 250 Milliarden Euro geschätzt, zudem gehen bis zu 200.000 Jobs verloren. Den Luxusgüterherstellern erwächst gleich dreifacher Schaden aus dieser Form der modernen Piraterie:

1. Sie müssen teils beträchtliche Umsatzeinbußen in Kauf nehmen.
2. Ihre mit hohem finanziellen und zeitlichen Einsatz aufgebaute Marke wird verwässert.
3. Sie tragen das Risiko eines Imageschadens.

Dabei gilt es, zwischen der Marken- und der Produktpiraterie zu unterscheiden. Unter Markenpiraterie ist das illegale Verwenden von Zeichen, Namen, Logos und geschäftlichen Bezeichnungen zu verstehen, die von den Markenherstellern zur Kennzeichnung ihrer Produkte eingesetzt werden. Produktpiraterie liegt dann vor, wenn Fälscher Produkte nachahmen oder vervielfältigen, für die der rechtmäßige Hersteller besondere Rechte besitzt. Bei gefälschten Uhren trifft in der Regel beides zusammen: Die Fälscher ahmen ein bestimmtes Produkt nach, zum Beispiel eine Rolex Explorer, und versehen es illegal mit dem Namen und Logo der Genfer Manufaktur.

Selbst wer ganz bewusst im Ausland für ein paar Euro ein billiges Luxusuhrenplagiat ersteht, geht übrigens ein erhebliches Risiko ein. Denn in Deutschland ist die Einfuhr von Produktfälschungen verboten. Wer erwischt wird, muss mit einem Bußgeld oder im schlimmsten Fall sogar mit einem Strafverfahren rechnen. Lediglich, wenn der Wert der gefälschten Ware unter 175 Euro liegt und der Betreffende glaubhaft Eigengebrauch geltend machen kann, wird die Zollbehörde ein Auge zudrücken.

Noch restriktiver nehmen sich die Vorschriften in anderen Ländern der Europäischen Union aus. In Italien etwa wurde vor einiger Zeit ein Pärchen aus Polen dabei erwischt, wie es von einem Straßenhändler gefälschte Uhren kaufte. Die Strafe war heftig: Nicht weniger als 6.666 Euro verlangten die Behörden von den Ertappten.

Hehlerei!
Gefahr durch gestohlene Armbanduhren

Die Zahl der Einbrüche bei Top-Juwelieren ist in den vergangenen Jahren dramatisch gestiegen. Manche Juweliere in Deutschland gaben wegen dieses Risikos bereits auf. Vor allem haben es die immer dreister vorgehenden Einbrecherbanden auf Uhren der Spitzenmarken abgesehen. Denn sie wissen: Eine Rolex, A. Lange & Söhne, Patek Philippe, IWC, Panerai oder Jaeger-LeCoultre – um nur einige der begehrten Namen zu nennen – kann man fast überall auf der Welt wieder schnell zu (Bar-)Geld machen. Ohne Rechnung, ohne verräterische Spuren auf dem Bankkonto. Käufer der zum Teil im Internet angebotenen Beute finden sich immer, denn natürlich ist die „heiße Ware" erheblich günstiger zu haben als beim Juwelier. Noch dazu handelt es sich eben nicht um billige

Fälschungen, sondern um absolut authentische Markenuhren. Da könnten manche Uhrenfreaks schon schwach werden und gar nicht so genau wissen wollen, woher die Uhr denn eigentlich stammt.

Gestohlene Uhren verfügen meist über keine Papiere. Doch selbst, wenn der Verkäufer entsprechende Zertifikate vorlegen kann, ist dies längst noch kein Beweis dafür, dass die Ware keinen kriminellen Hintergrund hat. Denn mittlerweile wird mit Blankopapieren ein schwunghafter Handel getrieben. Es ist daher unbedingt empfehlenswert, sehr genau die im Gehäuse der Uhr eingestanzte Nummer mit der im Zertifikat zu vergleichen. Trägt das Zertifikat den Stempel eines Juweliers, so sollte man zunächst feststellen, ob es sich dabei tatsächlich um einen Konzessionär dieser Marke handelt. Das Internet ist bei solchen Recherchen ausgesprochen nützlich: Einfach den Namen in eine der Online-Suchmaschinen eingeben oder aber die Homepage des betreffenden Herstellers aufrufen und die dort meist zu findende Liste der Konzessionäre durchforsten.

Wer eine gebrauchte Uhr von einem privaten Sammler ersteht, sollte sich unbedingt vom Verkäufer bestätigen lassen, dass dieser bis zum Eigentumsübergang an den Käufer alleiniger Besitzer der betreffenden Uhr war und somit keine Rechte Dritter bestehen (siehe Muster-Kaufvertrag). Man kann auch auf Nummer sicher gehen, indem man beim Hersteller unter Nennung des Modells und der Seriennummer anfragt, ob die betreffende Uhr als gestohlen gemeldet ist.

Kaufvertrag

zwischen Tom Tourbillon (Käufer)
Unruhallee 45
12345 Bad Schwanenhals
und
Jean Rattrapante (Verkäufer)
Federhaus 1
54321 Glashütte

verkaufter Gegenstand:
1 Herren-Armbanduhr Marke Patek Philippe, Modell „Calatrava"
Referenznummer: ....
Werksnummer: ....
erstmals gekauft im Jahr: ....

Kaufpreis: 5.600 Euro

Der Kaufpreis wird bar beglichen. Es handelt sich um eine private Transaktion, es bestehen daher weder Gewährleistung noch Rückgaberecht.

Der Verkäufer versichert, dass er bis zum Eigentumsübergang der oben beschriebenen Uhr alleiniger Eigentümer der Ware ist und keine Rechte Dritter bestehen. Überdies lasten auf der Uhr keine Zoll- oder Steuerschulden.

Der Käufer bestätigt den Erhalt der Uhr einschließlich Uhrenbox und aller Papiere.

Glashütte, den ....

....
(Tom Tourbillon)   (Jean Rattrapante)

Der Erwerb gestohlener Uhren ist illegal!
Wer eine gestohlene Uhr erwirbt, macht sich der Hehlerei schuldig.
Die Seriennummern von vielen entwendeten Zeitmessern sind bei
den Herstellern registriert. Spätestens dann also, wenn die Uhr zur
Revision zum Werkstattkundendienst eingeschickt wird, könnte es
unangenehm werden für den neuen Eigentümer.

Vorsicht Steuerfalle!
Hier lauert der Fiskus

Häufig werden auf dem deutschen Markt Uhren angeboten, die
am Zoll vorbei zum Beispiel aus der Schweiz in die Bundesrepu-
blik gelangt sind. In diesem Fall lasten auf der Uhr Zoll- und Mehr-
wertsteuer-Abgaben. Das kann für den stolzen Besitzer der Uhr
sogar Jahre nach dem Kauf noch höchst unangenehme Folgen haben, denn die Seriennummern dieser Uhren sind meist im Ausland
registriert und weltweit kurzfristig abrufbar. Gerät der Uhrenbesitzer in eine Zollkontrolle und kann dabei nicht nachweisen, dass
er für seinen Zeitmesser Zollabgaben und Mehrwertsteuer ent-
richtet hat, darf der Zoll die Uhr vorübergehend einziehen. Der Besitzer – und nicht etwa der seinerzeitige Verkäufer! – muss dann
die Zoll- und Mehrwertsteuerschulden begleichen. Im schlimmsten Fall droht darüber hinaus sogar noch eine Geldstrafe.

Wer also eine Uhr aus der Schweiz ersteht, sollte sich vom Verkäufer ausdrücklich bestätigen lassen, dass keinerlei Zoll- oder Mehrwertsteuerabgaben auf der Ware lasten. Hat er allerdings bereits eine solche Uhr erworben, bleibt eigentlich nur noch der Rat, den Zeitmesser ausschließlich im Inland zu tragen.

Das Wichtigste auf einen Blick

1. Besondere Vorsicht ist bei Uhrenkäufen in Fernost geboten, außer es handelt sich um anerkannte Konzessionäre der betreffenden Marke.

2. Die Fälschungen werden immer raffinierter und sind mitunter sogar von einem Uhrmacher schwer zu erkennen.

3. Billigfälschungen lassen sich meist auf den ersten Blick als solche einordnen.

4. Durch Produkt- und Markenpiraterie entstehen der Wirtschaft weltweit Jahr für Jahr Milliardenschäden. Besonders begehrt bei den internationalen Fälscherbanden sind hochwertige Armbanduhren von Luxusmarken.

5. Auch im Internet werden sogenannte Repliken angeboten.

6. Die Einfuhr von gefälschten Uhren nach Deutschland ist verboten und kann zu Problemen führen.

7. Die Zahl der Diebstähle und Einbrüche bei Juwelieren ist drastisch gestiegen. Dabei haben es die Täter vorrangig auf Luxusuhren abgesehen.

8. Wer eine gestohlene Uhr kauft, macht sich der Hehlerei schuldig.

9. Bei Privatkäufen sollte man sich unbedingt vom Käufer bestätigen lassen, dass die Uhr frei ist von Rechten Dritter.

10. Werden die Uhren nach Deutschland geschmuggelt, lasten Zoll- und Steuerschulden auf ihnen. Bei Auslandsreisen kann dies kritisch werden.

Kleines Uhrenlexikon

Acht-Tage-Werk

Armbanduhr mit übergroßem Federhaus. Die Antriebskraft der Zugfeder reicht mindestens für eine Woche. Dieses Werk ist selten.

Analoganzeige

Anzeigen mit Zifferblatt und Zeigern.

Anker

Der Anker empfängt vom Ankerrad den Kraftimpuls und gibt ihn an die Unruh weiter. Beim Schweizer Ankergang liegen die Drehpunkte von Ankerrad, Anker und Unruh in der Regel in einer Geraden. Ist dies einmal nicht der Fall, spricht man von einem lateralen Anker. Ein Beispiel für den im rechten Winkel, also seitlich platzierten Anker ist das Gruen-Tecno-Formwerk 877 von Aegler, das sich auch im berühmten Armband-Chronometer Prince von Rolex findet.

◄ *Panerai Kaliber P.2002*

Ankergang

Eine freie Hemmung, die in allen guten Armbanduhren zu finden ist.

antimagnetisch

Uhren werden vorwiegend durch antimagnetische Bauteile vor Magnetismus geschützt. Ein Ingenieur-Modell von der IWC war gegenüber magnetischen Einflüssen bis 500.000 A/m unempfindlich.

Assortiment

Bezeichnung für die Teile der Hemmung. Ein Stahl-Assortiment besteht aus einem Anker und einem Ankerrad aus Stahl.

automatischer Aufzug

Beim automatischen Aufzug wird über einen speziellen Mechanismus die Zugfeder mithilfe einer Schwungmasse durch die Armbewegung gespannt.

Baguettewerk

Rechteckiges und besonders schmales Werk für Damen-Schmuckuhren. Es handelt sich dabei um ein zusammengedrängtes Räderwerk, angeordnet auf zwei Ebenen.

Begrenzungsstifte

Begrenzungsstifte findet man in älteren Armbanduhren, damit die Ankergabel nicht zu weit ausschwingen kann. In neueren Uhren sind sie Ausfräsungen in der Grundplatine gewichen.

Beobachtungsuhr

Die Beobachtungsuhr, auch B-Uhr genannt, ist ein großes Armband-Chronometer mit anhaltbarer Zentralsekunde zum genauen Einstellen der Uhrzeit. Diese Uhren wurden im Zweiten Weltkrieg von den Luftstreitkräften Deutschlands und der Schweiz verwendet.

Beryllium

Metall zur Herstellung der Glucydur-Unruh.

Bimetall-Schraubenunruh

Die Bimetall-Schraubenunruh kompensierte früher zum Teil Temperaturschwankungen, die sich ungünstig auf den Gang der Uhr auswirken.

Breguet-Spirale

Eine spezielle Unruhspirale mit aufgebogener Endkurve. Sie galt lange Zeit als ein besonderes Merkmal von Präzisionsuhren.

Brücke

Teil des Rohwerks, das der Lagerung von Rädern dient und mit zwei Schrauben fixiert ist. Es gibt die Aufzugsbrücke und die Räderwerkbrücke. Siehe auch Kloben.

Brückenwerk

Die rückseitige Werkplatte, die aus mehreren Brücken (und Kloben) besteht.

Cabochon
Rundgeschliffener Zierstein, zum Beispiel in der Aufzugskrone.

cal.
Kurzform für „calibre", französisch für Uhrwerk, Kaliber. Meist mit Beifügung des Herstellers und einer Nummer zur Unterscheidung (zum Beispiel ETA 2892-2), oft auch mit Größenangabe (zum Beispiel 13‴). Man unterscheidet runde Kaliber und Formwerke mit einer ovalen, rechteckigen oder ähnlichen Form. Die Bezeichnung „R" steht für „rectangulaire" (rechteckig).

Chaton
Früher bei hochwertigen Armbanduhren oft in Gold gefasste Rubinlager, bisweilen mit zwei oder drei Schrauben in der Platine befestigt (verschraubte Lager).

Chronograph
Armbanduhr mit Zusatzmechanismus zum Stoppen von Zeiten bis zu 30 oder 45 Minuten, später bis zu zwölf Stunden. Der Chronographen-Zeiger ist zentral gelagert, für den Minuten- und Stunden-Totalisator werden kleine Hilfszifferblätter verwendet. Der Mechanismus besteht aus verschiedenen Hebeln und Rädern. Man unterscheidet die Konstruktion mit und ohne Schaltrad (Kulissenschaltung). Formwerke sind bei Chronographen selten.

Chronometer

Hochwertige, in verschiedenen Lagen und bei unterschiedlichen Temperaturen regulierte Uhr, deren Ganggenauigkeit durch ein offizielles Institut geprüft und mit einem Zertifikat bestätigt wird.

Datumsanzeige

Die Datumsanzeige fand sich zunächst mit zentralem Zeiger und Zahlenkranz am Außenrand des Zifferblatts, heute mit Datumsscheibe digital im Fenster, meist bei der Stundenmarke „3".

Deckstein

Ein Deckstein hat die Reibung des Lagers zusätzlich zu verringern. Er begrenzt das Achsenspiel (Höhenluft). Decksteine werden im Unruhlager immer und gelegentlich im Lager des Ankerrads verwendet.

Decksteinplättchen

Messing- oder Stahlplättchen zur Aufnahme des Decksteins, mit einer oder zwei Schrauben fixiert.

Digitalanzeige

Es gibt Digitalanzeigen mit Ziffern, ohne Zeiger, im Fenster oder am Display.

Doppelzeiger-Chronograph

Der Doppelzeiger-Chronograph, auch Rattrapante genannt, hat zwei Zeiger und dient zum Messen von Zwischenzeiten. Chronographen-Zeiger und Doppel- oder Schleppzeiger laufen nach dem

Start übereinander. Letzterer kann durch den Drücker zum Ablesen von Zwischenzeiten vorübergehend angehalten werden. Wird der Drücker erneut betätigt, springt der Schleppzeiger wieder in Deckung mit dem Chronographen-Zeiger.

Ébauche

Französisch für Rohwerk. Einst verstand man darunter nur die unbeweglichen Werkteile, heute wird das Rohwerk mit Räderwerk und Aufzug – ohne Hemmung, Unruh und Zugfeder – so bezeichnet.

Ewiger Kalender

Armbanduhren mit dem höchst komplizierten Ewigen Kalender werden nur in Kleinststückzahlen gefertigt. Ein Mechanismus schaltet den gesamten Kalender automatisch, angefangen von den verschiedenen Monatslängen über Wochentag und Monat bis zu den Schaltjahren. Meist kommt noch eine Mondphasenanzeige hinzu. Siehe auch Vollkalenderuhr.

Exzenter-Regulierschraube

Um Armbanduhren genau zu regulieren, bedarf es einer Feinregulierung. Diese gibt es in Form der Schwanenhals- (siehe Schwanenhals-Feinregulator) und der Exzenter-Feinregulierung, die bei manchen Spezialrückern zu finden ist. Dabei bildet der Zeiger auf dem Unruhkloben eine Gabel, an deren Ende eine Schraube sitzt. Ihr Verdrehen erlaubt eine Mikrometer-Regulierung des Gangs der Uhr.

Federsteg

Der Federsteg ist federnd in den Bohrungen der Bandanstöße des Gehäuses gelagert und verbindet Uhr und Armband. Den Federsteg gibt es seit den 1930er-Jahren.

Feinreglage

Die Feinreglage gleicht die Unterschiede im Gang der Uhr aus. Zu diesem Zweck werden die Uhren von Spezialisten in verschiedenen Lagen und bei verschiedenen Temperaturen feingestellt. Meist verfügen solche Uhren auch über einen Feinregulator, mit dem der Rückerzeiger mikrometerweise verschoben werden kann. Andere Uhren besitzen Abgleichschrauben auf der Unruh, mit denen die Trägheit des Reglers verändert werden kann.

fliegende Lagerung

Von einer fliegenden Lagerung spricht man, wenn beispielsweise ein Rad nur auf einer Seite gelagert, also ein gegenüberliegendes zweites Lager nicht vorhanden ist. Bisweilen ist dies bei besonders flachen Konstruktionen zu finden.

Formwerk

Formwerke sind Uhrwerke, die im Grundriss von der Kreisform abweichen. Mit ihnen stellte die Armbanduhr ihre eigenständige Entwicklung unter Beweis. Mit Einführung der Automatikkaliber kehrte man weitgehend zum runden Werktyp, den man von der Taschenuhr übernommen hatte, zurück. Die Maßangabe bezieht sich auf die Breite des Kalibers, die Angabe der Länge erfolgt nur selten.

Frequenz

War es früher üblich, die Frequenz der Unruh in Halbschwingungen pro Stunde anzugeben, benützt man heute als Einheit das Hertz (1 Hz = 1 Schwingung pro Sekunde, was 7.200 Halbschwingungen pro Stunde entsprechen würde). Die häufigsten Frequenzen in mechanischen Armbanduhren:

2,5 Hz = 18.000 Halbschwingungen

2,75 Hz = 19.800 Halbschwingungen

3 Hz = 21.600 Halbschwingungen

4 Hz = 28.800 Halbschwingungen

5 Hz = 36.000 Halbschwingungen

Gangreserveanzeiger

Der Gangreserveanzeiger stellt eine reizvolle Zusatzindikation dar. Bei Armbanduhren kam sie mit Einführung des Selbstaufzugs zur Anwendung. Der Träger sollte damit über den Stand der Gangreserve jederzeit informiert sein. Der Gangreserveanzeiger ist verhältnismäßig selten.

Genfer Siegel

Besonders hochwertige Produkte von Genfer Herstellern haben auf dem Werk als Qualitätssiegel das Genfer Siegel eingeschlagen. Es zeigt das Wappen der Schweizer Stadt. Ein ähnliches Gütesiegel gibt es auch in Besançon.

GMT

Abk. für Greenwich Mean Time, die mittlere Sonnenzeit am Nullmeridian im Londoner Stadtteil Greenwich. GMT bildet den Ausgangspunkt für die Einteilung der Erde in 24 Zeitzonen. Zu den Klassikern der Manufaktur Rolex gehört die „GMT".

Handaufzug

Der Handaufzug geschieht mittels Krone, ein seitlich angebrachtes Rädchen, über das durch Drehen die Uhr aufgezogen werden kann. Beim Wippenaufzug in einfachen Uhren erfolgt die Umschaltung zum Zeigerstellen über eine Wippe, beim technisch aufwendigeren Kupplungsaufzug besorgt diese Funktion das Kupplungsrad, das vom Vierkant der Aufzugswelle geführt wird.

Hemmung

Die Hemmung besteht aus Anker und Ankerrad und befindet sich zwischen dem Räderwerk und dem Regulierorgan Unruh. Die Hemmung unterbindet den ungeregelten Ablauf des Uhrwerks, indem sie dem Regulierorgan Energie zuführt und das Räderwerk im Takt der Unruh weiterspringen lässt.

Isochronismus

Bei isochroner Schwingung der Unruh ist die Schwingungsdauer unabhängig von der Schwingungsweite. Die Schwingung ist zeitgleich. Das isochrone Schwingen des Gangreglers war früher für die Uhrmacher ein nicht geringes Problem.

Jacquemart

Unter Jacquemart werden die beweglichen Figuren auf dem Zifferblatt einer Repetitionsuhr verstanden.

Jewels

Die Anzahl der Steine wird auf dem Werk in Englisch angegeben, zum Beispiel „SEVENTEEN (17) JEWELS".

Kaliber

Siehe cal.

Kloben

Der Kloben ist Teil des Rohwerks zur Lagerung eines Rads oder der Unruh. Er wird nur von einer Schraube und einem Passstift gehalten. Siehe auch Brücke.

Körnerlager

Körnerlager sind steinlose Löcher im Uhrwerk, in denen die Wellenenden von Zahnrädern oder Trieben laufen. Körnerlager findet man vor allem in Billiguhren.

Komplikation

Zusatzmechanismus, der nur von Spezialisten gefertigt werden kann. Dazu zählen Repetition, Ewiger Kalender, aber auch Chronograph.

Krone

Siehe Handaufzug.

Kronrad

Das Kronrad ist das kleinere Zahnrad auf (seltener unter) der Federhausbrücke und damit Teil des Kronenaufzugs. Es steht mit dem Sperrrad in Eingriff und stellt die Verbindung zwischen Aufzugswelle und Zugfeder im Federhaus her. Es wird aus Stahl gefertigt.

Kulissenschaltung

Bei Armband-Chronographen wird der Mechanismus über ein Schaltrad oder über einen Schalthebel gesteuert. Die Konstruktion ohne Schaltrad führt die Bezeichnung Kulissenschaltung. Diese einfachere Art fand erst nach dem Zweiten Weltkrieg Verwendung.

Lagenfehler

Das Gangverhalten einer Armbanduhr ändert sich in den verschiedenen Lagen geringfügig. Die Abweichungen, als Lagenfehler bezeichnet, resultieren aus der Lagerreibung, der Unwucht der Unruh und dem Schwerpunkt der Spirale.

Lagersteine

Lagersteine werden aus Rubinen, heute vorwiegend synthetisch hergestellt. Sie verringern den Verschleiß der Wellenenden (Zapfen) und vermindern die Reibung. Früher waren sie in Chatons gefasst, heute sind sie ohne Hülse in die Platine gepresst (Presssitz). Sie besitzen eine Vertiefung zur Aufnahme des Schmiermittels (Ölsenkung).

limitierte Auflage

In Kleinstserien oder aus einem bestimmten Anlass hergestellte komplizierte Armbanduhren werden häufig fortlaufend auf dem Zifferblatt oder auf dem Gehäuseboden nummeriert, zum Beispiel mit 150/500 (= die 150. Uhr einer Serie mit 500 Stück). Heute gibt es viele solcher Editionen, die die Hervorhebung nicht rechtfertigen.

Linie

Die Linie ist das Längenmaß in der Uhrmacherei. 1 Linie (1‴) = 2,256 mm. Sie wird zur Angabe der Werkgrößen verwendet. Die gebräuchlichsten Größen für Armbanduhr-Kaliber liegen zwischen 5 1/2‴ und 13‴.

Militäruhren

Militäruhren sind Armbanduhren mit robustem Werk. Ab 1912 wurden sie mit Radium-Leuchtzeigern und -Stundenzahlen, viele mit einem Schutzgitter über dem Uhrglas und schwarzem Kontrastzifferblatt gefertigt. Später erhielten sie fallweise eine 13-bis-24-Uhr-Anzeige, wie etwa für die amerikanischen Fallschirmjäger, um missverständlichen Zeitinterpretationen vorzubeugen.

Minutenrad

Das Minutenrad ist in der Regel das in der Mitte des Werks platzierte Zahnrad, auf dem der Minutenzeiger sitzt und das mit seinem Trieb die Kraft vom Federhaus übernimmt sowie an das Kleinbodenrad weiterleitet.

Mondphasenanzeige

Als Mondphase (Lunation) bezeichnet man die unterschiedlichen Lichtgestalten des Mondes – Vollmond, abnehmender Mond, Neumond und zunehmender Mond – während seines Umlaufs um die Erde (Lunation). Die Lunation dauert durchschnittlich 29,5 Tage. Bei der Mondphasenanzeige, einer beliebten Komplikation, wandert der Mond durch einen Fensterausschnitt mit Nachthimmel.

Nivaflex

Die Nivaflex ist eine ermüdungsfreie und unzerbrechliche Zugfeder aus der Speziallegierung Beryllium, Molybdän, Nickel, Kobalt, Eisen, Wolfram und Titan mit einer äußerst günstigen Kraftentladungskurve. Sie löste nach 1950 die Stahlfeder ab, die eine sehr beschränkte Lebensdauer hatte.

Nivarox-Spirale

Die Nivarox-Spirale wird aus der Legierung Nivarox gefertigt (Eisen, Nickel, Chrom, Titan und Beryllium) und ist nicht rostend, nicht magnetisch, elastisch und hart wie Stahl. Da sie nicht anfällig für Temperaturschwankungen ist, erhöht sie die Ganggenauigkeit von Uhren. Sie löste die kompliziertere und teurere Kompensationsunruh ab. Es gibt sie in mehreren Güteklassen.

Paletten

Paletten sind jener Teil des Steinankers, der mit zwei synthetischen Rubinen bestückt ist. Sie sind im schrägen Winkel geschliffen, damit auf ihnen die Ankerradzähne entlangrutschen können. Palettenanker sind aufwendige Konstruktionen der Ankerhemmung. Ankerbrücke und Paletten sind separate Bauteile, können aber fein aufeinander abgestimmt werden. Bei Kleinuhren bestehen die Paletten grundsätzlich aus Rubinen, um den Verschleiß besonders gering zu halten. Die Rubine auf den Ankerarmen werden bei der Angabe der Steinezahl mitgezählt. Von einer Uhr mit 17 Steinen entfallen daher zwei auf die Paletten.

Platine

In der Uhrmachersprache versteht man unter Platine die Werkplatte, auf der das Uhrwerk aufgebaut ist. Die zweite Werkplatte besteht bei Armbanduhren meist aus Brücken und Kloben.

Räderwerk

Das Räderwerk übernimmt vom Federhaus die Energie und leitet diese über Triebe und Zahnräder an das Ankerrad weiter. In einer Armbanduhr stellen diese Verbindung Minutenrad, Kleinbodenrad und Sekundenrad her. Meistens sind diese Räder auf die Triebe genietet.

Rattrapante

Siehe Doppelzeiger-Chronograph.

Reglage

Die Reglage dient der Optimierung des Gangs. Durch Veränderung der wirksamen Länge der Spiralfeder mithilfe des Rückers kann dieser beeinflusst und reguliert werden. Gute Uhren sind in zwei verschiedenen Lagen („2 ADJUSTMENTS") reguliert. Siehe auch Feinreglage.

Repliken

Modelle aus den Zwanziger und Dreißiger Jahren werden in letzter Zeit oft neu aufgelegt. Sie sind jedoch keine guten Kopien, denn es werden bisweilen sogar moderne Automatikwerke eingesetzt. Von den Originalen unterscheiden sie sich auch dadurch, dass diese damals noch keine Stoßsicherung der Unruh besaßen.

retrograde Anzeige

Bei der retrograden Anzeige sind die Zifferblattindikationen für die Uhrzeit nicht kreisförmig angeordnet, deshalb muss der Stundenzeiger um 12 Uhr in die Position 0 und der Minutenzeiger nach 60 Minuten wieder in die Ausgangslage zurückspringen.

Rhodinieren

Hochwertige Uhrwerke erhalten als Oberflächenschutz und zur Verschönerung einen galvanischen Metallüberzug. Dabei verleiht das Rhodium der Oberfläche mit Platingehalt ein glänzendes, silberfarbenes Aussehen. Den Vorgang der Beschichtung nennt man Rhodinieren.

Rücker(zeiger)

Der Rücker oder Rückerzeiger befindet sich auf dem Unruhkloben und ist verstellbar. Mit ihm lässt sich der Gang der Uhr regulieren. Früher hatte der Rücker einen Zeigerfortsatz, damit er sich leichter verschieben ließ und seine Stellung auf der Plus-Minus-Skala besser zu erkennen war.

Schaltrad

Bei den Chronographen-Mechanismen unterscheidet man zwei Konstruktionen: eine mit und eine ohne Schaltrad. Das Schaltrad ist auch für den Laien leicht zu erkennen, denn es ist aus Stahl gefertigt und hat sieben bis neun kräftige Stiftzähne (dreieckige Keile). Es steuert die Start- und Stoppfunktionen und verhindert eine unbeabsichtigte Nullstellung des Chronographen-Zeigers.

Scharniergehäuse

Scharniergehäuse sind bei frühen Armbanduhren, fallweise noch bis in die späten Dreißiger Jahre zu finden. Scharnierlose Gehäuse hatten bis in die Mitte der Zwanziger Jahre oft einen Justierstift, der mit dem Loch im Gehäuseboden in Deckung gebracht werden musste, damit sich das Gehäuse schließen ließ.

Schnellkorrektur (Datum)

Die Schnellkorrektur erlaubt es heute mithilfe der Krone, jedes beliebige Datum auf schnellem Wege einzustellen. Zuvor mussten die Uhrzeiger über 24 Stunden weitergedreht werden, ehe der nächste Kalendertag im Anzeigefenster erschien.

Schwanenhals-Feinregulator

Der Schwanenhals-Feinregulator ist ein Spezialregulator zum Feinstellen einer Uhr. Durch eine Feder in Schwanenhalsform und eine feine Schraube steht der Rückerzeiger unter Druck und kann seine Position nicht verändern.

Sekundenanzeige

Bei mechanischen Armbanduhren macht der Sekundenzeiger pro Sekunde fünf Schritte, bei Quarzarmbanduhren nur einen. Bei der Stoppsekunde, also einer anhaltbaren Sekunde, kommen durch Ziehen der Krone Zeiger und Unruh zum Stillstand und die Uhr kann sekundengenau gestellt werden. Bei der mechanischen springenden Sekunde wird nur jeder fünfte Schritt auf den Zeiger übertragen. Der Chronographen-Zeiger macht in der Regel ebenfalls 1/5-, selten 1/10-Sekunden-Schritte. Die „blitzende" Sekunde („seconde foudroyante") ist eine Anzeige, bei der sich ein besonderer Sekundenzeiger in vier oder fünf Sprüngen pro Sekunde ein Mal um seine eigene Achse dreht. Siehe auch Zentralsekunde.

Sekundenrad

Das Sekundenrad gibt die Kraft auf das Trieb des Ankerrads weiter.

Sperrrad

Das Sperrrad ist Teil des Kronenaufzugs und des Gesperrs (Sperrrad, Klinke, Sperrfeder). Es sitzt auf (seltener unter) der Federhausbrücke und ist aus Stahl.

Spiralfeder

Eine aufgerollte Feder, die an ihrem inneren Ende an der Unruhwelle und an ihrem äußeren Ende am Unruhkloben (Spiralklötzchen) befestigt ist. Sie wurde zunächst aus Stahl, später aus Elinvar, heute aus Nivarox gefertigt. Die Spirale erzeugt zusammen mit dem Schwingkörper Unruh die Frequenz.

Stammbuchauszug

Manufakturen wie Patek Philippe oder die IWC führen seit dem vorigen Jahrhundert Geschäftsbücher, in denen jede ausgelieferte Uhr mit den wichtigsten Daten vermerkt ist. Gegen Entrichtung einer Bearbeitungsgebühr wird für jede Uhr ein sogenannter Stammbuchauszug ausgestellt.

Stiftankerhemmung

Eine vereinfachte Ankerhemmung ohne Steinpaletten. Man findet sie in billigen Uhren.

Stoßsicherung

Die Stoßsicherung dient in erster Linie den empfindlichen Zapfen der Unruhwelle. Am besten bewährt haben sich die elastischen Steinlager, zum Beispiel das System Incabloc.

Trieb

Das Trieb ist ein Zahnrad zur Kraftübertragung mit mehr als sechs, aber weniger als 20 Zähnen.

Unruh

Die Unruh, auch Balance oder Gangregler genannt, ist ein taktgebendes Schwungrad, das das gleichmäßige Vorrücken der Zeiger über das Räderwerk ermöglicht. Ihr kommt die Aufgabe einer Schwungmasse zu: Sie muss die Spiralfeder immer wieder in die Ruhelage zurückführen. Durch Abstimmung von Unruh und Spirale wird die gewünschte Schwingungszahl erreicht. Die Unruh wird in Rubinlagern gehalten. Das Wellenende hat eine Stärke von etwa

0,10 mm. Heute sind durch das Verwenden spezieller Materialien störende Einflüsse wie Temperaturschwankungen und Schwankungen der Federkraft weitgehend ausgeschaltet.

Vollkalenderuhr

Als Vollkalenderuhr werden Uhren bezeichnet, die sowohl den Wochentag als auch den Monat anzeigen. Wochentage müssen wegen der verschiedenen Monatslängen bei Monaten mit weniger als 31 Tagen vom Träger der Uhr manuell korrigiert werden. Bei manchen Modellen schaltet auch die Monatsanzeige nicht automatisch um. Viele dieser Uhren sind mit einer Mondphasenanzeige ausgestattet.

Weltzeituhr

Weltzeituhren sind Armbanduhren mit einer Skalenscheibe der 24 Zeitzonen, die durch Städtenamen markiert werden. Siehe auch GMT.

Zapfen

Als Zapfen werden die Enden einer Räder- oder Triebwelle, die in Rubinen oder steinlos gelagert sind, bezeichnet. Siehe auch Lagersteine.

Zeigerwerk

Das Zeigerwerk dient der Zeitanzeige. Viertelrohr mit Zahnkranz (auch Minutenrohr genannt), Wechselrad, Stundenrad und Zeigerstellrad bilden das Zeigerwerk. Hierbei wird die Drehbewegung des Minutenrads im Verhältnis 12:1 auf das Stundenrad mit Zeiger übertragen. Um die Zeiger stellen zu können, besteht zwischen

Minutenradwelle und Viertelrohr, das den Minutenzeiger trägt, eine Reibungsverbindung. Durch Ziehen der Krone wird über die Aufzugswelle das Verstellen der Zeiger ermöglicht.

Zentralsekunde

Die Zentralsekunde war zuerst in Billiguhren, ab Mitte der Dreißiger Jahre immer häufiger auch bei guten Armbanduhren zu finden. Der Sekundenzeiger wird dabei von der Mitte des Zifferblatts aus angetrieben (ebenso wie der Stunden- und Minutenzeiger). Bei einer dezentralen Sekunde erfolgt die Anzeige über ein kleines Hilfszifferblatt, das in das Hauptzifferblatt der Uhr integriert ist.

Zugfeder

Die Zugfeder speichert die Energie und gibt diese zum Betrieb der Uhr ab. Sie treibt das Räderwerk an. In neueren Uhren ist sie unzerbrechlich und nicht rostend.

Literatur

Bartu, Friedemann: Nicolas G. Hayek im Gespräch mit Friedemann Bartu. Ansichten eines Vollblut-Unternehmers, 4. Auflage, Zürich 2004.

Birmelin, Michele: Gefälschte Armbanduhren schnell erkannt, Freiburg 2003.

Braun, Peter (Hrsg.): Armbanduhren Katalog 2007, Königswinter 2007.

Brückner, Michael: Die tickende Kapitalanlage. In: „Die Presse", Wien 2005.

Brunner, Gisbert L.: Armbanduhren, Königswinter 2006.

Häussermann, Martin: Die 1000 schönsten Armbanduhren von 1925 bis heute, Königswinter 2006.

Kreuzer, Anton: Armbanduhren – Geschichte, Technik und Design, Hamburg 2005.

Pfeiffer-Belli, Christian: 365 klassische Armbanduhren. Technik, Design, Preise, Stuttgart 2006.

Reschke, Gerd-Lothar: Das ZEITGEFÜHL-Uhrenbuch. Entdecken Sie das Geheimnis hinter hochwertigen mechanischen Armbanduhren, Leipzig 2005.

Schmeltzer, Bernhard: Taschen- und Armbanduhren richtig sammeln und bewerten, Duisburg 1997.

Wempe: Meisterwerke der Uhrmacherkunst, Hamburg 2006/2007.

Wempe: Meisterwerke der Uhrmacherkunst, Hamburg 2005/2006.

Register

Michael Brückner

FINANCIAL TIMES
DEUTSCHLAND

Megamarkt
Luxus

Wie Anleger von der Lust auf Edles profitieren können

FinanzBuch Verlag

Michael Brückner

Megamarkt
Luxus
Wie Anleger von der Lust
auf Edles profitieren können

212 Seiten, Hardcover
Preis € 34,90 (D); € 35,90 (A); sFr. 56,90
ISBN 978-3-89879-376-6

Louis Vuitton, Gucci, Bulgari, Porsche – diese Edelmarken sind weltweit aufgeladen mit Emotionen und Träumen. Sie stehen für höchste Qualität, aber auch für höchste Preise. Die renommierten Luxusgüterhersteller gehören langfristig zu den Globalisierungsgewinnern. Zu den klassischen Märkten in Amerika, Europa und den Vereinigten Arabischen Emiraten kamen in den vergangenen Jahren die Boom-Staaten Russland, China und Indien. Der Hunger auf Luxus ist in diesen Ländern gerade erst in der Entstehung. Anleger können von diesem Megamarkt profitieren, denn viele Topadressen der Nobelbranche sind börsennotiert. Doch wie reagieren Aktien der Luxusunternehmen auf konjunkturelle Schwankungen? Welche Marken versprechen das stärkste Potenzial? Wie entwickelt sich die Luxusnachfrage auf den wichtigsten Märkten? Was ist von Luxusfonds zu halten?

Michael Brückner

FINANCIAL TIMES
DEUTSCHLAND

Champagner, Wein & Co.

Flüssige Werte als Kapitalanlage

FinanzBuch Verlag

Michael Brückner

Champagner, Wein & Co.

Flüssige Werte als
Kapitalanlage

240 Seiten, Hardcover
Preis € 34,90 (D); € 35,90 (A); sFr. 56,90
ISBN 978-3-89879-457-2

Superiore Weine haben in den letzten 30 Jahren eine durchschnittliche Entwicklung von etwa 15 Prozent pro Jahr generiert. In der momentan vielversprechenden Marktsituation kann man für Spitzenweine eine ähnliche Rendite erwarten. Wer bei der Anlage in Wein einige Regeln beachtet und vor allem auf die vielversprechendsten Güter und Jahrgänge achtet, kann beim späteren Verkauf hohe Gewinne erzielen. Dies haben auch Banker erkannt und bieten Anlegern komfortable Weininvestments per Fondsanteil an. Michael Brückner führt den Leser in die komplexe Materie dieser Anlageform ein, weist auf Tücken und Stolpersteine hin und zeigt, welche edlen Tropfen das größte Renditepotenzial haben.

Sicher mit Anlagemetallen

Mikael Henrik von Nauckhoff

Gold, Silber, Platin und Palladium wurden bereits oft in Printmedien unter Anlagegesichtspunkten vorgestellt. Der Autor schärft den Blick des Lesers aber nicht nur für Chancen, Risiken und andere finanzielle Faktoren bei Investments in Anlagemetallen, sondern führt auch durch viele andere Aspekte des Themas, von Erfindern und Entdeckern bis hin zu physikalischen und chemischen Fakten.

Auch Industriemetalle und Sondermetalle sowie deren zukünftige Bedeutung und ihre Eigenschaften werden einzeln vorgestellt.

Nur wenige ahnten, dass es zum Zeitpunkt des Erscheinens der jetzigen zweiten Auflage eine weltweit noch dramatischere Situation zu bewältigen gilt, mit der Folge, dass speziell der Goldpreis noch einmal einen Schub erhielt.

232 Seiten | Broschur | 14,90 € (D) | ISBN 978-3-89879-676-7
Mehr Informationen zu Investmentthemen finden Sie unter www.portfoliojournal.de

Strategische Metalle und Selten Erden

Mikael Henrik von Nauckhoff

Seit der Finanzkrise rücken Strategische Metalle (Sondermetalle) und Selten Erden als Anlageform in den Fokus privater Investoren. Mikael Henrik von Nauckhoff liefert elementare Kenntnisse, ohne welche die Potenziale von Metallen wie Tantal, Hafnium, Indium, Wismut und Co. kaum einzuschätzen sind.

Nach einem Ausflug in Technikgeschichte und aktuelle politische Situation gibt er zunächst einen Überblick über alle Metallgruppen, ihre chemischen Charakteristika, ihre Vorkommen und ihre relevanten Märkte und Börsen. Dann widmet er sich detailliert den Technologiemetallen: Strategische Metalle (Sondermetalle) und Metalle der Seltenen Erden (Seltenerdmetalle). Der optimale Einstieg in die faszinierende Welt weitgehend unbekannter Metalle.

350 Seiten | Hardcover | 19,99 € (D) | ISBN 978-3-89879-647-7
Mehr Informationen zu Investmentthemen finden Sie unter www.portfoliojournal.de